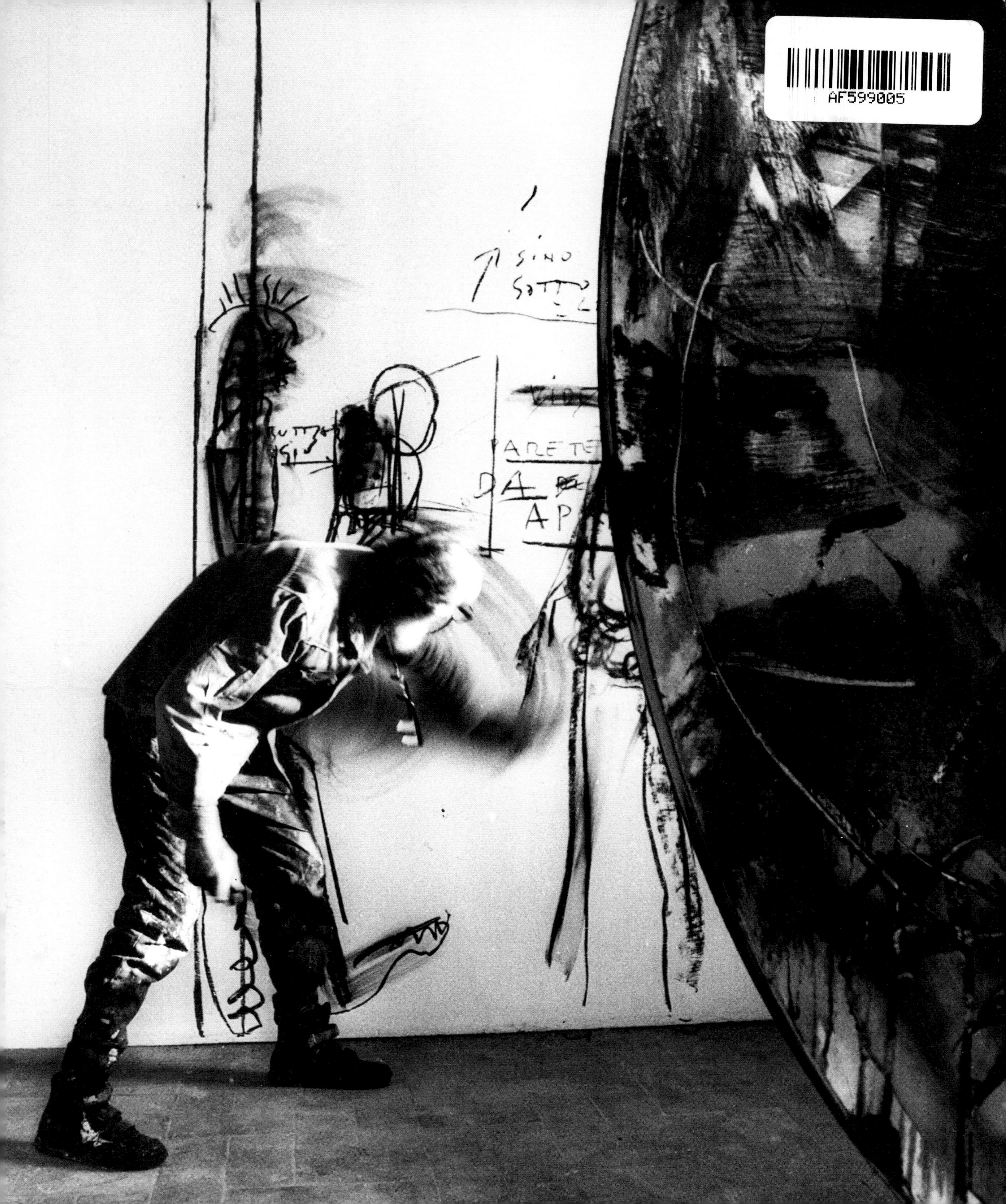
SINO
DA
AP

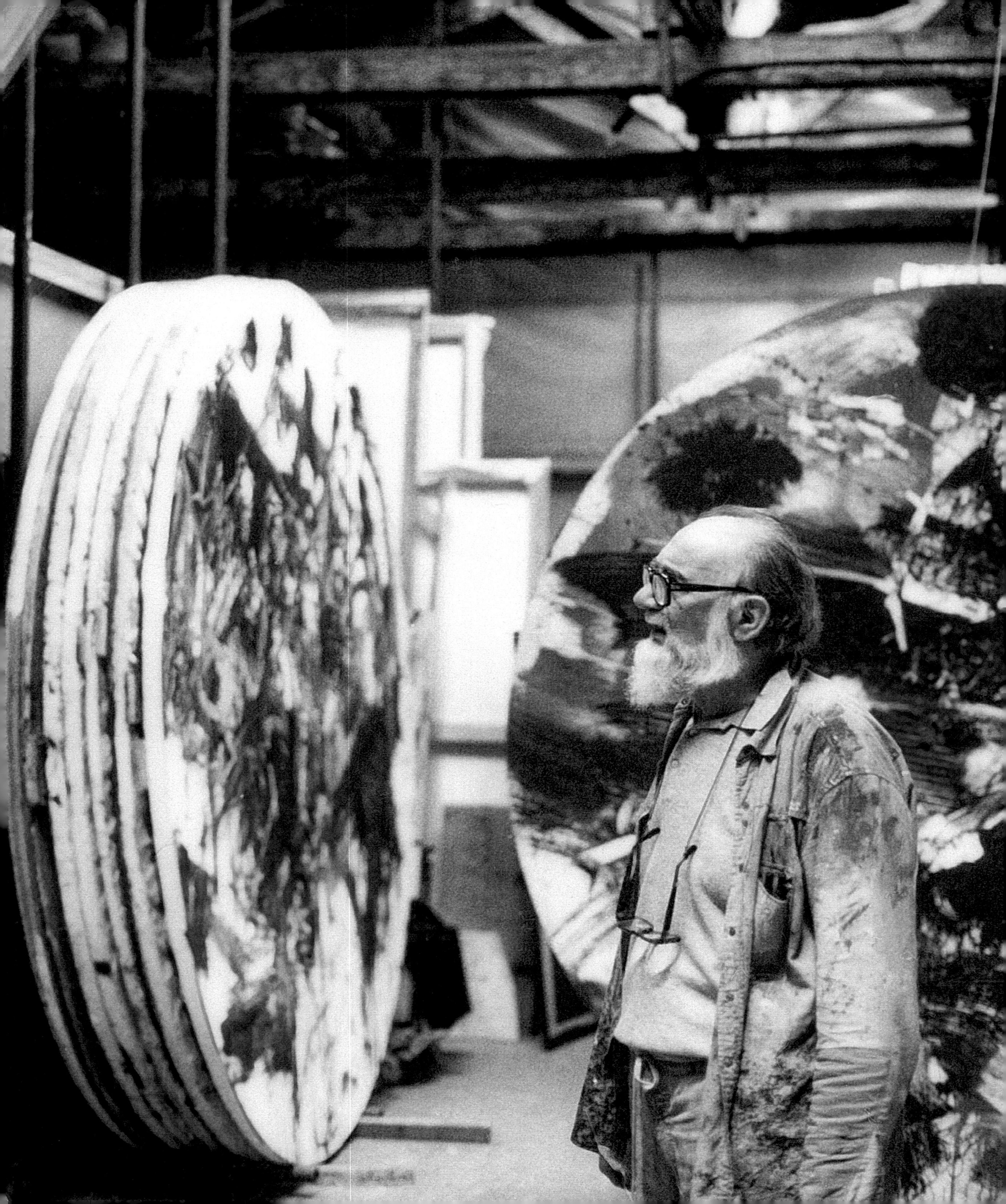

RIVOLUZIONE VEDOVA

a cura di / edited by
GABRIELLA BELLI

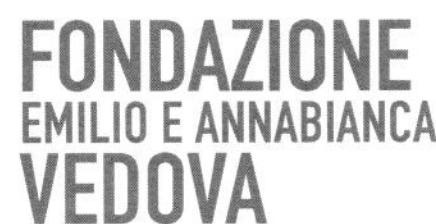

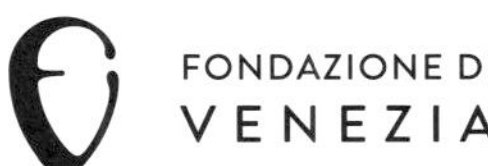

Fondazione Emilio e Annabianca Vedova con / with Fondazione M9 ringraziano per i prestiti / thank for the loans
BERLINISCHE GALERIE - LANDESMUSEUM FÜR MODERNE KUNST, FOTOGRAFIE UND ARCHITEKTUR, Berlino / Berlin
FONDAZIONE CARIVERONA, Verona

RIVOLUZIONE VEDOVA
5 maggio / May - 26 novembre / November 2023
Venezia Mestre, M9 - Museo del '900

Mostra ideata e prodotta / Exhibition conceived and produced by
FONDAZIONE EMILIO E ANNABIANCA VEDOVA
FONDAZIONE M9

A cura di / Curated by
GABRIELLA BELLI

Coordinamento generale / General Coordination
GIORGIO BALDO - Fondazione di Venezia
ELENA OYELAMI BIANCHINI - Fondazione Emilio e Annabianca Vedova

Coordinamento esecutivo / Executive Coordination
LUCA MOLINARI - Fondazione M9
SILVIA PELLIZZERI - Fondazione M9

Consulenza / Consultant
FABRIZIO GAZZARRI
Fondazione Emilio e Annabianca Vedova

Ricerca scientifica / Research
Fondazione Emilio e Annabianca Vedova
CLELIA CALDESI VALERI
SONIA OSETTA
MADDALENA PUGLIESE

Fondazione M9
LIVIO KARRER
MICHELANGELA DI GIACOMO
GIUSEPPE SACCÀ

Progetto di allestimento / Installation Design
ALVISI KIRIMOTO, Roma / Rome
MASSIMO ALVISI
JUNKO KIRIMOTO
SILVIA RINALDUZZI

Video, progetto grafico e immagine coordinata / Video, Graphic Design and Visuals
TWIN STUDIO, Milano / Milan
ELENA PEDRAZZINI
TOMASO PESSINA
ELISABETTA BIANCHI
NINA LEO
GAIA MANFREDI
OLGA STOPAZZOLO
LINA ARDILA
CHIARA FERINI

Progetto multimediale / Multimedia Project
VITRUVIO VIRTUAL REALITY, Bologna
ALESSANDRO AGOSTINI
MAURIZIO AGOSTINI
UBALDO RIGHI
SIMONE SALOMONI

Progettazione eventi collaterali / Side Event Planning
STEFANO CECCHETTO

Allestimenti / Installation
OTT ART

Trasporti / Transport
APICE

Assicurazioni / Insurance
MAG BROKER DI ASSICURAZIONE - SPECIALTY FINE ART
KUHN&BÜLOW

Illuminazione / Lighting
iGUZZINI

Supervisione allestimenti / Installation Supervision
CLAUDIA BIOTTO - M9 District

Responsabile della sicurezza / Security
PRISMA, Noventa di Piave

Coordinamento editoriale / Editorial Coordination
CLELIA CALDESI VALERI

Archivio digitale / Digital Archivist
BRUNO ZANON - Fondazione Emilio e Annabianca Vedova

Traduzioni / Translations
JOHN FRANCIS PHILLMORE
SIMON TURNER

Comunicazione e ufficio stampa / Communication and Press Office
STUDIO SYSTEMA, Venezia / Venice
ADRIANA VIANELLO
ANDREA DE MARCHI
LIVIA SARTORI DI BORGORICCO

COMIN & PARTNERS, Roma / Rome
ELENA DI GIOVANNI
DAMIANO BELTOTTO
FAUSTO FIORIN
RACHELE MANNOCCHI
BIANCA MINNITI

SILVIA PELLIZZERI - Fondazione M9
PAOLA SARTORE - Fondazione di Venezia

Social media e gestione dei contenuti digitali / Social Media and Digital Content Management
TWIN STUDIO, Milano *per* / *for* Fondazione Emilio e Annabianca Vedova
MARTA PETTINAU - Fondazione M9
FRANCESCA CARMIGNOLA - Fondazione M9

Servizi educativi / Educational Services
SILVIA FABRIS - Fondazione M9

Coordinamento servizi museali e biglietteria / Coordination of Museum and Ticketing Services
FEDERICA ZIA - Fondazione M9

Amministrazione / Administration
FRANCESCO TORRESAN - Fondazione M9
MICHELE BORELLA - Fondazione M9

Marketing e raccolta fondi / Marketing and Fundraising
DANIELA PAVAN *per* / *for* Fondazione M9
DANIELA FONTANA *per* / *for* Fondazione di Venezia

Gestione spazi ed eventi / Location and Event Manager
SILVIA CARRARO - M9 District

Cerimoniale e segreteria / Ceremonial and Secretariat
FRANCESCA BORSATO - Fondazione M9
LAURA LAGHI - Fondazione di Venezia
GIORGIA ZANON - Fondazione di Venezia

Servizi museali, supporto tecnico e biglietteria / Maintenance, Museum and Ticketing Services
RNB4CULTURE, Milano

Con il patrocinio di / Under the Aegis of

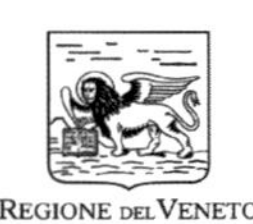

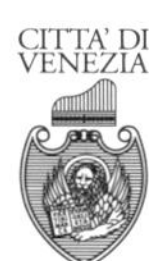

Main sponsor

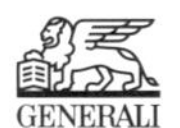

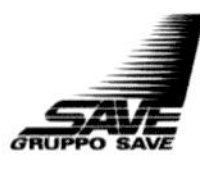

Sponsor

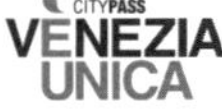

Official partner

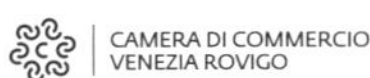

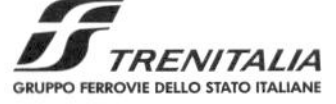

Nei giorni di attesa della mostra *Rivoluzione Vedova* mi è stata rivolta, frequentemente, la domanda: perché mai l'esposizione a Mestre all'M9 - Museo del '900? Come mai in un luogo così diverso, lontano dal suggestivo, consueto e tradizionale veneziano Spazio Vedova al Magazzino del Sale, lungo quell'unica "strada liquida" che è il canale della Giudecca? Un luogo diverso e lontano, lontano da dove?
In realtà, come è ormai generalmente riconosciuto dagli studiosi e interpreti della personalità e dell'opera di Vedova, l'arte per Vedova non è mai stata un'attività, bensì un modo di esistere e di essere: aggiungerei che era il suo stesso incedere nel mondo. Il suo è stato un urlo di denuncia dei mali e delle ingiustizie umane: un urlo costante diretto a ignoti infiniti interlocutori e spettatori e verso ignoti infiniti mondi, per cui si può ben dire che per lui non vi siano mai stati luoghi vicini e lontani perché la sua centralità non dipendeva e non dipende, non era condizionata e non è condizionata, dalla fisicità di un luogo bensì dall'intensità e dalla forza del suo messaggio.
Certo è anche vero che le opere d'arte e gli spazi che le circondano vivono quasi simbioticamente in un rapporto di interdipendenza: d'altronde, secondo una ben nota teoria estrema postmoderna, quasi paradossale, l'installazione di qualsiasi oggetto in un determinato e particolare contesto sarebbe di per sé sufficiente a indurre una trasfigurazione dell'opera in un diverso oggetto artistico (o addirittura trasformare in artistico un oggetto che pur non avesse un'originaria connotazione riconducibile a un perimetro artistico).
Ebbene, M9 è uno spazio museale straordinario (ideato e progettato, come noto, nel centro di Mestre da Sauerbruch Hutton) nel cui ambito la superficie dedicata alla mostra di Vedova è un vero e proprio "territorio", all'ultimo piano, unico e continuo di circa 1350 metri quadrati, circondati da spazi collaterali che interagiscono con lo spazio centrale.
La mostra, la prima dedicata all'arte contemporanea da M9, è progettata e curata magistralmente da Gabriella Belli ed è "messa in scena" dagli autorevolissimi architetti Massimo Alvisi e Junko Kirimoto. La mostra propone, fra altro, i giganteschi *Absurdes Berliner Tagebuch '64*, *...in continuum, compenetrazioni/traslati '87/'88*, centodue dipinti in un'unica installazione senza soluzione di continuità e, ancora, i *Dischi*, lavori realizzati negli anni ottanta.
Sono opere, come ci ricorda Gabriella Belli, nate dalla struggente necessità di Vedova di dare voce a quel «malessere dentro questa società e volerne un'altra» (così diceva Vedova, appunto, nel cuore della protesta del 1968).
La qualità stessa delle opere esposte dimostra l'impegno profuso da Fondazione Vedova per onorare la proposta di M9. Ma è anche da aggiungere che la volontà di dare seguito all'invito di M9 è stata accompagnata da un altro pensiero: quello di offrire una testimonianza concreta di un legame fra Mestre e Venezia il

In these days of waiting for the new *Rivoluzione Vedova* exhibition to open I have frequently been asked: Why is the show at the M9 - Museo del '900 in Mestre? Why in such a different setting, far from the usual evocative, the traditional Venetian, Spazio Vedova at the Magazzino del Sale, beside that unique "liquid highway" that is the Giudecca Canal? A different and a far-off venue: but far from where?
In fact, as is nowadays generally acknowledged by scholars and interpreters of Vedova's life and work, art for Vedova was never an activity apart, but more a mode of existence: I could add that it was how he strode through the world. He was always ready to raise his voice in denunciation of human ills and injustices: a voice raised in anger and constantly directed at unknown infinite interlocutors and spectators, and towards unknown infinite worlds, so that we could well say that for him no place was nearer or further off because what was central to him did not depend and does not depend on, was not and is not conditioned by, the physical location of any place, but on the power and intensity of his message.
Of course, it is also true that works of art and the spaces that surround them live in an almost symbiotic, interdependent relationship. Furthermore, according to a well-known extreme, almost paradoxical post-modern theory, the placing of any object in any given, particular context is in itself sufficient to transfigure the work into a different art object (or even transform into art an object that might originally have lacked any artistic connotation).
M9 is an extraordinary museum space in the centre of Mestre (designed, as we know, by international architects Sauerbruch Hutton) in which the area on the top floor dedicated to the Vedova exhibition is a real "arena", a single continuous space of some 1350 square metres, surrounded by collateral secondary spaces that interact with the central hall.
The exhibition, incidentally the first M9 show to be dedicated to contemporary art, has been masterfully designed and curated by Gabriella Belli and mounted by the influential architects Massimo Alvisi and Junko Kirimoto. The exhibition offers, among other works, the gigantic *Absurdes Berliner Tagebuch '64*, *...in continuum, compenetrazioni/traslati '87/'88* — 102 paintings in a single seamless installation — and concludes with the celebrated *Dischi* from the 1980s. They are works, Gabriella Belli reminds us, born out of Vedova's aching need to give voice to the "distress at being within this society and desiring another" (as the artist himself put it in the heat of his involvement with the 1968 protest movements).
The very quality of the works on display is demonstration enough of the Fondazione Vedova's commitment to do honour to M9's proposition. But we should also add that our willingness to embrace the museum's invitation was accompanied by another thought: that of offering a concrete testimony of the link between Mestre and Venice whose destiny is now firmly a

cui destino è ormai non solo unico, ma anche unito dall'appartenenza al medesimo comune, il Comune di Venezia, appunto. Isola Venezia, tra mare e laguna, fronteggiata per secoli da Mestre, sponda peninsulare dell'opposto lato lagunare, sono state unite, l'una e l'altra, nel 1846 col ponte ferroviario (voluto dagli austriaci) cui è seguito, nel 1933, il ponte automobilistico: così è definitivamente tramontata l'insularità veneziana. Poi, due o tre referendum, tra il XX e il XXI secolo, hanno ormai decretato definitivamente l'unione anche amministrativa delle due città: dunque un'unica città. In questa città e in questo bellissimo M9 per Fondazione Vedova è importante, anzi necessaria, la voce di Emilio Vedova.

RINGRAZIAMENTI

La mostra *Rivoluzione Vedova* è frutto di un'inedita collaborazione comune tra Fondazione di Venezia-M9 e Fondazione Emilio e Annabianca Vedova e, nel mio ruolo di presidente di quest'ultima, desidero ringraziare tutti coloro che hanno concorso a organizzare e realizzare l'iniziativa espositiva che ha richiesto un impegnativo e grande lavoro di molti.
Particolarmente apprezzabili in Fondazione di Venezia-M9 gli interventi del presidente Michele Bugliesi, del direttore scientifico Luca Molinari, del manager Giorgio Baldo, di Stefano Cecchetto per gli eventi collaterali e dell'infaticabile Silvia Pellizzeri.
Della Fondazione Emilio e Annabianca Vedova debbono essere ringraziati per aver espresso ancora una volta la loro grande esperienza, impareggiabile competenza e pazienza nella preparazione del complessivo evento espositivo Elena Oyelami Bianchini, Clelia Caldesi Valeri, Sonia Osetta, Maddalena Pugliese, Bruno Zanon.
Speciali ringraziamenti vanno a Gabriella Belli che ha magistralmente progettato e curato la mostra e agli architetti Massimo Alvisi e Junko Kirimoto con Silvia Rinalduzzi che hanno "messo in scena" le opere di Vedova governando il vasto spazio espositivo di M9.
Preziosa è stata la consulenza di Fabrizio Gazzarri e puntuali e accurati gli interventi di Apice e Ott Art e come sempre attenta la comunicazione di Studio Systema di Adriana Vianello e Andrea De Marchi.
Da ultimo, ma non è ultimo, il ringraziamento a Elena Pedrazzini e Tomaso Pessina della società milanese Twin Studio per la grafica e per le brillanti produzioni visive. Non può, peraltro, mancare il ringraziamento ad Assicurazioni Generali per la grande attenzione che sempre dimostra alle iniziative di Fondazione Emilio e Annabianca Vedova.

single one, not least because they are united in belonging to the same municipality: the Municipality of Venice-Mestre.
The island, or islands of Venice, between the sea and the lagoon, and the peninsular shore of Mestre confronting her for centuries across the water were united one to the other in 1846 by a railway bridge (an Austrian initiative) which was followed, in 1933, by a parallel road bridge, drawing a definitive line under Venetian insularity. Since then, two or three referendums, in this century and the last, have set the seal on the administrative union of the two cities, now fused into a single city. Fondazione Vedova believes it important, vital even, that Emilio Vedova's voice be heard in this unique twin city and in this beautiful M9 museum.

ACKNOWLEDGMENTS

This *Rivoluzione Vedova* exhibition is the outcome of a first-time collaboration between Fondazione di Venezia/M9 and the Fondazione Emilio e Annabianca Vedova, and in my role as president of the latter, I want to thank all those who have come together to plan and realise this exhibition project which has required a notable commitment and much hard work on all sides.
From the Fondazione di Venezia-M9, the contributions of president Michele Bugliesi, scientific director Luca Molinari, manager Giorgio Baldo, Stefano Cecchetto dor side events, and the tireless Silvia Pellizzeri have all been particularly valuable
From the Fondazione Emilio e Annabianca Vedova I must thank Elena Oyelami Bianchini, Clelia Caldesi Valeri, Sonia Osetta, Maddalena Pugliese, Bruno Zanon for having again demonstrated their vast experience, unequalled expertise and their patience in preparing every aspect of this event.
Special thanks go to Gabriella Belli who has designed and curated the show in a consummate manner and to the architects Massimo Alvisi and Junko Kirimoto with Silvia Rinalduzzi who have ably exploited the potential of M9's huge exhibition space in 'staging' these works by Emilio Vedova's.
Fabrizio Gazzarri's generous advice has been indispensable, and the technical assistance of Apice and Ott Art commendably prompt and efficient, while Studio Systema's by Adriana Vianello and Andrea De Marchi communication skills have been as dependable as always.
Last, and by no means least, a thankyou to Elena Pedrazzini and Tomaso Pessina from Milan's Twin Studio for their brilliant graphics and visual presentations. And of course we are again more than grateful to Assicurazioni Generali for the great support they have always given to the initiatives of the Fondazione Emilio e Annabianca Vedova.

ALFREDO BIANCHINI
Presidente / President
Fondazione Emilio e Annabianca Vedova

Rivoluzione Vedova segna un passaggio importante per M9. Per la prima volta l'arte contemporanea entra nei nostri spazi, e lo fa con una grande mostra che raccoglie una selezione di opere di forte potenza espressiva e di alta qualità ideale.

Si avvia con questa mostra il nuovo percorso di M9, lungo il quale il museo accoglie anche le arti visive nella pluralità di linguaggi con cui propone al pubblico il proprio racconto del Novecento e del contemporaneo. Emilio Vedova, maestro veneziano ed esponente più rappresentativo di una rivoluzione creativa iniziata nel ventesimo secolo e tuttora di grande modernità, è il naturale, primo protagonista di questa rinnovata programmazione. Il suo percorso artistico e intellettuale dimostra ancora oggi una forte attualità per l'intenso impegno etico e critico che gli ha consentito di guardare ai drammi e alle ingiustizie del secolo scorso come a questioni universali cui opporre la forza delle proprie opere e del suo rigore personale. La relazione con l'arte è una via nuova di esplorazione capace – in perfetta sintonia con la vocazione del museo – di proiettare il visitatore in una dimensione partecipata, empatica e straordinariamente moderna. *Rivoluzione Vedova* è una mostra che riesce a emozionare senza bisogno di parole, svelando le tensioni di un secolo artisticamente esplosivo, e ancora carico di forza rivoluzionaria.

L'esposizione si lega ai contenuti e alle sezioni della mostra permanente di M9 con grande immediatezza, dimostrando la capacità del museo di costruire relazioni e narrazioni che, ogni volta, si rinnovano e propongono nuovi sguardi per leggere il tempo presente. Per questo, *Rivoluzione Vedova* e il progressivo rinnovamento intrapreso nei nostri spazi sono la dimostrazione che il museo è un organismo vivo, in movimento, costantemente impegnato nella missione culturale di far conoscere le storie complesse e contraddittorie del XX secolo alle nuove generazioni e a un pubblico sempre più ampio.

Consideriamo questa mostra come un progetto importante e ambizioso che conferma la capacità del museo e della Fondazione di Venezia di costruire collaborazioni di altissimo livello con le principali istituzioni italiane e straniere, di consolidare un percorso che porti M9 a instaurare un nuovo dialogo con il territorio e le sue comunità, e a crescere quale riferimento di avanguardia a livello espositivo sul piano internazionale.

Un caldo ringraziamento va in particolare alla Fondazione Emilio e Annabianca Vedova, nella figura del presidente Alfredo Bianchini, per questa splendida opportunità e per aver visto in M9 un partner con cui costruire una proposta così originale. A Gabriella Belli il riconoscimento di aver saputo ideare un progetto perfettamente coerente all'identità

The *Rivoluzione Vedova* is an important step forward for M9. It is the first time that we have opened up to contemporary art and we are doing so with a major exhibition that brings together a selection of works of great artistic impact and of the highest conceptual quality.

This exhibition marks the start of a new direction for M9, in which the museum welcomes the visual arts in the wide range of styles with which it offers the public its own account of the twentieth century and of the contemporary world. Emilio Vedova, a great Venetian master and the most representative exponent of a creative revolution that began in the twentieth century and that is still very modern today, was the most natural choice for the first event in the programme. His artistic and intellectual career is still of great relevance today for the intense ethical and critical commitment that enabled him to view the dramas and injustices of the last century as universal issues, against which he pitted the power of his own works and his own personal discipline. The relationship with art comes as a new approach to investigation and — perfectly in line with the mission of the Museum — it is one that plunges the visitor into a participatory, empathetic and extraordinarily modern dimension. The *Rivoluzione Vedova* is an exhibition that captivates without the need for words, revealing the tensions of an artistically explosive century, and one still filled with revolutionary power.

The exhibition interacts with the exhibits and sections in the permanent exhibition of M9 and it does so with great immediacy, showing how the museum is able to build relationships and storylines that are renewed on each occasion and that offer new perspectives for interpreting the present. This *Rivoluzione Vedova* and the gradual reformulation of our spaces show how the museum is indeed a living organism, constantly on the move and engaged in its cultural mission of introducing the younger generations and an ever-wider audience to the complex and often contradictory stories of the twentieth century.

We consider this exhibition to be an important and ambitious project that shows how the museum and the Fondazione di Venezia are capable of forming partnerships at the highest level with leading institutions in Italy and abroad. It shows how they are determined to have M9 interact in a new way with its area and its communities, while expanding as a cutting-edge exhibition venue at the international level.

Warmest thanks go in particular to the Fondazione Emilio e Annabianca Vedova, in the person of its president Alfredo Bianchini, for this splendid opportunity and for having seen M9 as a partner with which to put together such an original event. To Gabriella Belli for her ability to conceive

delle due istituzioni. A Elena Oyelami Bianchini e Giorgio Baldo un sincero apprezzamento per la sapienza con cui hanno saputo coordinare la complessità organizzativa di una squadra di lavoro composita.
In conclusione, mi preme ringraziare coloro che hanno contribuito allo sviluppo di questa straordinaria mostra, a partire dagli sponsor e dai tanti consulenti che in questi mesi hanno sempre garantito un apporto professionale di altissimo livello. Il mio più profondo senso di gratitudine è dedicato infine a tutti gli instancabili collaboratori di M9 e di Fondazione Emilio e Annabianca Vedova, imprescindibili artefici di *Rivoluzione Vedova*.

a project that is perfectly in line with the identity of the two institutions. And to Elena Oyelami Bianchini and Giorgio Baldo, whose skill in coordinating the organisational complexities of this composite teamwork is greatly appreciated.
I should also like to thank all those who have helped bring about this extraordinary exhibition, starting with the sponsors and the many consultants who have always offered their professional contributions at the highest levels over the past few months. Lastly, my deepest sense of gratitude goes to the hard-working staff of M9 and of the Fondazione Emilio e Annabianca Vedova, who are the true creators of this *Rivoluzione Vedova*.

MICHELE BUGLIESI
Presidente / President
Fondazione di Venezia

Copertina / Cover
EMILIO VEDOVA AL LAVORO ALLA BRECCIA *NON DOVE 1985/'88 - IV (OP. 7 - OP. 8)*, 1988
EMILIO VEDOVA WORKING ON *NON DOVE 1985/'88 - IV (OP. 7 - OP. 8)*, 1988

p. 1
EMILIO VEDOVA AL LAVORO ALL'INSTALLAZIONE PERMANENTE DEI *DISCHI NON DOVE 1985-1988*, CENTRO D'ARTE VILLA CELLE - COLLEZIONE GORI, PISTOIA, 1988
EMILIO VEDOVA AT WORK ON THE PERMANENT INSTALLATION OF HIS *DISCHI* SERIES *NON DOVE 1985–1988*, CENTRO D'ARTE VILLA CELLE – GORI COLLECTION, PISTOIA, 1988

p. 2
EMILIO VEDOVA IN STUDIO, ATTUALE SPAZIO VEDOVA, VENEZIA, 1991
EMILIO VEDOVA IN HIS STUDIO, NOW THE SPAZIO VEDOVA, VENICE, 1991

p. 76
EMILIO VEDOVA ALLA GALLERIA MARLBOROUGH PER LA MOSTRA PERSONALE, DAVANTI A *PLURIMO N. 1 - LE MANI ADDOSSO* (1962-1963), ROMA, 1963
EMILIO VEDOVA IN FRONT OF *PLURIMO N. 1 - LE MANI ADDOSSO* (1962-1963) AT THE MARLBOROUGH GALLERY DURING A SOLO EXHIBITION, ROME, 1963

p. 108
EMILIO VEDOVA IN STUDIO AL LAVORO ALL'*ABSURDES BERLINER TAGEBUCH '64 - PLURIMO 5* (1964), BERLINO, 1964
EMILIO VEDOVA IN HIS STUDIO WORKING ON *ABSURDES BERLINER TAGEBUCH '64 - PLURIMO 5* (1964), BERLIN, 1964

p. 138
EMILIO VEDOVA AL LAVORO ALL'OPERA *PER LA SPAGNA 1962 - N.5* (1962), VENEZIA, 1962
EMILIO VEDOVA AT WORK ON *PER LA SPAGNA 1962 - N.5* (1962), VENICE, 1962

pp. 158-159
EMILIO VEDOVA IN STUDIO, ATTUALE SPAZIO VEDOVA, CON INSTALLAZIONE DEL CICLO *...IN CONTINUUM, COMPENETRAZIONI/TRASLATI '87/'88* (1987-1988) E ALCUNI *TONDI* E *DISCHI*, VENEZIA, 1991
EMILIO VEDOVA IN HIS STUDIO, NOW THE SPAZIO VEDOVA, WITH HIS INSTALLATION OF THE *...IN CONTINUUM COMPENETRAZIONI/TRASLATI '87/'88* (1987–1988) CYCLE AND SEVERAL *TONDI* AND *DISCHI*, VENICE, 1991

p. 160
EMILIO VEDOVA IN STUDIO, VENEZIA
EMILIO VEDOVA IN STUDIO, VENICE

Crediti fotografici / Photo Credits
© CLAUDIO ABATE, ROMA; COURTESY GALLERIA DELLO SCUDO, VERONA: P. 90
© ALINARI ARCHIVES: PP. 56, 58
© AURELIO AMENDOLA, PISTOIA: COPERTINA / COVER
© ARCHIVIO FOTOGRAFICO GIACOMELLI: P. 160
© ARCHIVIO PUBLIFOTO INTESA SANPAOLO, FOTO / PHOTO SANTI VISALLI/PUBLIFOTO: P. 59
© GRAZIANO ARICI: PP. 67, 69
© LUTZ BERTRAM / BERLINISCHE GALERIE, BERLIN: PP. 79, 80-81, 82, 83, 84, 85, 87, 88-89
© ELZBIETA BIALKOWSKA, OKNO - STUDIO, SIENA: P. 132
© MICHAEL BÜKER: P. 61
© CHARLES DUPRET: P. 52
© FRANCESCO FERRUZZI: P. 127
© FABRIZIO GAZZARRI, MILANO: PP. 1, 2, 70, 92-93, 111-115, 158-159
© GETTY IMAGES: P. 60
© ALBERTO GRIFI, ROMA: P. 76
© BARABARA KLEMM: P. 48
© FEDERICA MONTEMERLI, PARMA: P. 128
© PAOLO MUSSAT SARTOR, TORINO: PP. 96, 98-99, 100-101, 103, 104-105, 106-107, 125, 131
© VITTORIO PAVAN, VENEZIA: PP. 15, 18, 21, 24, 33, 38, 94-95, 119, 120, 123
© PAOLO PELLION DI PERSANO, TORINO: P. 94
© UWE RAU, BERLIN: P. 108
© UMBERTO ROSSI, VENEZIA: P. 138
© STUDIO DAIDO, AREZZO; COURTESY ALVISI KIRIMOTO: PP. 135, 136, 137
© BRUNO ZANON, VENEZIA: P. 122

Progetto grafico / Graphic Design
CARMEN MALAFRONTE

Redazione / Editing
ROSANNA ALBERTI

Traduzioni / Translations
JOHN FRANCIS PHILLMORE
RICHARD SADLEIR
SIMON TURNER

Prima edizione / First Edition
APRILE 2023 / APRIL 2023

ISBN 979-12-5463-125-6
WWW.MARSILIOEDITORI.IT

Disponibile tramite / Available through
ARTBOOK | D.A.P. 75 BROAD STREET, SUITE 630 NEW YORK, NY 10004
WWW.ARTBOOK.COM

Fotolito, stampa e confezione / Reproduction, Printing and Binding
GRAFICHE ANTIGA S.P.A., CROCETTA DEL MONTELLO (TV)
per / for
MARSILIO EDITORI® S.P.A., VENEZIA

INDICE

CONTENTS

RIVOLUZIONE VEDOVA

VEDOVA REVOLUTION

Gabriella Belli

CONTEMPORANEITÀ DI VEDOVA

L'attualità di Vedova sta negli universali della sua pittura o, più semplicemente, nel suo messaggio. Valori radicati nel suo esistenziale in dialogo con la storia, intesa come vivere nel presente, «esserci dentro»[1], misurarne i conflitti e le contraddizioni in una quotidiana dialettica.
La storia come una punteggiatura costante che ha esercitato nella sua vita pressioni ora forti ora lievi, il basso continuo di un'avventura che ha unito l'uomo all'artista, senza soluzione di continuità.
La storia come respiro e vampate della sua pittura, che ha agito all'unisono con le sue battaglie per i diritti civili, il pacifismo, contro l'inganno delle ideologie e la violenza delle dittature, per incalzare il cambiamento, per la difesa di Venezia, la cura dei suoi luoghi più antichi e molto, molto altro ancora.
Vedova è un contemporaneo che ancora ci ispira: nella vita come nell'arte ha unito etica ed estetica, messo al centro della sua speculazione l'uomo, come riverbero

VEDOVA OUR CONTEMPORARY

Vedova's topicality lies in the universal contents of his painting or, more simply, in his message. Values rooted in his essential self in dialogue with history, understood as living in the present — being "on the inside of things"[1] — and daily engaging with its conflicts and contradictions.
History regularly punctuated his life, exerting alternately stronger and milder pressures on it, the steady *basso continuo* of an adventure that seamlessly united man and artist.
History as the breath and lungs of his art, marching in unison with his battles for civil rights, with his pacifism, against the ideological duplicity and the violence of dictatorships, his pressing for change, his defence of Venice, for due care of its ancient monuments, and much besides.
Vedova is a contemporary who still inspires us: in his life as in his art, he combined ethics and aesthetics, placing man at the centre of his speculations. In tune with the infinite constellations of the universe, he revolutionised painting with his highly original approach, was

delle infinite costellazioni dell'universo, rivoluzionato la pittura con un originalissimo percorso, riconosciuto fin dagli anni cinquanta dalle massime autorità della critica internazionale, svolto con passione l'insegnamento ai giovani, a cui ha affidato idee nuove, responsabilità e speranza. Un artista che ancora oggi pone domande, accanto ai migliori della nostra epoca.

In Vedova la storia coincide con il gesto della pittura, dove si susseguono, quasi in ordinata cronologia, i movimenti "tellurici" della sua esistenza e la cronaca del mondo, almeno quella che lo chiama a un impegno civile.

Tutte le sue opere nascono da un unico, straordinario accumulo di energia creativa, che esplode nella sequenza ininterrotta di capolavori che segnano la sua carriera. Dal lontano 1945, anno che chiude nella disfatta il ventennio fascista (e che prendiamo come termine *post quem* della mostra), e prima, quando da autodidatta insegue il suo destino di pittore nelle calli veneziane, e poi, quando nella precoce maturità, siamo quasi alla fine degli anni quaranta, nella compagine degli artisti del suo tempo, abbraccia la scelta più radicale, quella dell'astrattismo, scelta perentoria, senza ritorno.

Lo vedremo nel racconto che segue e nell'esposizione che affiancherà una quindicina di opere realizzate nei decenni più critici, significativi esempi per ancorare la mostra al progetto culturale del museo, a tre grandi installazioni, opere di un gigantismo espressivo che si rafforza nella luce del magnifico salone dell'M9 che le accoglie, un museo, tra i pochi italiani dedicati alla storia, che ora affronta attraverso l'arte contemporanea un percorso arricchente di nuovi punti di vista. Sono opere concepite da Vedova nell'urgenza di una denuncia o di una protesta, di una condivisione di affanni e dolori affidata alla potenza e al sentimento di quel suo emblematico gesto. Che si farà esemplare esperienza creativa nel credo di un laico "sincretismo" di pittura e scultura, entusiasmante avventura dei primi anni sessanta, nelle stanze-studio di quella Berlino che fu teatro delle infamie naziste, elette da Vedova a luogo di un'inedita proposta: gli *Absurdes Berliner Tagebuch '64* (1964). Quel gesto che sarà all'origine dell'opera sua forse più sbalorditiva per la novità e l'impatto

recognised from the 1950s onwards by the greatest international critics, passionately took his teaching to young people, filling them with new ideas, responsibility and hope. An artist who still poses questions today, alongside the best of our age.

In Vedova we find history overlapping with the act of painting, where the "telluric" progress of his own existence and the day-to-day chronicles of the world outside, or that part of them that called him to civil commitment, follow one another in a near regular chronology. All his works arise out of a unique, extraordinary accumulation of creative energy, which explodes in the flow of masterpieces that mark the highpoints of his career. From as far back as 1945, the year that closed two decades of fascism in utter defeat (and which we take here as the exhibition's *terminus post quem*), and even earlier, when the self-taught artist pursued his destiny as a painter in the Venetian *calli*, and afterwards, when in his precocious maturity (towards the end of the 1940s) he embraced, together with a group of fellow artists, the radical choice of abstraction, a peremptory choice, from which there would be no return. We will see in the account that follows here — and in the exhibition — fifteen or so works from his most critical decades, key works that anchor the exhibition in the Museum's cultural project, accompanying three great installations, works of an expressive gigantism that is enhanced by the light-flooded upper hall of M9 — one of the few museums in Italy devoted to history, and one which has now, through this first encounter with contemporary art, set off in a new direction enriched by new perspectives. These are works conceived by Vedova in the urgency of a protest or accusation, of shared pain and anguish, channelled through the power and emotion of his emblematic gesture. They lead to an exemplary creative moment fuelled by a secular "syncretism" of painting and sculpture — an enthralling adventure in the early 1960s, conducted in a studio in the very Berlin that had been the headquarters of Nazi infamy, chosen by Vedova to be the site of a unique project: his *Absurdes Berliner Tagebuch '64* (1964). An analogous impulse would also be behind perhaps his most astounding work in its "physical" impact and daring: the uninterrupted sequence of one

"fisico" dell'ininterrotta sequenza di centodue tele, *...in continuum, compenetrazioni/traslati '87/'88* (1987-1988), realizzate con una tecnica pittorica innovativa, così come di quella "composizione" di *Dischi* e *Tondi* creati negli anni ottanta-novanta, pitture che interagiscono con lo spazio in un incrocio di forme ruotanti, colore che cola oltre il perimetro curvo della tela a imprimersi anche sul retro delle superfici, amalgama di forme, forse pacificate, di una vita spesa con un furore creativo che ha pochi eguali.
Diastole e sistole, protesta e resistenza di un artista che a ogni impeto fa corrispondere un lucido pensiero, e a ogni audace slancio e urto della sua pittura, emozioni e sentimenti di tale empatia, che sentiamo ancora vivi nel ricordo di quella sua possanza e autorità fisica.

PUNTEGGIATURE. GLI ANNI TRENTA E QUARANTA

La storia è nota ai più, ma per chi non ne fosse al corrente è bene ricordare che alla fine della Seconda guerra mondiale, in campo artistico divampò in Italia un dibattito estenuante e violento, che portò a rotture, inimicizie e scissioni, un conflitto che si giocò tra due modi di intendere la testimonianza, attraverso la pittura e la scultura, di quella nuova identità che la libertà individuale, finalmente riconquistata, rimetteva al centro dello spirito e della ragione dell'uomo. Realismo o astrazione? In prospettiva storica la questione sembra di lana caprina, ma all'epoca l'opzione fu quanto mai radicale e chiunque abbracciasse una o l'altra strada non lo fece a cuor leggero. La politica non stette zitta e per bocca di Togliatti nel 1948[2] si pronunciò a favore del realismo, condannando gli amici a diventare nemici, i gruppi nati dalla coesione rivoluzionaria della Liberazione a spaccarsi. Tutti dovettero scegliere e questo poco giovò all'unione dei giovani, in quegli anni segnati da una così intensa e legittima voglia di cambiamento. L'arte era di nuovo in cammino, rotto il cerchio magico delle poetiche di Novecento che nel corso del ventennio avevano imbellettato il regime con la protervia di temi e soggetti scelti da Margherita Sarfatti e cari al duce. La *querelle* aveva origini lontane,

Emilio Vedova
Ponte di Rialto, particolare
1942
40,4 × 45,3 cm
Pittura a olio su tela
AFV767

hundred and two canvases, *...in continuum, compenetrazioni/traslati '87/'88* (1987–1988), achieved with an innovative painting technique, and again behind the *Dischi* and *Tondi* "compositions" created in the 1980s and 1990s, paintings that interact with space in a conversation of rotating forms, colour dripping over the curved perimeter of the canvases to colonise their rear surfaces — an amalgam of forms: a barely tamed testimony to a life spent with a creative fury that had few equals.
The diastole and systole, the protest and resistance of an artist who matched every instinctive impetus with a lucid thought, and every daring leap and impact of his painting with emotions and feelings of such empathy that we still feel today invigorated by the memory of his powerful presence and authority.

PUNCTUATION MARKS. THE 1930S AND '40S

The story is well enough known, but for those who are not familiar with it, it is worth rehearsing that at the end of the Second World War, a violent debate flared up in the field of Italian art, leading to all kinds of ruptures and enmities, a conflict that focused on two ways of understanding the need to bear witness, through painting and sculpture, to that new identity which a newly regained individual freedom might be supposed to have put back at the centre of man's spirit and reason. Realism or abstraction? Looking back now the issue seems fluff on the wind, but at the time the choice was seen as a crucial one and no one took either path lightly. Even politicians failed to keep their mouths shut: the communist leader Palmiro Togliatti in 1948[2] waded in on the side of realism, making enemies out of friends, dissolving alliances formed in the revolutionary cohesion of the Liberation. Everyone had to choose, and this was no help to young artists hoping to form a united front at a time marked by an intense and not unreasonable desire for change. Art was on the move again, having broken out of the straitjacket of a pre-war "poetics" which for twenty years had prettied the regime with themes and subjects highhandedly imposed by Margherita Sarfatti on the basis of what was dear to the

Emilio Vedova
Ponte di Rialto, detail
1942
40.4 × 45.3 cm
Oil on canvas
AFV767

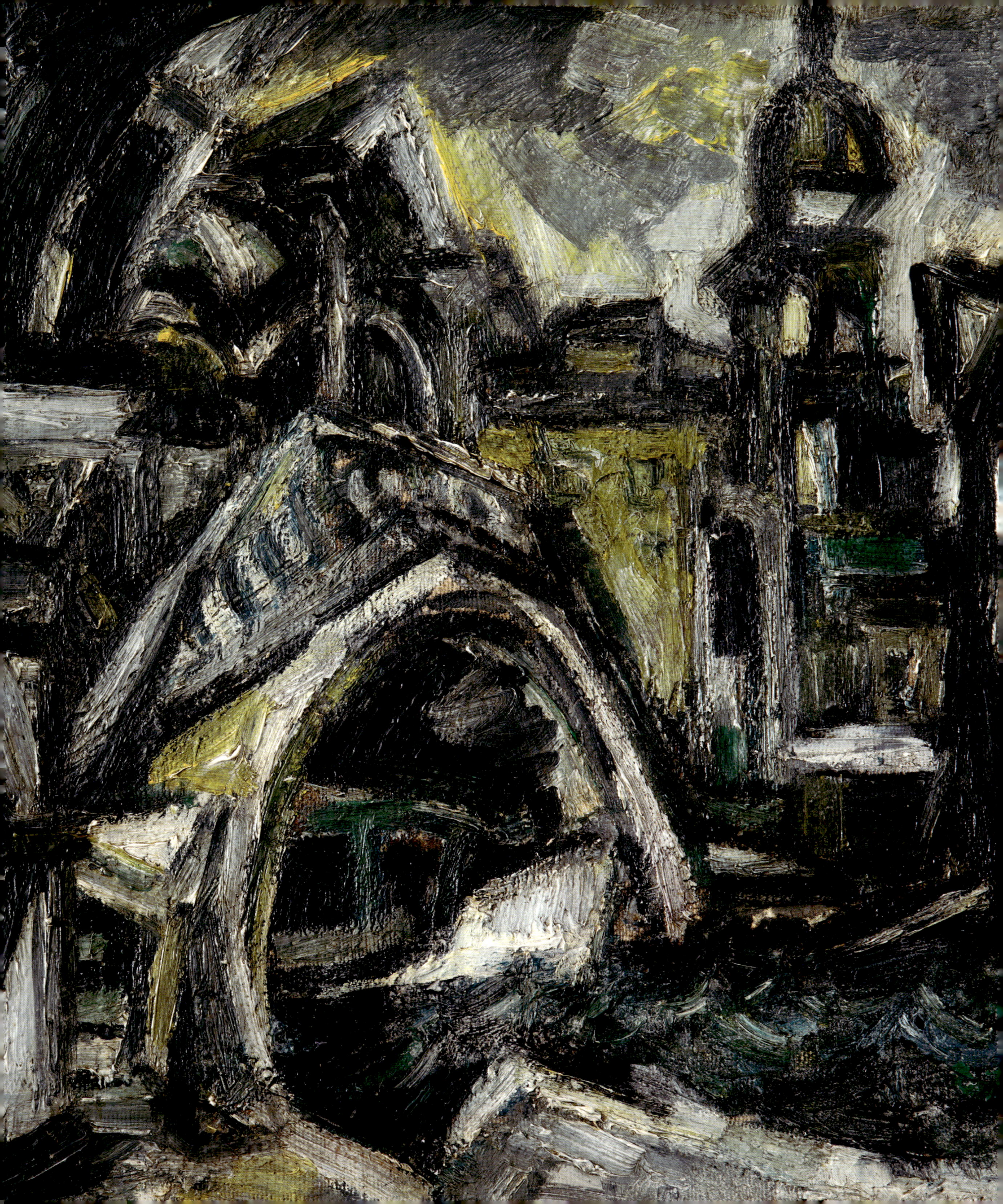

precedenti lo scoppio della guerra. I suoi nervi ancora scoperti risalivano al dibattito, certo non pacifico, tra l'astrazione geometrica e i classicismi di Novecento, la prima che nel corso degli anni trenta aveva fatto irruzione nella scena dell'arte italiana grazie anche a Carlo Belli e al suo libro *KN*, ispirato a Kandinskij, nuovo profeta del gruppo dei pittori vicini alla Galleria del Milione a Milano, i secondi fieramente difesi da Margherita Sarfatti, potente consigliera culturale del regime. (Per non dire di quanto stava in mezzo, ovvero di quel tardo Futurismo declinato nell'aeropittura, che comunque aveva ancora voce autorevole, o nel coraggioso gruppo di Corrente e della Scuola Romana che già avevano abbracciato un espressionismo carico di tensioni e contrasti.)
Tra i nomi eccellenti della *querelle* fu facile contrapporre per tenacia, convincimenti e audacia Emilio Vedova a Renato Guttuso. Avevano fatto qualche passo insieme nel Fronte Nuovo delle Arti, presentato dal critico Marchiori alla Galleria della Spiga a Milano nel 1947[3]. Vi avevano aderito molti pittori e scultori, tutti di comprovata fede antifascista: Birolli, Corpora, Fazzini, Franchina, Leoncillo, Morlotti, Pizzinato, Santomaso, Turcato e Alberto Viani. Certo non era un gruppo unitario, ognuno parlava la propria lingua, ma erano tempi confusi. Già nel 1948 l'avventura del Fronte Nuovo si può dire conclusa. Il divario tra astrazione e figurazione è un solco invalicabile, i suoi massimi protagonisti, Vedova e Guttuso[4], imboccano, come è noto, strade diverse, e non solo sul piano delle scelte artistiche ma anche su quelle propriamente politiche. «Il Fronte della Secessione è morto – scriverà Vedova nel 1950 – Sono tutti vivi gli artisti che vi parteciparono? Per conto mio il tempo scioglie l'anima dagli equivoci. Ed oggi nuovamente ognuno si salva con le sue mani. Chi è debole non può che tornare a raggrupparsi, per avere, unito ad altri, l'illusione di trovare rimedio contro il vuoto e la confusione. Chiamateli come volete: sono i neorealisti? Anche questo. È inutile che i partiti vogliano giocarci l'anima ponendoci il dilemma: "astrattismo o realismo". Danno troppo presto l'assoluzione a chi porge la sua forma come illustrazione delle cose. Beati loro che si accontentano di così poco!»[5].

Duce. In truth the controversy had distant origins, preceding the outbreak of war. Its raw nerves dated back to the debate, never a calm one, between geometric abstraction and twentieth-century pseudo-classicism, the first of which had burst onto the Italian art scene in the 1930s thanks in part to Carlo Belli and his book *KN*, inspired by Kandinsky, the new prophet of a group of painters close to Milan's Galleria del Milione, and the second proudly defended, as we have said, by Sarfatti, the regime's well-placed cultural adviser (not to mention what remained in between, the embers of late futurism reduced to *aeropittura*, which still retained a semblance of authority, or the brave new *Corrente* and *Scuola Romana* groups who had early embraced an expressionism full of tension and contrasts).
As leading protagonists of the spat, it was easy to elect Emilio Vedova and Renato Guttuso, neither lacking in conviction, tenacity or mettle. They had taken some of their first public steps together in the *Fronte Nuovo delle Arti* launched by the critic Giuseppe Marchiori at the Galleria della Spiga in Milano in 1947.[3] The "Fronte" included a number of painters and sculptors united by little more than their proven antifascism: Birolli, Corpora, Fazzini, Franchina, Leoncillo, Morlotti, Pizzinato, Santomaso, Turcato, and Alberto Viani. They were hardly a cohesive group: each spoke his own artistic language, but those were confused times. By 1948 the *Fronte Nuovo* had run its course. The gulf between abstract and figurative was already unbridgeable, and their paladins, Vedova and Guttuso,[4] set off, as we have seen, in different directions, not only in artistic but in political terms. "The Secession Front is dead", wrote Vedova in 1950. "Are the artists who participated still alive? For me, time drains the spirit from misunderstandings. And today once again everyone is to be saved only by his own efforts. Those who are weak can return to forming groups, to clinging, united with others, to the illusion of finding a remedy against emptiness and confusion. Call them what you will: are they neo-realists? That too. It's useless for extraneous parties to play with our souls by posing the dilemma 'abstractionism or realism'. One can be too quick to absolve those who present such forms as an illustration of how things are. Blessed are they who are content with so little!"[5]

Vedova a quella data ha scelto, la sua posizione è chiara: «Se l'arte si fa, nel momento della lotta, conformista di una allusiva soluzione, si tradisce la lotta, la si allontana dalla storia, se ne dà una falsa e ingenua interpretazione... Alcuni uomini di partito si addossano oggi una grave responsabilità nell'additare nella via del realismo obiettivo la soluzione della moderna dialettica figurativa... Da noi è difficile impostare un realismo nuovo, dopo la grande tradizione umanistica, goyesca, francese. Io credo che non ci restino, oggi, che dei simboli che noi dobbiamo caricare di nuove energie, perché viventi di nuovi contenuti»[6]. Vedova non è un appassionato dei raggruppamenti o dei movimenti collettivi[7], di cui non comprende quel surrettizio stare insieme tra diversi. Lui, solitario nell'anima che, seppure coinvolto in molteplici azioni di protesta da una militanza che durerà tutta la vita, prima partigiana, poi più umanitaria e pacifista, ha vissuto, negli anni a cavallo tra i trenta e i quaranta, dell'ardore e di quella passione da autodidatta che consumava i suoi giorni nel febbrile inseguimento, tra calle e calle, di un testo pittorico da cui imparare, che si invererà soprattutto nella apodittica pittura di Tintoretto e nelle bizzarrie del barocco che invade Venezia in uno dei suoi secoli migliori. Segni, colore, tracce, lesene, modanature, ispirazione pura per i suoi primi schizzi e acquerelli, spesso accostati alla furia di un altro veneziano, Giambattista Piranesi, così risolti sul piano compositivo, nelle arguzie della prospettiva, nella facilità degli accostamenti cromatici, da farne già testi di una lingua nuova. Eppure è poco più di un ragazzo.
Ha infatti venticinque anni quando nel 1943 assaggia i veti del fascismo, dell'OVRA, la polizia segreta di Mussolini, che chiude la sua mostra di disegni alla Galleria della Spiga a Milano. È il giorno in cui viene arrestato l'amico Raffaele De Grada[8] e, come ricorda Vedova: «Noi tutti dovemmo scappare»[9]. Ma è anche il tempo delle gravi decisioni: la lotta partigiana ha bisogno di nuove forze e Vedova, senza fucile, si unisce alla compagine di quei risoluti che sull'altopiano del Cansiglio, nel bellunese, combattono i fascisti. Ha un ruolo di staffetta per le comunicazioni.

By then Vedova had made his choice, his position was clear: "If art conforms, in the heat of the struggle, to some allusive solution, it betrays the struggle, it distances itself from history, gives itself a false and naive interpretation ... Today some party men take upon themselves the solemn responsibility of pointing in the direction of objective realism as the solution of the modern figurative dialectic ... It is difficult for us to formulate a new realism, after the great humanistic, the Goyaesque, the French traditions. I believe that today we are left only with symbols that we must charge with a new energy, so that they can be reanimated with new contents."[6] Vedova was not a great fan of groups and collective movements,[7] and did not understand the furtive need of disparate persons to hang together. He was essentially a solitary, although involved in many collective protest actions, a militancy that would last his lifetime: first as a partisan, then as a humanitarian and a pacifist, he lived, in the years spanning the 30s and 40s, off an ardour and an autodidact's passions that filled his days in the feverish pursuit, between *calle* and *calle*, of pictorial texts to learn from, a search which would be rewarded above all in the supreme painting of Tintoretto and the Baroque bizarreries that overtook Venice in one of its best centuries. Shapes, colours and outlines, pilasters and mouldings, the purest of inspirations for his first sketches and watercolours, often juxtaposed with the verve of another Venetian, Giambattista Piranesi, and resolved on the compositional level, in his subtleties of perspective, in the facility of his chromatic combinations to become the texts of a new language. And he was hardly more than a boy.
He was in fact 25 years old when in 1943 he first tasted a fascist veto in the form of the OVRA, Mussolini's secret police, shutting down his exhibition of drawings in the Galleria della Spiga in Milan. On the same day his friend Raffaele De Grada[8] was arrested and, as Vedova recalls: "we all had to make our escape."[9] But it was also a time for serious decisions: the partisan struggle needed reinforcements, so Vedova, without even a gun, joined the ranks of a committed team fighting the fascists on the Cansiglio plateau, up by Belluno, and was given the job of courier.

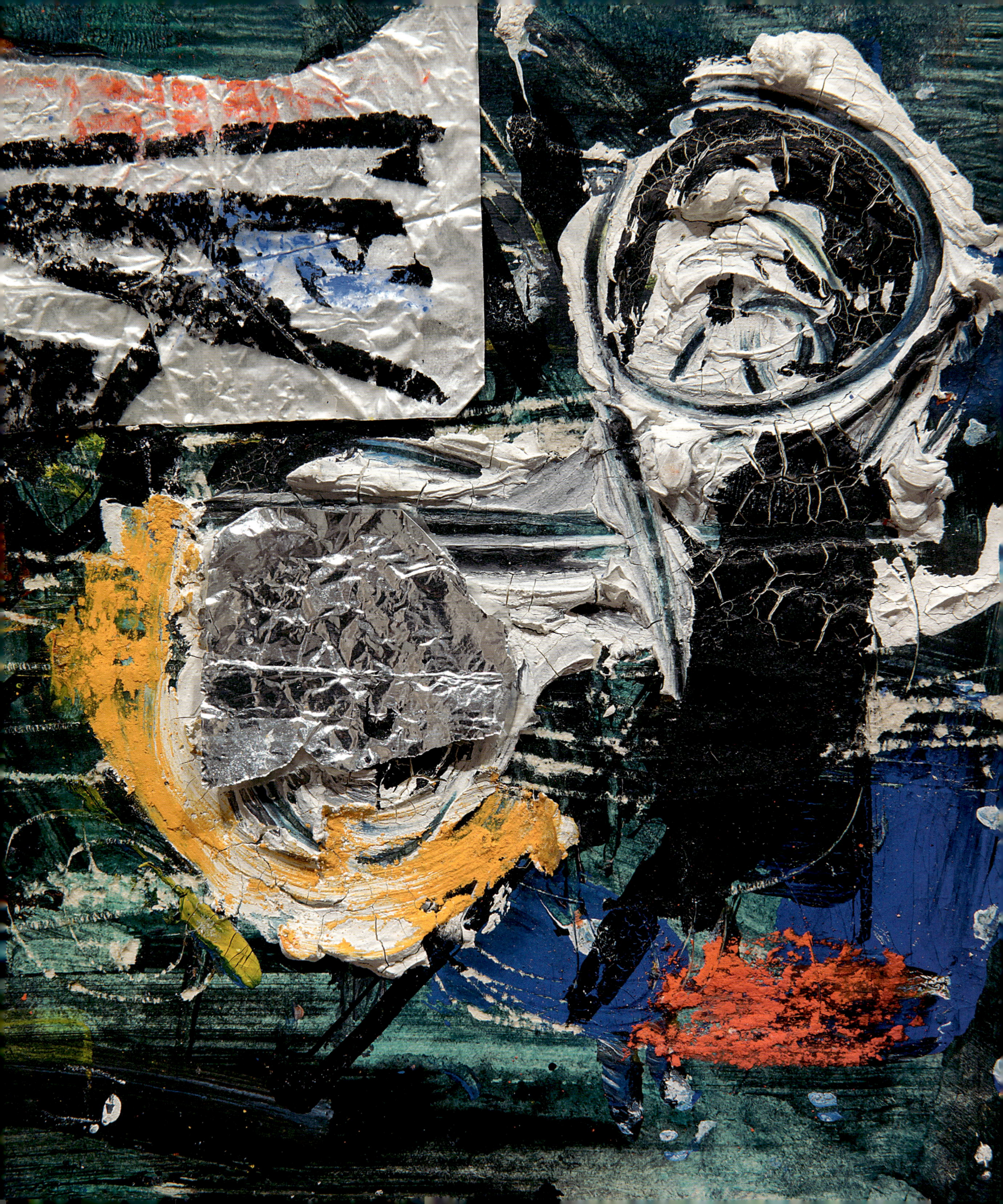

È la Resistenza. Di quel periodo scrive: «Dovrei elencare troppe cose, i rastrellamenti, la ferita, le fughe, i giorni tragici... Col mio sacco partigiano riportai una cartella di disegni, presto dispersa, dai quali trassi però una serie di tempere partigiane...»[10]. Carichi di segni, colori e luci che abbagliano nelle oscure ore di quelle notti in montagna: così sono i fogli di *Diario partigiano*. Ancora qualche cenno di figura, sinopie fluttuanti sulla superficie o chiuse in un perimetro, memoria dell'infermeria o del bivacco, corpi in fuga, traditi. Pitture che sorprendono per la concitazione dei segni e la sintesi espressiva: una grafia di inchiostro nero, quasi assorbito dai toni cupi dell'acquerello, per descrivere la violenza di un'esecuzione o di un agguato. Un fucile, un soldato, un condannato, lumeggiati da un chiarore spettrale. La sua mano corre rapida, senza esitazioni: cede alla carta tutto il furore e l'indignazione di quelle memorie, o meglio sarebbe dire, di quell'allerta della coscienza che lo porterà, nel corso degli anni, a testimoniare tempestivamente con la pittura la sua partecipazione agli eventi storici più drammatici del secondo dopoguerra.
«A Guernica ci ispirammo – scrive Vedova nel suo *Diario* – ... a Guernica domandammo le parole più forti, l'impeto più deciso»[11].
Spartiacque del "secolo breve", questo capolavoro dipinto da Picasso nel 1937, in soli due mesi nello studio di Parigi, denuncia gli orrori della guerra, dopo il bombardamento della cittadina basca[12]. *Guernica* è l'esempio di come l'artista possa partecipare alla storia: è l'espressione di una militanza organica, di denuncia e protesta che vuole incidere nella coscienza collettiva. *Guernica* è un manifesto che parla di morte e chiede la pace. Rappresenta le vittime di quella guerra, e di tutte le guerre. Picasso non mostra i carnefici, sembra avere occhi solo per l'orrore dei corpi dilaniati, attorcigliati, oltraggiati, di uomini, donne, bambini, animali, che nella sacralità di quest'immagine, potente ed eroica come un antico Compianto, trovano tragica sepoltura, mentre lo strazio di questa barbarie contro i civili indifesi lascerà cicatrici profonde nel cuore di molte generazioni[13].
L'esempio dunque è questo: la storia come luogo dell'azione/reazione creativa, partecipata nel simbolismo

Emilio Vedova
Senza titolo, particolare
1955
13,1 × 12,8 cm
Pittura a tempera, inchiostro, carta e carta stagnola su carta
AFV3162

We are with the Resistance. He would write of that period: "There are too many things for me to list them all, roundups, wounds, escapes, days of tragedy ... In my field backpack I brought back a folder of drawings, soon lost, but from them I got a series of partisan tempera ..."[10] The pages of his *Partisan Diary* are full of quick outlines, colours, startling light-flashes from the dark hours of those nights in the mountains. And then hints of figures, preliminary sketches floating on the surface or enclosed in a perimeter, memories of the infirmary or bivouacs, bodies fleeing, ambushed. Paintings that surprise for the excitement of their signage and expressive synthesis: black-ink handwriting, at times almost absorbed by the dark tones of the watercolour, capturing the violence of an execution or an ambush. A rifle, a soldier, a condemned man, illuminated by a spectral glow. His hand moves rapidly, unhesitatingly: he etches on the paper all the fury and indignation associated with those memories, and more, the alert consciousness that will lead him, over the years, to bear prompt witness in his painting to some of the most dramatic historical events of the post-Second-World-War period.
"*Guernica* was our inspiration", wrote Vedova in his diary, "... *Guernica* gave us stronger words, a greater momentum."[11] A watershed work of the "short twentieth century", that masterpiece, painted by Picasso in his Paris studio over barely a month in 1937, denounces the horrors of war, following the bombing of the homonymous Basque town.[12] *Guernica* is the example *par excellence* of the artist participating in history: it is the expression of an organic militancy, of protest and accusation that aims to batter the collective consciousness. *Guernica* is a manifesto that speaks of death and calls for peace. It represents the victims of that particular war and of all wars. Picasso does not show the executioners, he has eyes only for the horror of the torn, twisted, outraged bodies of men, women, children, animals, who find a tragic burial in this sanctifying image, as powerful and heroic as a classic Lamentation, that the barbaric crime against defenceless civilians may leave profound scars on the hearts of generations to come.[13]
So the example was this: history as a *locus* of creative action/reaction, shared through a symbolism of images,

Emilio Vedova
Senza titolo, detail
1955
13.1 × 12.8 cm
Tempera, ink, paper and foil on paper
AFV3162

delle immagini, terreno per coniugare «le pressanti realtà contingenti»[14] in un linguaggio pittorico che per Vedova deve essere il più contemporaneo possibile, fuori dalla soverchiante realtà oggettiva, dentro la significanza di una scrittura fondata sull'incontro di materia e spirito, forme, linee, colore, luce in sequenze libere, anche dalle costrizioni ideologiche di un passato reazionario ancora vicino.
«Proclamarsi "non figurativi" – scrive a questo proposito Vedova – è una affermazione di autonomia. Insomma l'appuntamento con la pittura astratta è un appuntamento con la coscienza contemporanea»[15].
Con Picasso arriva per l'artista veneziano anche il confronto con le istanze internazionali della pittura. All'inizio degli anni cinquanta è la Francia – Parigi sarà meta di alcuni viaggi per lui molto importanti – il luogo di massima ispirazione per quella nuova ricerca visiva che, oltre all'esplicitarsi di una pressante problematica esistenziale, deve tacitare anche l'urgenza della questione morale, un tema all'attenzione di tutti gli artisti europei. «La Francia – sottolinea Germano Celant – è vista come luogo della libertà. L'America era invece lontana, mitica e leggendaria, ma impregnata di negatività connessa al capitalismo, con la sua attitudine imperiale, non poteva essere simbolo di un ritorno al restauro della democrazia e al multiculturalismo, che doveva succedere al monolitismo dei regimi italiano, tedesco e russo, anche se con le sue forze, convogliate nell'impegno militare degli alleati, aveva contribuito alla loro sconfitta»[16]. Saranno dunque, come suggerisce ancora Celant, le vertigini di Wols, le lacerazioni della sua pittura di filamenti e ferite, tanto ammirata da Sartre, libera da ogni preconcetta forma mentale che, in quella stagione ancora densa di interrogativi, ammirerà primariamente Vedova, così come i grovigli di Hartung e gli inquietanti agglomerati di materia, colla e segatura di Fautrier. Ma confronto non significa certo per il veneziano nutrire la sua pittura di parafrasi, glosse o chiose di testi altrui: di questo è chiara evidenza in tutta la sua ricerca visiva, che non ha confronti in altre biografie.

a terrain for dealing with "the pressing contingent realities"[14] in a pictorial language which for Vedova had to be as contemporary as possible, set apart from overwhelming objective reality, and couched within the significance of a language based on the intersection of matter and spirit: shapes, lines, colours, light, in free sequences, necessarily free, too, from the ideological constraints of an all-too-close reactionary past.
"To proclaim oneself 'non-figurative'", writes Vedova *à propos*, "is an affirmation of autonomy. In short, an abstract painting's rendezvous is a rendezvous with contemporary consciousness."[15]
The Venetian artist also took from Picasso the necessity of engagement with international demands on painting. At the beginning of the 1950s, France, or Paris, would become for him a crucial destination — it would be the place of maximum inspiration for a new direction of visual research which, besides making explicit pressing existential issues, had also to calibrate the urgency of a moral one that faced all European artists. "France", Germano Celant has emphasised, "was seen as a centre of liberty. America on the other hand was far off, mythical and legendary, but burdened with a negativity associated with capitalism, while with its imperialistic leanings, it did not represent a viable symbol for a return to the democracy and multiculturalism which was all hoped would succeed Italian, German and Russian totalitarianism, despite its forces having shipped over to seal the latter's defeat."[16] And so it would be, as Celant suggests, the hectic scribbles of Wols — lacerating pictures made of wounds and filaments (much admired by Sartre), wholly free of preconceptions — that would inspire Vedova in that unsettled season, as indeed would Hans Hartung's tangled palette and Jean Fautrier's unsettling mixed-media messes of sawdust, fabric and glue. Which is not to say that the Venetian's painting was paraphrase or commentary on other artists' texts: so much is clear from the breadth of his visual research, without parallel in contemporaries' biographies.

Emilio Vedova
Per la Spagna 1961/1962 - 5/6,
particolare
1961-1962
100 × 70 × 16 cm
Pittura vinilica,
pittura a tempera, carboncino,
carta, materiale plastico,
fil di ferro su cartoncino
fissato su legno
AFV891

Emilio Vedova
Per la Spagna 1961/1962 - 5/6,
detail
1961–62
100 × 70 × 16 cm
Vinyl paint, tempera,
charcoal, paper,
plastic material,
wire on cardboard
fixed on wood
AFV891

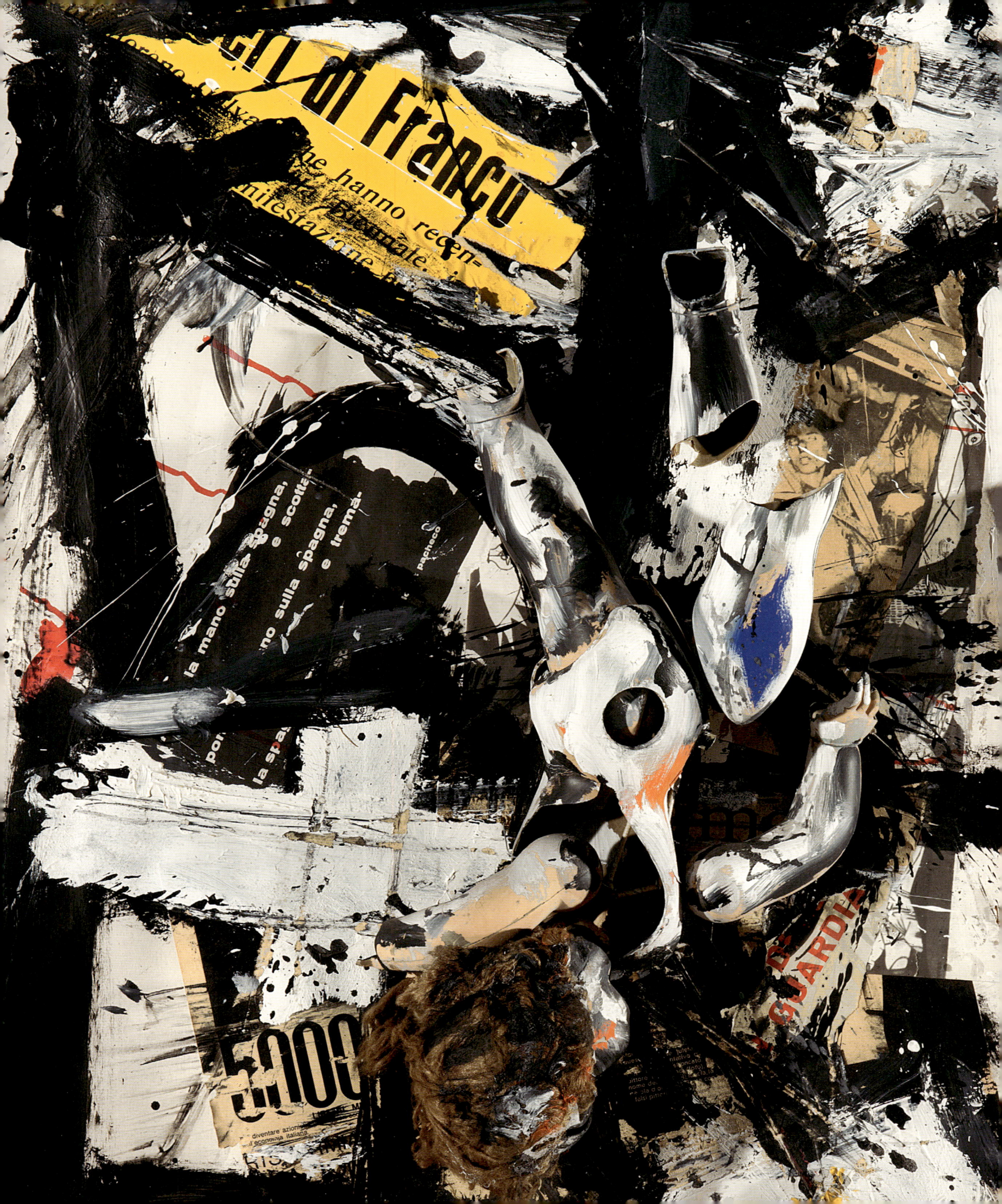
di Franco
che hanno recen-
la mano sulla spagna, e scotta
no sulla spagna, e trema.
pacheco
GUARDIA
5000

PUNTEGGIATURE. GLI ANNI CINQUANTA

Analogie degli stati d'animo (che non escludono la memoria futurista, di Boccioni in particolare) e urgenze esistenziali: a queste corrispondenze si appellerà la condanna dei nuovi conflitti e delle ripetute violazioni della pace e della democrazia nella lunga stagione della Guerra fredda. Vedova è impegnato con la pittura in una vigile e costante testimonianza a favore dei nuovi drammi collettivi. Lo scoppio della Guerra di Corea nel 1950, la Spagna franchista (1939-1975), i vent'anni del Vietnam (1955-1975) e, ancora, Varsavia, città del ghetto e del Patto (che merita una pittura plumbea di concitate pennellate), ma anche il tributo a figure di rilevante peso morale come Martin Luther King a cui nel decennio successivo, nell'anno del suo assassinio (1968), dedicherà una serie di acqueforti, Sacco e Vanzetti (1977), Alexander Dubček. Persone e fatti che trovano nella sua opera il loro simulacro, l'equivalente delle tensioni e delle tragedie che albergano ora nelle sue grandi tele, ma anche in più intimi diari di piccole dimensioni, immagini affidate talvolta al mixaggio del collage e della fotografia, che eserciterà una grande fascinazione nell'espressività di Vedova. È interessante osservare che sebbene la sua vita sia una scrittura continua, affidata a diari, appunti, lettere, riflessioni, note, schizzi e parole scritte in ogni dove, sentenze fulminanti di poche righe, il segno della sua militanza attiva è quasi esclusivamente affidato alla pittura, per lo più concentrato in un titolo. È la pittura che emette sentenze.

La questione dunque è nel modo in cui si sta al mondo, affinando la propria capacità di sentire l'oscillazione e gli umori della storia, ma soprattutto essere, senza soluzione di continuità, dentro il grande disegno della vita degli uomini. «Allora per quello che mi riguarda – scrive Vedova – direi che i miei interessi sono sempre stati dell'uomo e il suo spazio inteso come spazio delle passioni, lo spazio dell'uomo nelle sue contraddizioni, la pittura che realizzi un modo di essere»[17]. È lo spazio dell'uomo, in una visone teleologica più che meccanicistica della vita, che sente di dover dipingere quando af-

PUNCTUATION MARKS. THE 1950S

Vedova's frequent condemnations of new conflicts and repeated violations of peace and democracy in the long Cold War season would also be shaped by references back to earlier perspectives (not excluding Futurism, and Boccioni in particular) and by his own existential imperatives. His engaged painting is an alert ongoing testimony to the world's crises. The outbreak of the Korean War in 1950, Franco's Spanish tyranny (1939–1975), the two decades of Vietnam (1955–75), Warsaw, earlier city of the tragic ghetto and now of the Pact (1955) — which elicited a sombre canvas of fevered dark brushstrokes — but also tributes to figures of significant moral weight such as Martin Luther King to whom he would dedicate a series of etchings in the year of his assassination (1968), Sacco and Vanzetti (1977), Alexander Dubcek. People and events whose tensions and tragedies find their simulacra in his work, not only in the large canvases but also on a smaller scale in his more intimate diaries, images sometimes executed in a mix of photography and collage, a form that would retain its appeal. It is interesting to reflect that while his life was one of continuous writing, whether entrusted to diaries, notes, letters, memoranda, jottings, and words scattered hither and thither, powerful aphorisms of a few lines, the evidence of his active militancy is almost exclusively confined to his painting, and often concentrated in a title. It is the painting that sits in judgement.

The issue therefore is where one stands in the world, of refining the ability to feel the moods and oscillations of history, but above all of consistency, within the overarching trajectory of a man's life. "So as far as I'm concerned", Vedova writes, "I would say that my interests have always been man and his place in the world, understood as a space of passions, a space of man within his contradictions, and painting that creates a way of being."[17]

It is that space of a man's own, in a teleological rather than a mechanistic vision of life, that he feels he has to paint when he faces issues of civil commitment, when he uses the canvas to declare before the world his pro-

fronta temi di impegno civile, quando usa la tela per dichiarare al mondo la sua protesta e la sua indignazione, il suo essere dentro l'immanenza della storia. Insomma, nella poetica di Vedova la centralità dell'uomo è dato imprescindibile: è questo che, pur nel confronto dialettico con le esperienze internazionali di quegli anni cinquanta, americane soprattutto, degli espressionisti astratti in particolare (anche grazie alla Biennale, frequenterà e conoscerà quasi tutte le nuove leve della pittura d'oltreoceano), non lo farà sentire vicino alla neutralità ideologica e politica dell'arte americana, tutta concentrata sul dato oggettivo della pittura e su una fede indiscussa nell'astrazione. Non come espressione dell'individuo ma come espressione del fare pittorico: un inno alla volontà degli Stati Uniti di rivendicare un ruolo centrale anche in campo culturale, come Paese delle grandi opportunità, della democrazia e della libertà.

Come annota Celant, cui si devono alcuni tra i più importanti contributi alla lettura dell'opera di Vedova: «Un solitario come Vedova, nel 1952, anche se incluso in mostre di matrice europea o in collettive organizzate negli Stati Uniti dall'*American Federation of Arts*, non riesce a forzare il suo linguaggio così da entrare in relazione – se pur lo conosca e lo frequenti, per le sue visite a musei e fondazioni, o per i suoi viaggi dal Brasile all'Europa – con il nuovo ordine informale. Sente la responsabilità di dichiararsi politicamente, rispetto al disimpegno di Pollock e di Kline che, avendo abolito il "soggetto", si affermano per la novità formale, l'informe, così da veicolare una visione individualista libera da qualsiasi ideologia e perfetta rappresentante di una depoliticizzazione che crede solo nella trascendenza del mito dell'individualità, professato in America»[18].

Certo, ci sarebbe da obiettare che tecniche e *texture* delle tele degli americani non sembrano così incompatibili con quelle di Vedova: pensiamo al confronto, per esempio, tra alcuni lavori di de Kooning o Kline, con opere come le sue potenti composizioni dal *Ciclo della natura '53* o dal *Ciclo della protesta '56*, o, ancora, *Immagine del tempo* (1958), fradice di pittura stesa a larghe pennellate vorticanti, che si sovrappongono e si intersecano senza

tests, his indignation, his own place within the immanence of history. In short, the centrality of man in Vedova's poetics is an inescapable given: it is this that — despite an active dialogue with what was going on internationally in the 1950s, in America above all, and with abstract expressionism in particular (thanks in part to the Biennali, he would get to know most of the new generation of overseas painters and their work) — would prevent him from feeling close to the ideological and political neutrality of American art, with its unquestioning faith in abstraction, not as an expression of the individual, but of the act of painting itself: and a hymn to the determination of the United States to claim a central role in the field of culture, as the country of unlimited opportunity, of democracy and freedom. We can turn again to Germano Celant — to whom we owe some of the most incisive readings of Vedova's work: "In 1952 a loner like Vedova, even if he was included in European round-ups and collective shows organised in the United States by the American Federation of Arts, was unable to bend his artistic language to cohabit with the new informal order — albeit he knew it well enough from visiting museums and foundations or from his trips to Brazil or around Europe. He felt a responsibility to speak out politically, in contrast to the disengagement of Pollock and Kline, who, having abolished the 'subject', relied on formal novelty, or even formlessness, to convey an individualistic vision free from ideology and perfectly representative therefore of a depoliticization whose only belief was in the transcendence of the myth of individuality, as professed in America."[18]

One might well object that the actual techniques and textures of the canvases produced by the Americans do not seem incompatible with Vedova's: we could compare for example some works of De Kooning or Kline with such powerful compositions as his *Ciclo della natura '53* (1953), or *Ciclo della protesta '56* (1956), or again, with *Immagine del tempo* (1958), dripping with paint applied in broad swirling brushstrokes, overlapping and intersecting without any play of perspective and lacking any apparent figurative reference. But the insistent verticality of the Ve-

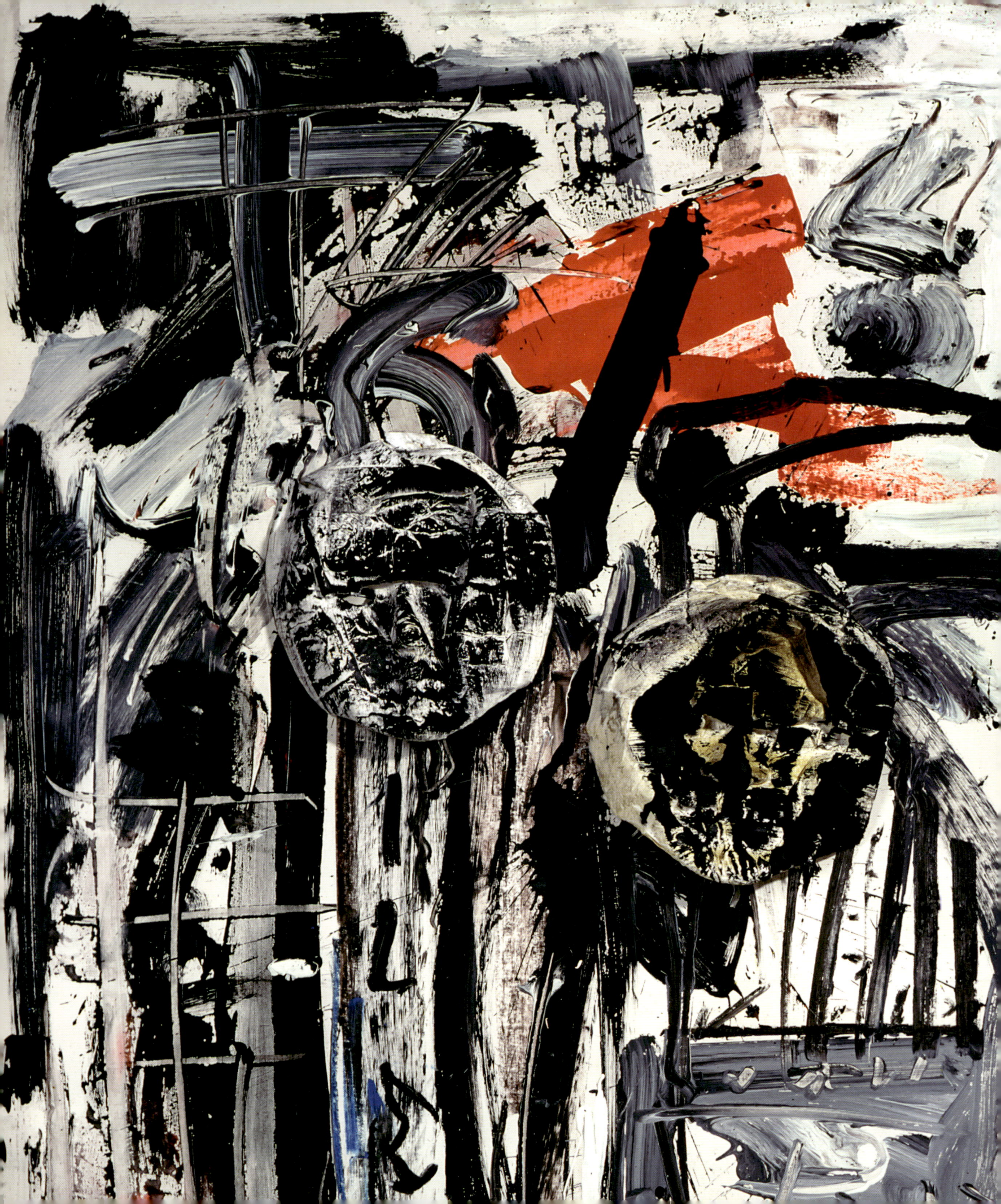

inganni prospettici e senza alcun riferimento oggettuale. Ma la insistita verticalità della pittura del veneziano, che accumula ancora brucianti ferite, contrasta con il *dripping* di Pollock che cola sulla tela stesa a terra, facendo di quei lavori lo specchio di inquietudini e tormenti esistenziali, che l'automatismo dell'americano, pur nella bellezza dei suoi caotici grovigli, non sa eguagliare, corde che non vogliono essere toccate. Bisogna riconoscere: c'è astrazione e astrazione, dunque.

Ed è proprio così: un solo linguaggio è quello che può esercitare l'autorevolezza di Vedova nelle ripetute memorie di conflitti e macerie a cui dà voce, ed è il suo peculiare astrattismo «che parte da sentimenti umani, di fatti, di realtà, di partecipazione, e che supera le situazioni oggettive di questi fatti, ogni partenza e provocazione, e tende ad un'espressione catartica. Espressione di "quanti" di sentimento totale del mondo, quindi segni-simbolo della propria frequenza con un dato sentire: segni-simbolo di un uomo del mondo al di fuori di ogni concettualistico "a priori"»[19].

È nel corpo a corpo che Vedova ingaggia con la materia pittorica, con l'intensità e la purezza dei colori, spesso nella negazione del bianco e nero, e ancora, nel suo identificarsi con la metrica dello spazio-tempo, misura della sua potente quanto proverbiale gestualità, che s'invera dunque l'azione di protesta e di solidarietà «con le vittime e i ribelli». L'artista fende l'aria, aggredisce le superfici, posando grumi di colore, sciabolate di luce, tagli netti di spatola che incrociano, nella sapienza di un'autentica architettura delle passioni umane, grafie a crocicchio, segni rapidi e nervosi, «scontro di situazioni, come un grande racconto universale».

Nel *Diario di Corea* (1951) ogni sussulto figurativo è ormai disperso in un avvicendarsi di piani inclinati, tagli netti di inchiostro nero, patrocinati dall'uso del collage, una tecnica che gli offre nuove opportunità espressive, recuperando i "quanti" sotterranei della sua esacerbata sensibilità. E l'apparire di una fantasmatica forma rosso carminio, raggrumo di sangue, che emerge al centro dalla sovrapposizione di carte e ritagli, risalta con il suo potente valore simbolico nella notte di quella guerra in-

netian's painting, with its accumulation of raw wounds, diverges from Pollock's dripping technique applied to canvases on the ground, allowing the former's works to mirror an existential disquiet and torment which the American's automatism, for all the casual beauty of its chaotic convolutions, cannot equal, chords in fact it does not presume to touch. We have to admit, then, that there's abstraction and there's abstraction.

And such is surely the case: there was only one language that could project Vedova's authority in his repeated referencing of the conflict and ruin for which he speaks, and that was his particular brand of abstraction "which starts from human feelings, about events, reality, participation, and goes beyond the objective facts of these events, their ramifications and provocations, tending towards cathartic expression. An expression of the 'quanta' of the total feeling in the world, signs or symbols, therefore, on the same frequency as a given feeling: signs or symbols of a man in the world outside of any conceptual 'a priori'."[19]

It is a sort of hand-to-hand combat that Vedova engages in with the pictorial material, with the intensity and purity of colours, or often in the abnegation of black and white, just as it is in his identification with the metric of space-time, the measure of his proverbially powerful gestuality, that his acts of protest and solidarity "with the victims and the rebels" take place. The artist cleaves the air, assaults his surfaces, slapping down lumps of colour, sabre strokes of light, clean spatula slicings that intercut, with the intuition of an accurate architecture of human passions, script-like cross-hatchings, rapid and nervous swipes — as in the "scontro di situazioni" (clash of situations, a locution often used in Vedova's titles), "like a great universal story."

In his *Diario di Corea* (1951) every figurative hint is now dispersed in a succession of inclined planes, sharp slashes in black ink, backed up with collage, a technique that would offer him a new range of expressive opportunities, exposing the subterranean "quanta" of his exacerbated sensitivity. The flowering of a ghostly crimson shape, a clot of blood, emerging centrally from the overlapping of papers and clippings, stands out with its powerful symbolic value against the night of the disastrous war and

Emilio Vedova
...Cosiddetti Carnevali...'77/'83 - n. 24, particolare
1977-1983
100 × 76 cm

Pittura acrilica, carboncino, pastello e cartapesta su carta fissata su legno
AFV1128

Emilio Vedova
...Cosiddetti Carnevali...'77/'83 - n. 24, detail
1977–83
100 × 76 cm

Acrylic painting, charcoal, pastel and paper mache on paper fixed on wood
AFV1128

giusta, di odio e furore contro i civili, che anche Picasso ricorderà nello stesso torno di tempo[20]. «I collages – scriverà Vedova nel suo *Diario* – mi furono cosa utile, quella fu una esperienza complessissima, tesa all'esaurimento nervoso. Ma quanto generosa! Questa complessa esperienza di allora trovasi testimoniata in alcuni piccoli quadri... tutti questi dal Diario di Corea». Una tecnica, quella del collage, cui Vedova affida anche il tumulto di emozioni che per lungo tempo accompagna il suo giudizio sulla dittatura di Franco, l'ultimo atto di una guerra iniziata nei fascismi degli anni venti e trenta, che sembra non avere fine.

its civilian massacres, which Picasso incidentally commemorated at the same time.[20] "Collages", Vedova would write in his *Diario*, "were a fine resource during what was a very complicated experience, lived on the verge of nervous breakdown. But a most fertile one! The difficult experience of that time is recorded in a whole series of little pictures ... those of *Diario di Corea*." Collage was a technique to which Vedova also entrusted the raw emotions that long accompanied his judgment on the dictatorship of Franco, which he saw as the last act of a war that had begun with fascist and Nazi regimes of the 1920s and 1930s, and seemed to be without end.

PUNTEGGIATURE. GLI ANNI SESSANTA

È un approccio visivo più esplicito e radicale, quello che Vedova utilizza nella composizione delle opere *Per la Spagna*, realizzate tra il 1961 e il 1962, assemblage di legni, metalli, collage di carta stampata, solchi di pittura e segni di una grafia arroventata da lettere simbolo e da parole inequivocabili: *...la strage... i tribunali di Franco... formidabile atto d'accusa*. La Spagna l'ha conosciuta bene nel 1958, nel suo viaggio con Annabianca dalla vecchia Castiglia all'Andalusia, alla Mancha, a Toledo, nei versi di García Lorca e di Rafael Alberti, nella «presenza ancora tenace della guerra 1936-39»[21]. Il 1960-1961 è anche l'anno di *Intolleranza 1960*, l'opera teatrale nata da una collaborazione con il compositore Luigi Nono e con Angelo Maria Ripellino, esperto di storia del teatro slavo e conosciuto per la sua traduzione di classici della letteratura russa. È una grande sfida che gli impone un esercizio diverso dalla pittura, drammi di luce, scene e bozzetti che siglano l'ingresso di Vedova in una multimedialità ancora *sui generis*, embrionale, ma che sicuramente stimolano quella sua attitudine a muovere le superfici dei quadri, per attivare cortocircuiti tra la pittura, le cose/oggetto e la parola, procedimento che d'ora in poi gli permetterà di trasferire, come nel caso delle opere contro la Spagna di Franco, la denuncia dall'*horror vacui* della materia pittorica, di cui è indubbiamente maestro, ver-

PUNCTUATION MARKS. THE 1960S

For his composition of the *Per la Spagna* works, created between 1961 and '62, Vedova adopted a more explicit and radical visual approach: assemblages of wood and metal, collages of printed paper, grooves of thick paint and searing handwritten marks with symbolic letters and unequivocal words: *...la strage... i tribunali di Franco... formidabile atto d'accusa* (...massacre... Franco's tribunals... tremendous indictment). He had got to know Spain well in 1958, during his journey with Annabianca from Old Castile to Andalusia, to La Mancha and Toledo, as well as through the poetry of Federico García Lorca and Rafael Alberti, in the "still tenacious presence of the 1936–39 war."[21]

1960–61 was also the year of *Intolleranza 1960*, a theatrical piece concocted in collaboration with the composer Luigi Nono and Angelo Maria Ripellino, an expert in the history of Slavic theatre, best known for his translations of classics of Russian literature. It was a considerable challenge that forced him to venture outside painting: an exercise involving dramas of light, stage sets and rapid sketches that meant a first excursion into multimediality for Vedova, still embryonic and *sui generis*, but certainly stimulating his ability to make the surfaces of paintings move, to activate short circuits between painting and things, between objects and the word, a process that from now on would enable him to transfer, as in the works against Franco's Spain,

so un'inedita dissonanza sensoriale, che sollecita nuovi, diversi, simbolismi. Stesso approccio anche nell'opera *Berlin '64* (1964), un capolavoro nato nel clima di straordinaria tensione emotiva dell'opera di cui alle seguenti pagine, *Absurdes Berliner Tagebuch '64*, realizzata nello stesso anno. Questo processo di meticciare la pittura aveva avuto dei precedenti non trascurabili, come lui stesso racconta parlando di un lavoro eseguito quasi dieci anni prima per il Premio Burano: «... Esco sulle fondamenta e mi porto del rio un po' di quelle alghe marine nello studio andrò nei grandi barconi a raccogliere pezzi di vela strappati dentro, negli elementi, dimentico della tradizione del pittore farò due collage odoranti, dove la pece attacca la corda, dove gli smalti dicono l'acqua fosforescente, dove la iuta dice di un'analogia di rete... Faccio un plastico insomma esplosivo, dove credo che le materie formative siano superate nell'immagine. Esporrò più tardi uno dei due quadri alla biennale del 1954, a Burano non li mandai!»[22].

È un decennio cruciale per la storia internazionale, quello degli anni sessanta, al cui centro si collocano eventi politici di assoluta rilevanza: la rivoluzione culturale cinese di Mao Zedong (1966), le tensioni Francia e Usa, l'assassinio di John Kennedy (1963), il celebre discorso, *I have a dream*, di Martin Luther King al Lincoln Memorial di Washington, sempre del 1963. Ma è in particolare sul 1968 che sembrano addensarsi le nubi più cupe. La crisi nell'area mediorientale e la destituzione il 20 agosto di quell'anno di Alexander Dubček e del suo governo riformatore a opera dell'esercito sovietico: è la fine della primavera di Praga. È l'anno delle violente contestazioni studentesche che, anche nella scia dell'emozione e della rabbia causata dall'assassinio di Luther King a Memphis (4 aprile 1968) e di Robert Kennedy a Los Angeles (6 giugno 1968), dilagano in tutta Europa: Berkeley, dove Vedova tiene una *lecture* nel 1967, chiama Parigi e infuoca il maggio francese. Anche l'Italia è attraversata da nord a sud da questa carica di proteste che dalle università (dove già dal 1966 serpeggiavano malumori e contestazioni) si allargano alle fabbriche e alla dura condanna della politica. Nel 1968 la Biennale di Venezia

his denunciations from the *horror vacui* of pictorial matter, of which he was an undoubted master, toward an unprecedented sensory dissonance, which would in its turn elicit new and different symbolisms.

He adopted a similar approach with his *Berlin '64* (1964), a masterwork conceived in the same climate of extraordinary emotional tension as the *Absurdes Berliner Tagebuch '64*, made in the same year. This process of hybridising painting had some not insignificant precedents, as Vedova himself recounts when speaking of a work executed almost ten years earlier for the Burano Prize: "... I go out onto the *fondamente* and bring back some seaweed to the studio, then hang around some of the big fishing-boats to collect fragments of sail ripped by the elements, and forgetting the nobler traditions of painting I make rather smelly collages, where pitch sticks the rope, where the blue gloss suggests phosphorescent water, where the jute bespeaks a fishing-net analogy [...] I make explosive prototypes in short, where I hope that the formative elements are subsumed in the final image. I would later exhibit one of the two paintings at the 1954 Biennale, but they didn't go to Burano!"[22]

The 1960s were a crucial decade historically, at the centre of which were political events of incontrovertible significance: Mao's Cultural Revolution in China (1966), tensions between France and USA, the assassination of John F. Kennedy (1963), Martin Luther King's famous *I Have a Dream* speech (also from 1963) at the Lincoln Memorial in Washington. But it was particularly over 1968 that the darkest clouds seemed to be gathering. The crisis in the middleeast area and the Soviet army's ousting on August 20th of Alexander Dubcek and his reformist government in Czechoslovakia, bringing down the curtain on the Prague Spring. It was a year of violent student protests. Partly in the wake of the outpouring of emotion and anger caused by the assassinations of Luther King in Memphis (April 4) and Robert Kennedy in Los Angeles (June 6), that swept across Europe, the students of Paris, possibly taking their cue from Berkeley California — where Vedova delivered a lecture in 1967, took to the streets, igniting *le mai français*. Italy, too, was gripped from north to south by a wave of protests, which spread from the universities (where unrest had been brewing since

diventa campo di battaglia, gli artisti invitati ritirano i loro quadri, alcuni li girano contro il muro in segno di massimo disprezzo delle istituzioni. Riforme della scuola, salari adeguati, diritti civili sono le principali ragioni di occupazioni e scioperi a oltranza.
Nel mondo dell'arte si sono via via spente le visioni inquiete dell'Espressionismo astratto, scalzato dal New Dada e dalla Pop Art, tributo al feticismo dell'oggetto e alla cultura di massa. Nel 1964 sarà la Biennale a decretare a livello internazionale la fortuna di queste tendenze. Lo scambio di testimone tra Parigi e New York si riflette sulla fortuna critica degli artisti europei non allineati al verbo Pop, in gran parte esclusi dai circuiti espositivi e dal mercato americano. Si salva solo la vecchia guardia, quella dei maestri ancora vivi, molti peraltro già negli States a causa del conflitto mondiale. Farsi strada nella nuova autocrazia culturale americana è difficilissimo per un europeo che vive un'arte di memoria e testimonianza. L'antiamericanismo che dilaga nel vecchio continente ha però i suoi meriti nell'allontanare molti artisti dalla manipolazione culturale di un sistema completamente autoreferenziale, spingendoli verso esperienze generate da istanze più autenticamente rivolte alla sollecitazione di una coscienza critica e sociale. Pensiamo per esempio alle azioni di Fluxus e di Beuys, ma anche ai prodromi di quelle ricerche avviate nella seconda metà del decennio, sensibili a uno stato di natura originario, libero dalla mercificazione del consumismo. Esperienze che faranno uso di quelle materie naturali e artificiali – ma anche di corpo e di natura si tratterà – che ancora conservano un'autentica capacità espressiva nei confronti della storia, della memoria e di quella mitografia di figure e forme del contemporaneo che in taluni – come Anselm Kiefer, Schnabel o Baselitz – diventerà fonte di nuova energia creativa. Nascono repertori inediti per un'arte che impareremo a conoscere come Arte Povera (1967 è la data della prima esposizione curata da Celant alla Galleria La Bertesca a Genova), Body Art (le prime performance di Allan Kaprow datano ancora al 1959), Minimal Art e Land Art, due tendenze che rimettono in gioco l'America. Ma non si tratterà più di esaltazione della cultura di

1966) to the factories, accompanied by an acute discontent with politics. In 1968 even the Venice Biennale became a battleground: some of the invited artists withdrew their paintings, others turned them to the wall as a sign of their contempt for institutions. Reform of the schools, adequate wages and civil rights were the triggers for factory occupations and long-drawn-out strikes.
In the art world the anguished visions of abstract expressionism had gradually ebbed away, to be replaced by New Dada and Pop Art, with its tributes to object fetishism and mass culture. The 1964 Venice Biennale set the seal internationally on the ascendancy of these trends. The passing of the baton to and fro between Paris and New York was reflected in the critical fortunes of European artists not aligned with the Pop trend, who were largely excluded from the American market and exhibition circuits. Only the old guard was spared, the still surviving masters of yesteryear, many already in the US because of the world conflict. Making any sort of splash under the new American cultural autocracy was hard for a European whose art was grounded in memory and witness. The anti-Americanism that was simultaneously spreading through the Old Continent had at least the merit of distancing many artists from the cultural manipulation of an entirely self-referential system, impelling them towards the more grounded demands of a critical and social consciousness. We might cite for example of the projects of Fluxus and of Beuys, but also of the first shoots of those explorations initiated in the second half of the decade, nostalgic for an original state of nature, free from the commodification of consumerism. Experiments that would make use of such natural and artificial materials as still retained an authentic expressive capacity *vis-à-vis* history, memory and that mythography of figures and forms of the contemporary world which for some — such as Anselm Kiefer, Schnabel or Baselitz — would become a source of new creative energy. Novel resources were mined for the art that would come to be called Arte Povera (whose first exhibition, curated by Germano Celant, was at Genoa's Galleria La Bertesca in 1967), Body Art (Allan Kaprow's performances date as far back as 1959), Minimal Art and Land Art, these latter two trends bringing America back into play.

¶ 1964

ABSURDES BERLINER TAGEBUCH '64

Per conoscere Vedova è necessario "entrare" nel suo lavoro, guardare con attenzione la superficie delle opere, ammirare l'energia della pittura e la forza del suo gesto. Come per tutta l'arte astratta, è importante osservare il *ductus* della pennellata o la *texture* della tela, la complessità e l'alternanza dei segni, l'articolazione dei pieni e dei vuoti, la forza dei colori nelle più svariate combinazioni, tutti elementi che svelano il valore emozionale e simbolico del dipinto. La sua opera non si coglie nella pienezza senza uno sguardo ravvicinato che misuri via via anche il tempo della creazione, per entrare così in sintonia con l'idea e il suo significato originario. Ma per taluni lavori, davvero speciali per dimensioni e impatto visivo, è necessario anche osservare la complessità dell'insieme, misurarne la relazione con lo spazio, valutare le connessioni empatiche che sorgono tra le traiettorie interne della pittura e le forme nuove dei perimetri che, fuoriusciti dalla ortodossia di una tradizione secolare, bidimensionale del quadro, ne superano i confini per avventurarsi in territori nuovi, dove Vedova, fin dagli anni cinquanta, ha posto alcune pietre miliari della creatività contemporanea, come il pubblico potrà ammirare nelle tre grandi installazioni: *Absurdes Berliner Tagebuch*, *Dischi e Tondi*, *…in continuum*.
Absurdes Berliner Tagebuch '64, «catena di plurime reazioni, aventi animazione esplosiva»[23], è un'opera realizzata nel 1964 a Berlino, di cui già in un quaderno di schizzi del 1962 si vedono le premesse. È destinata

To comprehend Vedova we need to "get inside" his work, to examine minutely the surface of the individual pieces, weigh the energy of the painting and the power of his gestures. As with all abstract art, it is important to note the *ductus* of the brushstrokes and the texture of the canvas surface, the complexity and alternation of the marks, the articulation of solids and voids, the strength of the colours in their variety of combinations — all elements that reveal the emotional and symbolic value of a painting. His work cannot be fully grasped without an up-close inspection that can also gradually take into account the time of creation, so as to enter into harmony with the idea and its original meaning. But for certain pieces of unusual size and visual impact we need to take in the complexity of the whole, to measure its relationship with the surrounding space, to evaluate the empathetic connections that arise between the internal trajectories of the artwork and new experiments with perimeters which, in venturing outside the orthodoxy of the centuries-old, two-dimensional tradition of the painting, burst its boundaries to explore new horizons, as when Vedova, from the 1950s onwards, established certain milestones in contemporary creativity, which the public will be able to admire in the three great installations on display here: *Absurdes Berliner Tagebuch*, *Dischi e Tondi*, *…in continuum*.
Absurdes Berliner Tagebuch '64 — "a chain of multiple reactions, charged with explosive animation"[23] — is a work created in 1964 in Berlin, whose premises can already

all'esposizione internazionale di documenta III a Kassel, dove Vedova è invitato a esporre da Arnold Bode, fondatore della celeberrima esposizione quinquennale e dal critico Werner Haftmann, che lo aveva altresì segnalato alla Ford Foundation per la borsa di studio che gli permetterà di vivere nella capitale tedesca per sei lunghi mesi.
«Non sono andato a caso a Berlino... ci sono tornato perché volevo recuperare la grande atmosfera della Berlino "degli anni di Grosz, di Dix, di Dada-Berlin". Berlino è stata centrale: c'era Parigi , ma a Berlino c'è stato il passaggio del Mar Rosso. Di là è passata la Russia con Malevič e tutti... anche i futuristi con Boccioni...»[24].
Sette grandi lavori tridimensionali, i *Plurimi*, concepiti come un *unicum*, che si interfacciano nello spazio secondo precisi orientamenti, decisi dall'artista in una sequenza che dà continuità al discorso pittorico ma anche unità complessiva all'insieme. Volumi di forme e dimensioni diverse, «si dipinge dappertutto, a terra, rovesciato, dal sotto, sospesi». Ora appesi dunque al soffitto, ora inclinati, ora aperti a 280 e più gradi, grazie a cerniere che ne guidano il movimento. Questo lavoro è l'esito di quella lunga sperimentazione, che proprio grazie ai *Plurimi*, concepiti da Vedova all'esordio degli anni sessanta, può offrire una convincente soluzione al problema – ossessione di tutta la pittura del XX secolo – del superamento del campo ristretto del quadro: «Artefatto statico e monolitico»[25], che come bene spiega Celant, Vedova risolve in favore «di una cosa che vive del montaggio e nell'articolazione di variegati elementi qualcosa di dinamico che implica una nozione di spazio e di tempo, di movimento e di variazione»[26]. Il debito con le avanguardie storiche e soprattutto con le proposte Dada è certo: basti pensare al *Merzbau* di Kurt Schwitters, un accumulo compulsivo di oggetti che negli anni venti reclama all'arte la sua libertà: «Merz – spiegava infatti Schwitters nel suo scritto del 1920 per la rivista di Monaco «Der Ararat» – significa tolleranza nei confronti di qualsiasi limite motivato artisticamente. Ad ogni artista deve essere permesso di modellare un'immagine da nient'altro che carta assorbente, per esempio, purché sia in grado di modellare un'immagine». Avventure formali e linguistiche che hanno influenzato l'immaginario dei pittori del secondo dopoguerra, per certi aspetti ancor più di altre avanguardie, del Futurismo, Cubismo e Vorticismo, proprio per quel loro aver sconfessato ogni dogma, in una corrispondenza perfetta con la volontà di azzeramento e di rigenerazione degli artisti usciti dalle oscurità del conflitto e dalla tragedia dell'Olocausto[27].
Ma per Vedova c'è di più. Lo studio che gli viene messo

be seen in a 1962 sketchbook. It was intended for the international documenta III exhibition in Kassel, where Vedova had been invited to exhibit by Arnold Bode, founder of the celebrated quinquennial exhibition, and by the critic Werner Haftmann, who recommended him to the Ford Foundation for a grant that enabled him to live in the German capital for six whole months.
"Berlin was not a random choice [...] I wanted to go back there to try and recapture the wonderful atmosphere of the Grosz, the Dix, the Dada-Berlin years. Berlin was central for me: there was Paris, but Berlin was the Crossing of the Red Sea. The Russians with Malevitch had taken the same route, everybody had [...] even the Futurists with Boccioni..."[24]
Seven large three-dimensional works, the *Plurimi*, were conceived as a *unicum*, squaring up to one another in space according to an orientation pre-ordained by the artist in a sequence that gives continuity to the pictorial discourse but also an overall unity to the ensemble.
Differing volumes and dimensions: "They were painted everywhere imaginable, on the ground, upside-down, hung up from underneath." And the results are hung from the ceiling, or tilted, or opened out at 280° and more, thanks to hinges that regulate their movement. This work was the outcome of prolonged experimentation, which might be said to offer in these very *Plurimi*, conceived by Vedova in the early 1960s, a persuasive solution to the problem — the obsession almost — that much twentieth-century painting had with breaking out of the restrictive field of the standard painting: "A static and monolithic artefact",[25] as Celant put it, which Vedova resolves with "an object that draws from montage and the articulation of varied elements something alive and dynamic that implies a notion of space and time, of movement and variation."[26]
A debt to the historical avant-gardes and especially to Dada is obvious: one need only think of Kurt Schwitters' *Merzbau*, his compulsive accumulation of miscellaneous objects that in the 1920s claimed a new freedom for "art": "Merz", as Schwitters explained in his 1920 paper for the Munich magazine *Der Ararat*, "means acceptance of any artistically motivated boundary. Every artist must be allowed to model an image from nothing but blotting paper, say, as long as he is able to model an image." Formal and linguistic adventures that strongly influenced the imagination of post-Second-World-War painters, in some respects more than did other avant-gardes, Futurism, Cubism and Vorticism, precisely because of their disavowal of all dogma, answering the artists' desire to reset and relaunch as they emerged from the darkness of the conflict and the tragedy of the Holocaust.[27] But for Vedova there was another factor: the studio that was found for him, after a protracted search

a disposizione, dopo la lunga ricerca di uno spazio adeguato al suo lavoro da parte del Berliner Kultursenat, è segnato da una vicenda particolare. Proprio lì, negli anni trenta, aveva lavorato Arno Breker, come è noto scultore di stato della Germania nazista, tenuto in grande considerazione dal Führer, che nel 1936 lo incarica di realizzare le due statue destinate ai Giochi olimpici. Breker è anche collaboratore stretto dell'architetto di fiducia di Hitler, Albert Speer. Un'atmosfera che Vedova così descrive: «Questo studio era gonfio di scene/kitsch da basso teatro che lo avevano invaso in una confusione /dopoguerra». Seppure rimosse, «ventiquattro volte enormi camions dell'Opera, in successivi attacchi»[28], le tracce della storia sembrano scaricarsi con violenza nei gesti convulsi dei *Tagebuch*. È, ancora una volta, il trasferimento alla pittura di uno scontro di situazioni dato dalla persistenza dei simboli del passato, denuncia di una degenerazione – ferita ancora aperta – dell'umanità. Ecco cosa significa quell'immergersi, quell'entrare di Vedova nella pittura, che bene ci mostrano le fotografie dell'epoca, esplosione e catarsi che «si fa, nel muoversi. Come presenza, come subito gesto/dichiarazione. Nel caso dei *Plurimi* di Berlino, una simultaneità di presenze-fatti avvenuti, che divengono, che non possono non provocare chi arriva in questa città-isola, gravida di diverse paure: ieri, oggi; di latente dimenticanza; di equivoci; di malinconie anacronistiche; di antagonismi sovreccitati; "scontri di situazioni" infine. A Berlino sono tornato, sono venuto a lavorare per un rendermi conto, *de visu*… dopo le mostruose incrostazioni naziste, nelle strade, nella sua inquieta babelica vita»[29].

by the Berliner Kultursenat for a suitable space, had a particular history. In the 1930s it had been the studio of Arno Breker, the official state sculptor to the Nazi Reich, a favourite of the Führer, who in 1936 commissioned him to carve two statues for the Olympic Games. Breker had also worked closely with Hitler's chosen architect, Albert Speer. Vedova describes the scene thus, "That studio was bursting with kitsch props from the popular theatre that had invaded it during the confusion of the end of the war." Although everything was removed — "twenty-four relays of huge Opera House lorries, in successive forays",[28] — traces of the place's previous history seem to have been violently discharged into the convulsive gestures of the *Tagebuch*. Here we have once again the transfer into painting of a "clash of situations" provided by the persistence of symbols from the past and a denunciation of a shameful still-open wound of humanity. And this is what we mean by Vedova's "immersion", his getting inside a painting, which the photographs of the time show so well: explosion and catharsis that "one produces, by moving. As a presence, as an immediate gesture or statement. In the case of the Berlin *Plurimi,* a simultaneity of presences — facts that had happened, facts that were still becoming, that could not help but stimulate those who arrived in that city-island, so pregnant with contrasting fears — yesterday's, today's; of latent forgetfulness; of misunderstandings; of melancholy anachronisms; of overheated antagonisms; 'clashes of situations' in short. So to Berlin I returned, to work towards some sort of taking stock, *de visu* … after the monstrous Nazi concretions, in the streets, in its restless Babelic life."[29]

massa, quanto piuttosto di un riduzionismo estetico di valenza fortemente concettuale: è il caso della Minimal, affidato al recupero di strutture primarie per lo più industriali, trattandosi invece, per la Land Art, di una presa di coscienza della questione ambientale, tema che tra il 1967 e il 1968 si affaccia per la prima volta sulla scena dell'arte. Il panorama mondiale è dunque vastissimo. E Vedova? In questo decennio segue la sua strada, concentrato sui risultati delle ricerche iniziate ancora alla fine degli anni cinquanta, che ora hanno dato esito straordinario nell'invenzione dei *Plurimi* di cui *Absurdes* è la sintesi magistrale.

Mentre si impegna nella sperimentazione di nuove tecniche, come l'uso di materiali poco ortodossi di cui è costantemente alla ricerca e da cui nascono proprio le disassate architetture dei *Plurimi*, Vedova sente di dover tenere a freno l'onda dilagante di quel malcontento generazionale, che egli vive direttamente sulla pelle, prima di tutto come docente, a Salisburgo per esempio, e che, come uomo, gli impone continue prese di posizione. Una certezza, comunque, gli è data dalla consapevolezza che la pittura non deve limitare la sua sfera d'azione entro i confini del quadro né può esercitarsi solamente nei più tradizionali mezzi espressivi: la strada percorsa con *Absurdes Berliner Tagebuch '64* va nella direzione giusta. La protesta chiede nuove invenzioni, quasi che l'astrazione *tout court* non basti più a rappresentare con la necessaria partecipazione i nuovi drammi del mondo. (*Tra le ceneri di Saigon*) (1968) e soprattutto *Praga 1968* (1968) ne sono un buon esempio: nasce così una cifra compositiva che caratterizzerà molti lavori eseguiti in questo torno di tempo, via via arricchiti da innesti fotografici, ritagli di giornale, collage, titoli di articoli, in una più che evidente citazione dadaista, fino ad arrivare all'esclusione vera e propria della pittura. *Praga 1968,* testimonianza dei tragici eventi che decretano la fine della primavera cecoslovacca, è un assemblaggio di matrici fotografiche, un puzzle di immagini sovrapposte. Il risultato è di straordinaria urgenza emotiva: le fotografie prelevate da documenti apparsi su riviste e giornali, combinate in una sequenza caotica, esaltano la verità del reale che

Emilio Vedova
Arbitrio (393, I) - 3, particolare
1977
68,5 × 49,5 cm
Pittura acrilica, pittura alla nitro e carta su cartone
AFV1956

Now it was no longer a matter of exalting mass culture, but rather of an aesthetic reductionism with a strong conceptual input: this was certainly the case with Minimal Art, engaged in recovering for the most part industrial primary structures, while Land Art had more to do with consciousness-raising on environmental issues, a preoccupation that first appears on the art scene around 1967–68. The panorama was as wide as the world. As for Vedova, he continued to pursue his own path, centred around the explorations he had initiated in the late 1950s and which would now come to extraordinary fruition in his groundbreaking *Plurimi* of which *Absurdes Tagebuch* was the masterly synthesis.

While he continued experimenting with new techniques, such as the use of the unorthodox materials he was constantly seeking, and out of which the skewed architecture of the *Plurimi* was born, Vedova felt that he had to put a damper on the expanding wave of generational discontent which he was experiencing in person, principally as a teacher, in Salzburg for example, and which, as a man, was constantly pushing him to adopt stances. One thing he was sure of, even so: that painting must not limit its sphere of action to the confines of the picture, nor can it express itself only by traditional means. The road taken with *Absurdes Berliner Tagebuch '64* was undoubtedly pointing in the right direction.

Protest called for new inventions, as if abstraction on its own were no longer sufficient to represent the new dramas of the world with the necessary involvement. (*Tra le ceneri di Saigon*) (1968) and above all *Praga 1968* (also 1968) are emblematic in this sense: he had arrived at a compositional vocabulary that would characterise many works executed at that time, increasingly enriched with photographic graftings, newspaper clippings, collages, headlines, of evident Dadaist inspiration, to the point of almost eliminating actual painting. *Praga 1968, a* testimony to the tragic events that terminated the Prague Spring, is an assemblage of jumbled photographs, a jigsaw of overlapping images. The result has extraordinary emotional urgency: photographs taken from magazine and newspaper articles, combined in a chaotic sequence, intensify the reality of the truth they represent. "People

Emilio Vedova
Arbitrio (393, I) - 3, detail
1977
68.5 × 49.5 cm
Acrylic paint, nitro paint and paper on cardboard
AFV1956

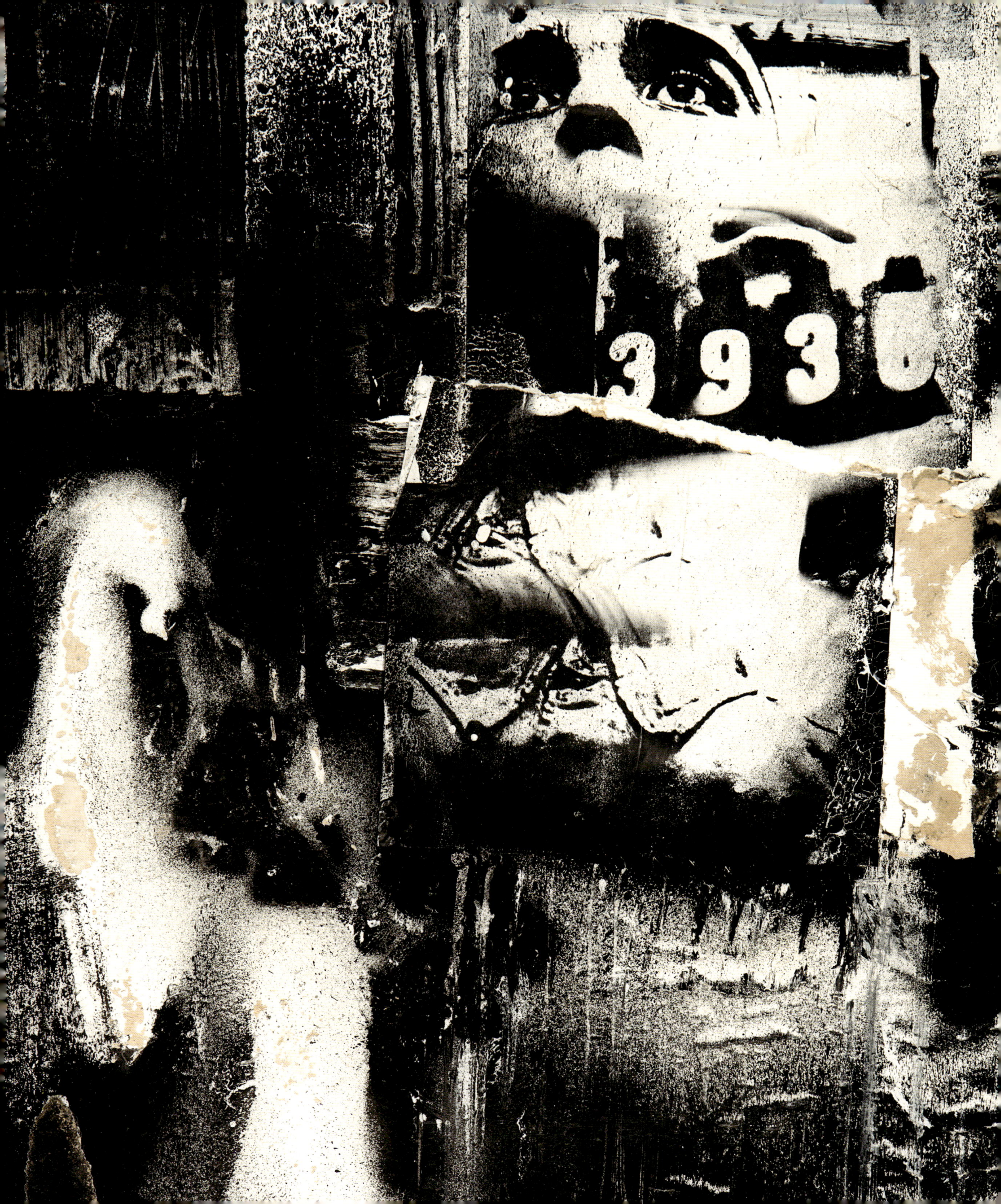
393

rappresentano. «Si strilla per Praga, ma non troppo»[30] scriverà da uomo non allineato e libero, grazie alla sua autonomia da partiti e schieramenti politici. Sarebbero opere perfette per la XXXIV Biennale del 1968 che, si è detto, è terreno di scontro politico, ma Vedova è solidale con la protesta e rinuncerà a esporre.

shriek for Prague, but not too much",[30] he was able to observe as a non-aligned man, free of political parties of every stripe. These would have been ideal works for the 34th Biennale of 1968, which, as we have said, was a battlefield of political confrontation, but Vedova was sympathetic to the protests and refused to exhibit.

PUNTEGGIATURE. GLI ANNI SETTANTA-OTTANTA, E OLTRE

«Ora, dolorosa soddisfazione, i giovani in particolare hanno aperto gli occhi: qui un via vai... L'Accademia Belle Arti di Salisburgo occupata e tutti i suoi studenti che vengono a chiedere contro-corsi... addirittura cartelli troviamo vicino a casa: W Vedova... E lo scambio fra le università italiane (alcune, sempre poche se pensiamo che dovrebbero essere tutte) è attivo, vigile, specie Roma, Venezia, Torino, Milano, Padova, Trento... Scambio con Berlino, coi tedeschi: che sensibilizzati come sono al nazismo sono insorti con coscienza precisa ed opposizione netta... Ma proprio là la più pericolosa reazione: come ai tempi di Grosz, di Dada-Berlin! Il popolo tedesco non capisce la critica, non ha fantasia logica (bensì morbosa) è disperatamente attaccato all'ordine...»[31].

Con queste annotazioni, che risalgono al 1969 e che si riferiscono a un capitolo straordinario della sua vita, quello dell'insegnamento nelle accademie e nelle università d'Europa e d'America, Vedova ci porta nel decennio successivo, quegli anni settanta costellati da una vera e propria missione educativa, fatta di contatti a Venezia con studenti anche stranieri che seguono il suo lavoro nello studio alle Zattere, di una docenza pluriennale all'Accademia di Belle Arti dal 1975 al 1986, ma anche di "missioni" all'estero che lo vedono particolarmente impegnato in America, con *lectures*, dalla Cooper Union di New York (1973) ad altre università negli States, da Madison a Detroit, da Cleveland al New England, sempre con Annabianca al fianco. Alla fine degli anni sessanta, in una lettera indirizzata al cugino Robert Barker, aveva descritto lo scopo del suo insegnamento: «La realtà –

PUNCTUATION MARKS. THE 1970S, THE 1980S — AND BEYOND

"And now, grim satisfaction, the young at least have opened their eyes: a lot of coming and going here ... The Salzburg Academy of Fine Arts occupied and all its students coming to ask for counter-courses ... we've even found painted scrawls near our house: W VEDOVA ... And the word spreading between Italian universities (some, but still few if we believe it should be all of them) is an active and vigilant one, especially between Rome, Venice, Turin, Milan, Padua, Trento ... Communication too with Berlin, with the Germans: who sensitized as they are to Nazism have risen up with quite a rigorous consciousness and clear opposition ... But there also a most dangerous reaction: as in the days of Grosz, of Dada-Berlin! The German people don't understand criticism, they have no logical (rather than a morbid) imagination, they are desperately attached to order ..."[31]

These notes, dating from 1969 and referring to an extraordinary chapter of his life, teaching in the academies and universities of Europe and America, take us with Vedova into the following decade, a 1970s marked by a true educational mission, consisting of contacts with students, many from abroad, in Venice, who followed his work in the studio on the Zattere, of many years (from 1975 to 1986) teaching courses at the Accademia di Belle Arti, but also of "missions" abroad that saw him particularly busy in America, giving lectures, from the private Cooper Union in New York (1973) to numerous universities from Madison to Detroit, from Cleveland to New England, and always with Annabianca at his side. In the late 1960s, in a letter to his cousin Robert Barker, he described his teaching creed: "Reality — dramatic — on the move. From Biafra to Greece, from Prague to Spain. In-

drammatica – cammina. Dal Biafra alla Grecia, da Praga alla Spagna. Imprescindibile per chi, come ancora io, TENTO, in una scuola: informare e formare, scegliere e provocare scelte. Opporre alla confusione propagata sul pretesto di informazione, informazioni volta a volta approfondite – per quanto possibile...»[32].

Sono anni in cui assistiamo al proliferare di lavori grafici, ricerche che lo appassionano per le infinite variabili che la tecnica mette ora a sua disposizione, senza gerarchia di mezzi e stili. La fotografia, tra matrici, contatto e positivi, ritagli e ingrandimenti, lo invita a spericolati fotomontaggi e assemblaggi, anche di grande dimensione, dove quasi sempre grande assente è la pittura. Nel 1970 è l'America che ispira gran parte di questi lavori, continente di contraddizioni acuite da problemi insoluti, la difficile convivenza tra neri e bianchi in primo luogo. Il capolavoro *De America* ne è la più importante testimonianza, «un racconto in nero»[33] come lo definisce Germano Celant: cartella in plexiglas con sei grafiche originali eseguite tra il 1970 e il 1971 ad acquaforte, acquatinta, puntasecca, cera molle e zucchero, accompagnate da versi di García Lorca, Majakovskij, Whitman, García Márquez, Ginsberg e altri. Un lavoro che troverà la sua forma compiuta nella serie di dipinti – che riprendono lo stesso titolo – eseguiti tra il 1976 e il 1977, opere di grande formato, su carta e tela, sedici quadri e una trentina di lavori di minore dimensione. La fortuna critica di questo straordinario ciclo, gelosamente custodito nel suo studio, mai esposto nella sua interezza vivo Vedova e conosciuto dal pubblico solo nel 2013 e nel 2017[34], racconta, nell'oscurità della pittura che lo caratterizza, quel decennio difficile («l'inerzia degli anni settanta»), di scontri e lacerazioni profonde che scuotono la sua vita di artista, rinnovando passioni e timori antichi, che proprio l'America – visitata in lungo e in largo, ma anche conosciuta attraverso letture e lettere con i molti amici che lì vivono – riporta alla coscienza, mostrando le ambiguità e le contraddizioni di una società dilaniata dai contrasti.

Come scrive Celant, «il colore e la sua violenza sono metafora della complessità tragica e drammatica di una

escapable for those, who like me still TRY, in a school: to inform and educate, to choose and provoke choices. To oppose to the confusion propagated on the pretext of information, real information, in depth sometimes — when possible..."[32]

These are years in which we see a proliferation of his graphic work, a line of research that fascinated him because of the infinite variables the techniques put at his disposal, with no particular hierarchy of means and styles. Photography — matrix, contact and positive, cropping and enlargement — encouraged him to experiment with bold photomontages and assemblages, sometimes of very large dimensions, where the notable absentee is often painting of any kind. By 1970 it was America that inspired most of these works, that continent of acute contradictions and unresolved problems, first and foremost the problematic coexistence of white and black. His masterpiece *De America* is the most important example of this period — dubbed by Germano Celant "a story in black" [33] — a plexiglass folder containing six original works made between 1970 and 1971 comprising etching, aquatint, drypoint, soft wax and sugar, accompanied by poems by Lorca, Mayakovsky, Whitman, García Marquez, Ginsberg and others. The work would be extended to reach its completed form in a series of paintings of the same title executed between 1976 and '77 — large-format works on paper and canvas: sixteen paintings and some thirty smaller works. This extraordinary cycle, jealously kept in his studio and not exhibited in its entirety in Vedova's lifetime, became known to the public only in 2013 and 2017.[34] The extreme darkness of painting that characterises it tells of a difficult decade ("the inertia of the 1970s") of clashes and deep lacerations that shook his life as an artist, rekindling old passions and anxieties, which America itself — visited virtually from coast to coast but also known through his reading and letters from many friends living there — brought back to the surface, confronting him with the ambiguities and contradictions of a society riven by discord.

Celant writes: "the violence of his colours is a metaphor for the tragic and dramatic complexities of a culture — America — fed by contradictions and antagonistic polarities, whites and blacks, peace and war, democracy and imperialism, internationalism and regionalism,

¶ 1985-1986

DISCHI E / AND TONDI

Con una pratica che continuerà negli anni novanta, i cicli dei *Dischi* (dipinti anche sul retro) e dei *Tondi* connotano l'opera di Vedova verso il 1985, e sono il risultato della curiosità sempre viva per lo studio del rapporto forma/architettura che Vedova ora vuole tornare ad abitare con una nuova pittura. Questa volta sono in gioco forme circolari roteanti, di grande dimensione, semplicemente intitolate, opere centinate di pari carica espressiva rispetto ai *Plurimi*, altrettanto aggressivi (sono passati quasi vent'anni ma l'urto del gesto di Vedova non si è rappacificato con la materia), e di una similmente efficace occupazione dello spazio. Ancorati a terra, liberamente disposti, appesi alla parete o sospesi nel vuoto, questi lavori assecondano l'architettura e obbligano l'artista a misurarsi con un nuovo punto di vista. Ne è testimone Fabrizio Gazzari, all'epoca giovane artista, assistente di Vedova, che nel 2022 così ricorda: «Non ci sono parole per esprimere cosa fosse lo studio con Vedova al lavoro in quei momenti. Io lo vedevo spesso, di fronte a un suo *Tondo* appena concluso, piegarsi lateralmente, alzarsi in punta di piedi, girare e inclinare la testa sempre più, quasi a volerci entrare dentro ruotando su se stesso».
«Nel 1982, Vedova dipinge tre grandi tele dedicate a Jacopo Tintoretto: fra queste *Arbitrio-3 (su Jacopo)* – prosegue Gazzarri – in cui, per precise soluzioni spaziali, l'artista mette in discussione l'ortogonalità del dipinto rispetto alla orizzontalità della sua base. In quell'occasione, poco prima di iniziare il lavoro, appende a "rombo" sulla

Adopting practices that would continue through into the 1990s, the cycles of *Dischi* (painted on both sides) and *Tondi* typify Vedova's work around 1985 and are the result of his unflagging enthusiasm for investigating the architecture/form relationship that the Venetian now wanted to inhabit again with a new style of painting. In play this time are large, simply titled, swirling circular forms, works of comparable expressive charge to the equally combative *Plurimi* (nearly two decades have passed, but Vedova's gestural aggression has yet to make its peace with the material), and similarly effective in their occupation of space. Whether anchored on the ground, freely scattered, wall-hung or suspended in the void, these works defer to the architecture and force the artist to measure himself against alternative points of view. Fabrizio Gazzarri, a young artist himself at the time and Vedova's assistant, gives an eye-witness account: "Words cannot describe what it was like in the studio with Vedova in full flow. I would often see him in front of one of his just finished *Tondi*, bending his body sideways, standing on tiptoe, twisting his head this way and that, as if he wanted to curl himself into the piece." "In 1982", Gazzarri goes on to say, "Vedova painted three large canvases dedicated to Tintoretto. Among them was *Arbitrio-3 (su Jacopo)*, in which the artist challenged the perpendicularity of the painting in relation to the horizontality of its base. On that occasion, just before starting work, he hung the square virgin canvas rhombus-style on the wall and proceeded

parete la tela quadrata ancora bianca, dipingendola poi in quella posizione. La necessità di spostare la superficie della tela dalla fissità della base orizzontale rivela l'inizio di una imminente separazione da quella sorta di ancoraggio a terra che ha rappresentato le fondamenta della sua opera fino a quel momento»[35]. Una mutazione, questa, che Vedova ribadisce in un'intervista a «Domus» nel 1991: «Qui c'è la presa a prestito della forma più proibitiva... il cerchio, il punto che chiude tutto, la centralità della centralità... per farne un territorio non centrato, un territorio di transito... Ancora ci sono situazioni che si accavallano, in questi segni dell'85, segni tra la rabbia e il coltello, e territori magmatici. Ma questa articolazione c'è sempre stata, dentro di me, a parte il momento geometrico»[36]. Ecco un riferimento alla storia dell'arte: la parentela più prossima è ora con il Rinascimento, che decreta la fortuna di questa forma, dal precoce *Tondo Cook* (Beato Angelico o Filippo Lippi?) al *Magnificat* di Botticelli, al più noto *Tondo Doni* di Michelangelo. Ma nell'esito vedoviano la pittura stravolge di fatto il punto di vista con un azzeramento prospettico, una sorta di detonatore di nuove possibilità espressive della materia, trattenute, certo, nella stretta della cornice ma anche dilatate nello spazio dal rincorrersi e rotolare che *Tondi* e *Dischi* possono inverare nell'architettura, sfuggevoli e instabili come li voleva lui, appunto «tra rabbia e coltello»[37].

to paint it in that position. The need to shift the surface of the canvas away from the fixity of the horizontal base signalled the beginning of an imminent separation from the sort of firm anchoring that had been a feature of his work up until then."[35] A change of tack that Vedova looked back on in a 1991 interview with *Domus*: "Here I borrowed that most prohibitive of forms ... the circle, the point that closes everything, the centre of centrality ... to make out of it an uncentered terrain, a terrain of transit ... Still there are situations that overlap one another, in these 1985 markings, markings between rage and the knife, and volcanic fields. But this kind of articulation is something I've always had in me, except in my geometric period."[36] Here we have surely a nod to art history: the closest match is with the Renaissance, which had no small success with this form, from the early *Cook Tondo* (Fra Angelico and/or Filippo Lippi) to Botticelli's *Madonna of the Magnificat*, or to Michelangelo's better-known *Doni Tondo.* But in Vedova's hands the painting effectively distorts the point of view with a perspective reset, which detonates new expressive possibilities in the material, restrained, to be sure, by the confinement of the frame but at the same time diffused in space by the turning and tail-chasing that the *Tondi* and *Dischi* can achieve within an architecture, mercurial and elusive as he imagined them — somewhere, as he puts it "between rage and the knife."[37]

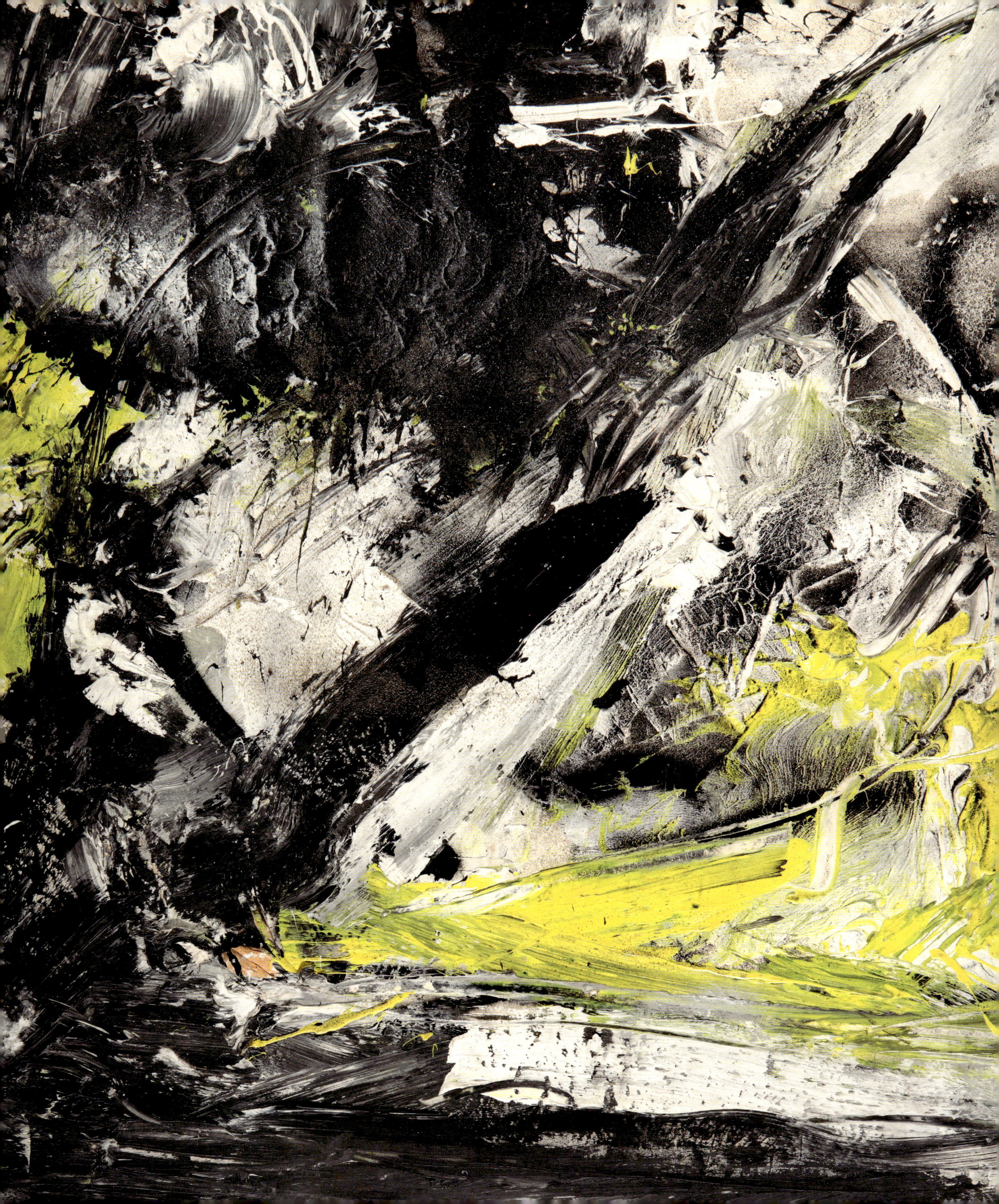

cultura, l'America, che si nutre di contraddizioni e di polarità antagoniste, i bianchi e i neri, la pace e la guerra, la democrazia e l'imperialismo, l'internazionalismo e il regionalismo, per cui la vita rischia sempre di convertirsi in segno opposto, la morte [...] Una discesa nelle tenebre che Vedova compie per ritrovare una sua identità, scardinata dal 1964 sia come linguaggio plastico, i plurimi, sia come operatività estetica, la scelta didattica [...] I neri di *De America* sono i luoghi di una lacerazione pittorica individuale che deve passare attraverso la disintegrazione per riassorbirla e rinascere»[38].
Nell'operosità di questi anni, una battaglia vera si è già profilata all'orizzonte verso il 1974, scatenata per la salvaguardia di Venezia e per la tutela da una sciagurata dismissione degli antichi Magazzini del Sale alle Zattere, che il Comune della città avrebbe voluto trasformare in piscine e giardini. La tempestività dell'intervento di Vedova e di una cordata di intellettuali, artisti, critici di tutto il mondo da lui sollecitati, evita lo scempio, anche in virtù di una campagna d'opinione che favorirà la nascita di una sensibilità nuova per la protezione della città lagunare.
Verso la fine degli anni settanta un fatto nuovo dilaga nell'arte europea e concede una nuova opportunità alla pittura, scalzata nel corso degli anni precedenti e con poche eccezioni, dalle già ricordate pratiche concettuali, dalle esperienze performative e dalla Minimal. In Italia il recupero di una figurazione neoespressionista si chiamerà Transavanguardia e sarà sostenuta dal critico Achille Bonito Oliva, mentre in Germania saranno i Neuen Wilden a ridarle slancio. Anche l'America rincorre questa tendenza con Schnabel e David Salle. La pittura conquista una nuova vitalità. Siamo ben distanti dall'astrazione cupa e arrabbiata di gesto e materia che Vedova, con rigore, sente di non poter abbandonare.
Ma c'è una epifania dopo gli anni del *De America*. La si avverte nei *Dischi* e nei *Tondi*, lavori tra gli ottanta e i novanta che possiamo ammirare nella mostra. In queste opere c'è una resilienza nuova, che plana con larghe pennellate sulle superfici, la pittura si distribuisce con magniloquenza barocca, c'è una diastole del segno che

Emilio Vedova
Oltre '86 - V, particolare
1986
101 × 73,2 cm
Pittura acrilica, pittura
alla nitro, sabbia, ossido e carta
su carta intelata
AFV5221

because of which life always risks being flipped into its opposite, death [...] A descent into darkness that Vedova has to make in order to rediscover his own identity, destabilised since 1964 both in terms of a sculptural language, the *Plurimi*, and as an aesthetic operation, the didactic option [...]. *De America*'s deep blacks are the *loci* of an individual personal pictorial laceration that must pass through disintegration in order to reabsorb it and be reborn."[38] Amid the intense activity of those years, another battle was already looming on the horizon (from about 1974), sparked by the need to protect historic Venice and specifically to combat a misconceived downgrading of the old salt warehouses on the Zattere, which the Comune wanted to turn into swimming pools. Vedova's prompt intervention and his worldwide recruitment to the cause of intellectuals, artists, and critics, headed off the vandalism, with the help of a public opinion campaign that would stimulate an enduring new sensibility for the protection of the lagoon city.
Towards the end of the 1970s, a new wind was sweeping through European art and opening new opportunities for painting, somewhat undermined during the previous years (with a few notable exceptions), by the already mentioned conceptualism, performance and minimal art. In Italy, the resurgence of a neo-expressionist figuration would be christened Transavanguardia by the critic Achille Bonito Oliva, while in Germany the Neue Wilde group embarked on a like trajectory. America also climbed aboard the trend with Julian Schnabel and David Salle, as painting gained a new vitality. We are moving some way from the dark and angry abstraction of gesture and material that Vedova felt he could not abandon.
But there would be a sort of epiphany after the *De America* years. There are hints of it already in the *Dischi* and *Tondi* from the 1980s and 1990s that can be seen in the exhibition. There is a new resilience in these works, broad brushstrokes gliding over surfaces, paint distributed with a baroque magniloquence, a largeheartedness of expression that opens out, building broader swirls, criss-crossings, drippings, without the anxious tangling and barring that had earlier disturbed us. Even his

Emilio Vedova
Oltre '86 - V, detail
1986
101 × 73.2 cm
Acrylic paint, nitro paint, sand,
oxide and paper on canvas
paper
AFV5221

¶
1987-1988

...IN CONTINUUM, COMPENETRAZIONI/TRASLATI '87/'88

Poche opere competono, a mio avviso, con la forza trasgressiva di questo capolavoro, creato tra gli anni 1987 e 1988, maestoso per la dilatazione nello spazio, per il numero di elementi che lo compongono, più di cento, per la tecnica inedita da cui nasce, per la natura instabile del suo combinarsi dentro l'architettura, ogni volta passibile di cambiamenti, e, infine, per quella sua percorribilità da parte del pubblico, che registra un nuovo salto in avanti nella relazione dell'arte con l'altro da sé. Certo, l'idea di una pittura che interagisca con lo spazio risale a molti anni addietro, ai tempi della sua esposizione a Varsavia, nel 1958, dove azzarda composizioni eccentriche, sospese al soffitto e angolari. La memoria delle costellazioni di miti ed eroi di Tiepolo nelle trabeazioni dei palazzi veneziani e la pressione monumentale di Tintoretto è sempre in allerta. Anche *Absurdes Berliner Tagebuch '64*, carico di memorie e disperazione, occupa lo spazio con sorprese, sovvertendo le leggi di una tradizionale fruizione, ma con *...in continuum, compenetrazioni/traslati '87/'88* si è al cospetto di un esercizio unico di pittura, anzi bisognerebbe dire di un cieco esercizio di pittura che, come spiega Celant, agisce in negativo sulla tela: «Le tracce in bianco su nero o in nero su bianco sono ottenute per negativo. L'artista stende a terra una superficie di plastica, lucida e trasparente, impregnata di colore, bianco o nero, e su questo insieme stende la tela che ne assume le "cavità" aggettanti piene di colore. Una

In my view, few works can compete with the transgressive force of this work, created in the years 1987–1988, majestic in its spatial reach, in the number of elements — more than 100 — that compose it, for the novel techniques that have gone into its making, for the fluid nature of its combining with and within the architecture, liable to change on each showing, and finally for its "walkability" on the public's part, which constitutes a new perspective on art's relationship with other than itself. Of course, the notion of painting interacting with space goes back many years, to his exhibition in Warsaw in 1958, where he had experimented with eccentric, angular compositions suspended from the ceiling. A suggestion of the heroes and myths of Tiepolo's entablatures for the palaces of Venice and Tintoretto's monumentalism is also never far off. The *Absurdes Berliner Tagebuch '64*, with its charge of memories and despair, also occupied space in a surprising manner, subverting traditional accessibility, but with *...in continuum, compenetrazioni/traslati '87-'88* we are in the presence of a unique exercise, or one should rather say a blind exercise, in painting, which, as Celant explains, works in negative on the canvas: "The traces of white on black or black on white are negatively obtained: the artist spreads on the ground a shiny, transparent plastic surface impregnated with black and white, and on top of this he lays the canvas whose projecting 'cavities' imbibe paint. Once transmitted onto

volta trasmesse su tessuto, ma non visibili dall'artista, queste vengono alterate o modificate da Vedova alla cieca, ritoccate dietro la tela: un processo dove l'ombra cromatica e gestuale, come in una sindone laica, viene a contare più della cosa materica. Ripetuto per centinaia di volte il risultato è una serie di dipinti dove la pittura è evocata e non fatta, perché l'artista si acceca affidandosi solo al suo tatto, estraneo allo sguardo»[39]. Dunque, in questo lavoro parrebbe agire un'inedita accidentalità, certo assai dissimile dalla scrittura automatica, di cui vagheggiava Vedova nei primi anni della sua carriera: qui l'artista infatti, sebbene cieco, è ampiamente coinvolto. Le mani, il tatto, sentono sul retro del quadro la densità della pasta cromatica e con la loro imprimitura, ora forte, ora leggera, ora allargata, ora stringente, possono dare vita a infinite sonorità del bianco e nero, che si rincorrono, si accavallano, si disperdono in una sequenza germinale di memorie e sospensioni emotive. Guardando *...in continuum, compenetrazioni/traslati '87/'88*, nell'insistenza degli oltre cento elementi qui esposti, accavallati e stratificati in un insieme sempre diverso, ora verticali, ora orizzontali, ora più grandi, ora di ridotte dimensioni, sentiamo una insistita volatilità dell'immagine, che solo la ripetizione ossessiva dei segni, pur con impercettibili varianti, sembra sottrarre a una tragica dispersione. *...in continuum, compenetrazioni/traslati '87/'88* trasmette un'energia che fluidifica lo spazio interiore dell'artista nel vuoto dell'architettura, liberando forze e "quanti" di immaginazione nell'infinitezza della sequenza. Il bianco e nero, luce e ombra, calamita le tensioni e gli stati d'animo in superficie, dalle più remote profondità. Quale mirabile e geniale invenzione è dunque questa, un'opera che, senza soluzione di continuità, agisce nello spazio-tempo infinito del nostro immaginario?

the fabric, but invisible to the artist, these are altered or modified by Vedova blindly, retouched from behind the canvas: a process where the chromatic and gestural shadow, as in a secular Turin shroud, comes to count for more than the material thing. Repeated hundreds of times, the result is a series of pieces where the painting is evoked and not made, because the artist wilfully blinds himself and relies solely on his touch, dissociated from his gaze."[39] Thus, in *...in continuum* an unprecedented accidentality seems to be at work, quite dissimilar to the automatic writing which Vedova toyed with early in his career: here the artist, although blind, is very much involved. The fingers, the touch, can feel on the other side of the painting the density of the chromatic paste, and with an imprimatura of their own, now heavier, now lighter, now enlarging, now tightening, they impart life to infinite sonorities of black and white, which chase after one other, overlap, and disperse in a pregnant sequence of memories and suspended emotions. Looking at *...in continuum, compenetrazioni/traslati '87-'88,* at the hyperbole of its more than 100 elements exhibited here, layered and overlapping in an ever-changing whole, some vertical, some horizontal, now larger, now smaller in size, we feel the insistent volatility of the image, which only an obsessive repetition of signage with all but imperceptible variations enables to elude a tragic dispersion. *...in continuum, compenetrazioni/ traslati '87-'88* transmits an energy that fluidifies the artist's inner space within the void of architecture, releasing disparate forces and "quanta" of imagination in the infinitude of its sequencing. Black and white, light and shadow, magnetise tensions and moods to the surface from the remotest depths. Is this not a marvellous and ingenious invention — a work that plays uninterruptedly on the infinite space-time of our imaginations?

si allarga, costruisce più ampie volute, incroci, colature, senza quell'ansia del groviglio e degli sbarramenti che tanto ci aveva commosso. Anche il colore, che accende i neri, si dilata, si espande sulla superficie, macchia liquida che scorre nello spazio-tempo di queste nuove forme, invenzioni che rimettono in gioco il suo desiderio di occupare l'architettura, di attraversare la pittura, di liberarla nel vuoto delle stanze. Non è però in atto alcun ripiegamento: quando nel 1992 la biblioteca di Sarajevo viene messa a ferro e fuoco dall'esercito serbo, e più di un milione e mezzo di libri bruciano, e con essi l'identità e il sapere di un popolo, Vedova è in prima linea a denunciare un crimine che riporta l'Europa agli anni bui del nazismo. Come non ricordare i falò sull'Unter den Linden in Opernplatz a Berlino? Ancora una volta l'indignazione si fa responsabilità morale: nel 1993 crea un *Plurimo*, da regalare alla città devastata, costruito con tondi intersecanti, superfici dove incolla carte, collage, aggiunge scritte e nuove memorie. Intitola l'opera con un verso ispirato a Heinrich Heine, uno dei più grandi poeti tedeschi del XIX secolo: «Coloro che bruciano libri, bruciano anche uomini».
Con identica energia, due anni prima, nel 1991, Vedova aveva realizzato un *Tondo (Golfo, Mappa di Guerra)* (1991) per denunciare quell'atto bellicoso nel Medio Oriente. Anche qui l'urgenza attiva una scrittura concitata, che aggredisce la superficie bianca con segni matematici, parole, ma anche corde, fili di ferro, legno: tensione massima. È la condanna della geopolitica che governa la terra e manovra i sistemi economici e sociali, nel disprezzo di ogni umanità. Tra le scritte tracciate in alto sulla superficie leggiamo distintamente due parole, una profezia: *mondo* e *requiem*.

colours, now enlivening the blacks, spread and expand over the surfaces, liquid stains flowing in the space-time of these new forms, inventions that bring back into play his desire to inhabit architecture, go beyond the picture, liberate the painting into the emptiness of rooms. There is no regression here, however: when in 1992 the Serbian army destroyed the Sarajevo Library by fire and sword, burning a million and a half books, and with them the accumulated knowledge and identity of a people, Vedova was among the first to denounce a crime that seemed to be taking Europe back to the dark years of Nazism. How could one not remember the bonfires on the Opernplatz off Unter den Linden? Once again, loud indignation became a moral responsibility: in 1993 he created a *Plurimo* to be donated to the devastated city, built out of intersecting *tondi*, surfaces on which he glued papers, collages, adding inscriptions and new-minted memories. He called the work *Chi brucia un libro, brucia un uomo* after a famous line by the great nineteenth-century poet Heinrich Heine: "Those who burn books will in the end burn men."
Two years earlier, in 1991 — and with no less energy — Vedova had fashioned a *Tondo (Golfo, Mappa di Guerra)* (1991) to arraign the war in the Middle East. Here again, the urgency of his message unleashes an agitated inscribing, he assaults the white surface with mathematical signs and words, but also with rope, iron wire, wood — and maximum tension. It is a wholesale condemnation of the geopolitics that govern the Earth and manoeuvre economic and social systems, in disregard of humanity's humanity. Among the inscriptions etched high up on the surface we read distinctly two prophetic words: *mondo* and *requiem*.

1 A questo proposito sembra ancora attuale quanto nel 1971 scrive Giulio Carlo Argan: «Materiali di Vedova sono i giornali, la radio, le notizie raccolte per la strada e spesso già deformate, ingigantite, infiammate, dallo sgomento, dall'indignazione, dal dolore della gente. Di queste notizie è fatta la nostra giornata, delle loro immagini, sono tessuti lo spazio il tempo della nostra vita. La nostra mente non sa o non vuole o non ha il tempo di ricostruire con l'immaginazione quei fatti realmente accaduti eppure incredibili, di "rappresentarseli": scendono invece, quei fatti, nel fondo, come pietre nell'acqua, e suscitano un ribollire di ricordi, di assurde associazioni di immagini, d'impulsi inutilmente mortificati, di antiche collere, paure. E sorge anche da quel tumulto interno, una volontà di non rimanere inerti. Di non rassegnarsi a subire, di agire comunque e subito fin che c'è vita, e sia pure soltanto per opporre un fatto a un fatto, con un gesto che, mentre ancora di difesa, è già di ritorsione da attacco»: G.C. Argan, *Emilio Vedova,* catalogo della mostra (Zagabria, Galerija Forum, 1-19 ottobre 1971), Zagreb 1971, s.p., 4.

2 Palmiro Togliatti, con lo pseudonimo Roderigo di Castiglia, sulla rivista «Rinascita» accusa un gruppo di pittori astratti che avevano preso parte alla *Prima mostra nazionale di arte contemporanea* a Bologna di aver esposto scarabocchi. È il 1948. Questo giudizio, accanto ad altri commenti riservati anche all'opera di Vedova, inasprisce il dibattito già molto acceso tra astrazione e figurazione.

3 Il manifesto venne firmato a Venezia il 1° ottobre del 1946, a Palazzo Volpi.

4 Renato Guttuso optò per Realismo, nella cui area si muovevano anche altri artisti di Corrente, per esempio Treccani. Il linguaggio di Realismo trovò le sue radici nella storia artistica italiana dell'anteguerra, nel gruppo dei Sei di Torino, nella Scuola Romana di Scipione e Mafai, nella rivista di «Corrente» pubblicata tra il 1938 e il 1940. Sono radici dell'Italia antifascista, già messe in luce nel 1944 nei ben noti disegni di Guttuso *Gott mit uns*, poi nelle mostre dell'*Arte contro la barbarie* e nei grandi quadri "storici", dove protagonista assoluto è il tema della lotta di classe.

5 E. Vedova, *L'individuo non può dare la sua pelle senza prima essersi ben ascoltato* (*Fine del Fronte Nuovo delle Arti*), in «Cronache veneziane. Settimanale di vita e problemi cittadini», a. II, n. 8, 12 marzo 1950.

6 *Ibid.*

7 Si ritroverà solo un'altra volta cooptato in un gruppo, ovvero negli Otto, fondato nel 1952 da Lionello Venturi, dove incontra nuovamente Birolli, Morlotti, Corpora Santomaso, Afro, Moreni, Turcato.

8 Raffaele De Grada, detto Raffaellino, per distinguerlo dal padre pittore, Raffaele, fu critico d'arte e docente, si allineò alla compagine degli intellettuali antifascisti, fu arrestato nel 1938 e nel 1943 per aver fomentato gli scioperi alla Pirelli. Dopo la guerra svolse il suo lavoro principalmente nel campo del giornalismo e della storia dell'arte.

1 Still pertinent in this regard is what G. C. Argan wrote in 1971: "Vedova's materials are the newspapers, the radio, news picked up on the street and often already distorted, blown up, inflamed by the consternation, the indignation, the pain of the people. Out of this news stuff our days are made, out of those images are woven the space and the time of our lives. Our minds don't know how to, or don't want to, or haven't the time to reconstruct with the imagination whatever the facts are that really happened and may even so be unbelievable, to "represent" them: they sink, those facts, to the depths, like stones in the water and beget a maelstrom of memories, of absurd associations of images, of uselessly mortified impulses, of ancient angers and fears. But out of that inner tumult there may also arise a determination not to remain supine, not to resign ourselves to suffering, to act immediately and regardless while there is still life, if only to oppose fact to fact, with a gesture that, even if still defensive, is already retaliatory, is fighting back." G. C. Argan, *Emilio Vedova,* exhibition catalogue (Forum Gallery, Zagreb, 1-19 October 1971), Zagreb 1971, n.p., 4.

2 Palmiro Togliatti, writing under the pseudonym Roderigo di Castiglia in the journal *Rinascita*, accused a group of abstract painters who had taken part in the *Prima mostra nazionale di arte contemporanea* in Bologna of exhibiting scribbles. The year was 1948. This judgment, alongside other comments also directed at Vedova's work, exacerbated the already heated debate between abstraction and figuration.

3 The manifesto was signed in Venice on 1 October 1946, in the Palazzo Volpi.

4 Renato Guttuso declared for *Realismo*, towards which other Corrente artists were also gravitating, Treccani for example. The language of *Realismo* had its roots in prewar Italian art history, in the Sei di Torino group, in the Scuola Romana of Scipione and Mafai, and in *Corrente* magazine published between 1938 and 1940. These were roots in Italian antifascism, as already apparent in 1944 in Guttuso's well-known "Gott mit uns" drawings and then in the *Arte contro la barbarie* exhibitions and in the genre of large-scale "historical" paintings, where the absolute protagonist is the theme of class struggle.

5 E. Vedova, "L'individuo non può dare la sua pelle senza prima essersi ben ascoltato (Fine del Fronte nuovo delle arti)", in *Cronache veneziane. Settimanale di vita e problemi cittadini*, Year II, no. 8, 12 March 1950

6 Ibid.

7 He would only on one further occasion allow himself to be co-opted into a group, the so-called Otto, established in 1952 by Lionello Venturi, where he would find himself (in many cases again) with Birolli, Morlotti, Corpora, Santomaso, Afro, Moreni, Turcato.

8 Raffaele De Grada, known as Raffaellino, to distinguish him from his painter father, also a Raffaele, was an art critic and teacher. After aligning himself with the anti-fascist intellectuals, he was arrested in 1938 and again in 1943 for inciting

9 E. Vedova, *Pagine di diario*, Galleria Blu, Milano 1960, p. 23.
10 Ivi, pp. 29-30.
11 Ivi, p. 23.
12 Guernica fu commissionata a Picasso dal Governo della Seconda repubblica e venne esposta all'Expo di Parigi del 1937. Dal 1981 è esposta al Reina Sofia di Madrid, dopo essere stata per anni nelle sale del MoMA di New York.
13 Interessante è ricordare che il primo critico che si occupa di Emilio Vedova in America, James Thrall Soby, lo cita in un articolo pubblicato il 13 gennaio 1951 sulla rivista newyorkese «The Saturday Review of Literature», intitolato *In the Shadow of Guernica*, nel quale analizza l'eredità che il dipinto di Picasso ha lasciato alla pittura europea in risposta alle dittature. Il riferimento al contesto italiano è in particolare al Fronte Nuovo delle Arti, dunque a Guttuso, Pizzinato, Santomaso, Vedova e Viani.
14 E. Vedova, *Pagine di diario* cit., p. 32.
15 G. Geron, *Dice Emilio "in Polonia l'arte astratta è simbolo di autonomia"*, in «Gazzettino-Sera», 27-28 dicembre 1958.
16 G. Celant, *Vedova: scontri e incontri USA*, in G. Celant, *De America*, Skira, Milano 2019, p. 21.
17 L. Lorenzoni, *Una cronologia 1919-2006. Emilio Vedova tra Europa e America,* in G. Celant, *De America* cit., p. 193.
18 G. Celant, *Vedova: scontri* cit., p. 27.
19 Dattiloscritto inedito: *Inchiesta iniziata dalla rivista «Preuves» - Risposte del pittore Emilio Vedova*, marzo 1956, Università La Sapienza, Facoltà di Lettere e Filosofia, Dipartimento di Storia dell'Arte e Spettacolo, Roma, Archivio Lionello Venturi, fascicolo Emilio Vedova. Il testo è la trascrizione delle risposte in italiano al questionario pubblicato sulla rivista «Preuves», ottobre 1956, p. 68.
20 P. Picasso, *Massacro in Corea*, 1951, Parigi, Musée National Picasso.
21 A. Vedova, *Cronologia*, in *Vedova 1935-1984*, catalogo della mostra (Venezia, Museo Correr e Magazzini del Sale, 12 maggio - 30 settembre 1984), a cura di G. Celant, Electa, Milano 1984, p. 283.
22 E. Vedova, *Pagine di diario* cit., p. 56.
23 *Auszug aus Notizien in Skizzenbuchern zu den ersten Plurimi (1962/63 Venezia)*, in *Emilio Vedova Plurimi*, catalogo della mostra (Monaco di baviera, Galerie Günther Franke, settembre-ottobre 1964), s.n.p.; traduzione italiana con il titolo *Da Quaderni di disegni preparatori ai "Plurimi", 1961-1965*, in *Vedova 1935-1984* cit., p. 174.
24 *Vedova: Pollock e Kline compagni di strada? Diciamo che avevamo gli stessi nonni*, in «Il Giornale dell'Arte», 12, Maggio 1984, p. 20.
25 G. Celant, *Vedova: scontri* cit., p. 35.
26 *Ibid.*
27 In Italia, altro esempio, Lucio Fontana negli anni cinquanta scardinerà lo spazio visivo con tagli e fori, rispondendo a una volontà di permeabilità della tela, ricerca spaziale si dirà, che porterà lontano il suo lavoro.

strikes at the Pirelli factory. After the war he worked principally as a journalist and an art historian.
9 E. Vedova, *Pagine di diario*, Milan: Galleria Blu, 1960, p. 23.
10 Ibid., pp. 29–30.
11 Ibid., p. 23.
12 *Guernica* was commissioned by the Spanish Republican Government and first exhibited at the 1937 Paris International Exhibition. Since 1981 it has been on display at Madrid's Museo Reina Sofia, after having for many years awaited the return of democracy to Spain in the MoMA in New York.
13 It is interesting to remember that the first critic in America to concern himself with Emilio Vedova, James Thrall Soby, mentions him in an article published on 13 January 1951 in the New York magazine *The Saturday Review of Literature*, with the title "In the Shadow of Guernica", in which he analyses the influence Picasso's picture has exerted on European painting's response to the dictatorships. His coverage of the Italian scene refers particularly to the Fronte Nuovo delle Arti, and therefore to Guttuso, Pizzinato, Santomaso, Viani and Vedova.
14 E. Vedova, *Pagine di diario*, cit., 1960, p. 32.
15 G. Geron, "Dice Emilio 'in Polonia l'arte astratta è simbolo di autonomia'", in *Gazzettino-Sera*, 27-28 December 1958.
16 G. Celant, "Vedova: scontri e incontri USA", in G. Celant, *De America*, Milan: Skira, 2019, p. 21.
17 L. Lorenzoni, "Una cronologia 1919-2006. Emilio Vedova tra Europe e America", in G. Celant, *De America*, cit., 2019, p. 193.
18 G. Celant, "Vedova: scontri...", cit., 2019, p. 27.
19 Unpublished typescript: *Inchiesta iniziata dalla rivista "Preuves" - Risposte del pittore Emilio Vedova*, March 1956, Università La Sapienza, Facoltà di Lettere e Filosofia, Dipartimento di Storia dell'Arte e Spettacolo, Rome, Archivio Lionello Venturi, fascicolo Emilio Vedova. The text is the transcript of the answers in Italian to the questionnaire published in the journal *Preuves*, October 1956, p. 68.
20 P. Picasso, *Massacre in Korea*, 1951, Paris, Musée National Picasso.
21 A. Vedova, "Chronology", in G. Celant (ed.), *Vedova 1935-1984*, exhibition catalogue (Museo Correr, Venice, 1984), Milan: Electa, 1984, p. 283.
22 E. Vedova, *Pagine di diario*, cit., 1960, p. 56.
23 *Auszug aus Notizien in Skizzenbuchern zu den ersten Plurimi (1962/63 Venezia)*, in *Emilio Vedova Plurimi*, exhibition catalogue (München, Galerie Günther Franke, September-October 1964), n.p.; Italian translation with the title *Da Quaderni di disegni preparatori ai "Plurimi", 1961-1965*, in *Vedova 1935-1984* cit., p. 174.
24 "Vedova: Pollock e Kline compagni di strada? Diciamo che avevamo gli stessi nonni", in *Il Giornale dell'Arte*, no. 12, Turin, May 1984, p.20.
25 G. Celant, "Vedova: scontri...", cit., 2019, p. 35.
26 Ibid.
27 In Italy, Lucio Fontana in the 1950s also upset visual space with slashes and holes, responding to a desire to render the

28 Lettera di Emilio Vedova a Werner Haftmann, 15 marzo 1964, riportata in L. Lorenzoni, *Una cronologia* cit., p. 319.

29 Appunti manoscritti di Emilio Vedova datati «Berlino giugno 1964», in *Emilio Vedova. Absurdes Berliner Tagebuch '64*, catalogo della mostra (Berlino, Berlinische Galerie im Lapidarium, 26 settembre - 28 novembre 2002), a cura di J. Merkert e U. Prinz, Berlinische Galerie, Berlin 2002, p. 112; in L. Lorenzoni, *Una cronologia* cit., p. 337.

30 Minuta dattiloscritta della lettera di Emilio e Annabianca Vedova all'architetto Vittorio Garatti, da Venezia, 1° marzo 1969, Archivio Fondazione Emilio e Annabianca Vedova, Venezia, riportato in L. Lorenzoni, *Una cronologia* cit., p. 436.

31 L. Lorenzoni, *Una cronologia* cit., p. 424.

32 Minuta dattiloscritta della lettera di Emilio Vedova a Robert Barker, da Venezia, 18 maggio 1969, Archivio Fondazione Emilio e Annabianca Vedova, Venezia, riportato in L. Lorenzoni, *Cronologia* cit., p. 438.

33 G. Celant, *Vedova: scontri e incontri USA* cit., p. 38.

34 Il ciclo *De America* è esposto nel 2013 alla Galleria dello Scudo, a Verona, in una mostra realizzata in collaborazione con Fondazione Emilio e Annabianca Vedova; nel 2017 viene allestito ai Magazzini del Sale, alla Fondazione Emilio e Annabianca Vedova.

35 F. Gazzarri, *Emilio Vedova. Tondi e Oltre. Opere 1985-87*, catalogo della mostra (Verona, Galleria dello Scudo, 5 marzo - 23 luglio 2022), organizzata in collaborazione con la Fondazione Emilio e Annabianca Vedova, Milano 2022, p. 14.

36 *Ibid.*

37 G. Celant, *Vedova Scultore*, in *Emilio Vedova*, catalogo della mostra (Torino, Castello di Rivoli, 17 ottobre 1998 - 17 gennaio 1999), a cura di I. Giannelli, Charta, Milano 1998, pp. XXIII-XXV.

38 *Ibid.*

39 G. Celant, *Emilio Vedova...in continuum*, catalogo della mostra (Venezia, Fondazione Emilio e Annabianca Vedova, 1 giugno - 30 novembre 2011), Skira, Milano 2011, p. 22.

canvas permeable, "spatial quest" it would be called, and would take his work far.

28 Letter to Werner Haftmann from Emilio Vedova, 15 March 1964, quoted in L. Lorenzoni, "Una cronologia...", cit., 2019, p. 319.

29 Handwritten notes by Emilio Vedova dated "Berlin June 1964", in J. Merkert, U. Prinz (eds.), *Emilio Vedova, Absurdes Berliner Tagebuch '64*, exhibition catalogue (Berlinische Galerie im Lapidarium, Berlin, 26 September – 28 November 2002), p. 112; in L. Lorenzoni, "Una cronologia...", cit., 2019, p. 337.

30 Typewritten draft of a letter from Emilio and Annabianca Vedova to architect Vittorio Garatti, from Venice, March 1, 1969, Emilio and Annabianca Vedova Foundation Archives, Venice, cited in L. Lorenzoni, "Una cronologia...", cit., 2019, p. 436.

31 L. Lorenzoni, "Una cronologia...", cit., 2019, p. 424.

32 Typewritten draft of a letter from Emilio Vedova to Robert Barker, from Venice, May 18, 1969, Fondazione Emilio e Anna Bianca Vedova Archives, Venice, cited in L. Lorenzoni, "Una cronologia...", cit., 2019, p. 438.

33 G. Celant, "Vedova: scontri ..., cit., 2019, p. 38.

34 The *De America* cycle was exhibited in 2013 at the Galleria dello Scudo, in Verona, in an exhibition realized in collaboration with the Fondazione Emilio e Annabianca Vedova; in 2017 it was mounted at the Magazzini del Sale, home of the Fondazione.

35 F. Gazzarri, *Emilio Vedova. Tondi e Oltre, Opere 1985-87*, exhibition catalogue (Galleria dello Scudo, Verona, 5 March – 23 July 2022, organised in collaboration with the Fondazione Emilio e Annabianca Vedova), Milan, 2022, p. 14.

36 Ibid.

37 G. Celant, *Vedova Scultore*, in I. Giannelli (ed.), *Emilio Vedova*, exhibition catalogue (Castello di Rivoli, Turin, 17 October 1998 – 17 January 1999, Milan: Charta, 1998, pp. XXIII-XXV.

38 Ibid., p.38.

39 G. Celant, *Emilio Vedova ...in continuum*, exhibition catalogue (Fondazione Emilio e Annabianca Vedova, Venice, 1st June - 30 November 2011), Milan: Skira, 2011, p. 22.

L'ARTE NON HA NULLA A CHE FARE CON LA DOTTRINA O CON L'IDEOLOGIA

ART HAS NOTHING TO DO WITH DOCTRINE OR IDEOLOGY

Gabriella Belli / Anselm Kiefer

Verona, 25 febbraio 2023

Carissimo Anselm,
sto preparando per M9 - Museo del '900 a Mestre (un bellissimo museo tutto digitale, aperto nel 2018, dedicato alla storia economica, politica e sociale del Novecento) una mostra molto impegnativa su Emilio Vedova, un artista che tu ben conosci e di cui, come sai, si è a lungo occupato Germano Celant. Non è un progetto facile anche perché questa esposizione si tiene non in un museo d'arte contemporanea, ma in un museo storico. Il titolo sarà *Rivoluzione Vedova,* un titolo che vuole significare sia la rivoluzione di Vedova nella storia della pittura italiana, sia il suo impegno civile contro la guerra, contro le dittature, per i diritti democratici. Tutte battaglie nelle quali questo grande artista veneziano si è sempre impegnato personalmente. Vedova non ha mai scritto manifesti politici, anche se nei suoi diari e nei suoi testi si trovano molte riflessioni che riguardano la condanna di tutte le violenze, un sentimento pacifista e una ricerca

Verona, 25 February 2023

Dear Anselm,
for the museum M9- Museo del '900 in Mestre (a splendid all-digital museum, opened in 2018, devoted to the economic, political and social history of the twentieth century) I am preparing a very challenging exhibition on Emilio Vedova, an artist you know well, and, as you know, Germano Celant dealt at length with his work. It is not an easy project, partly because this exhibition is being held not in a museum of contemporary art but a historical museum. The title will be *Rivoluzione Vedova*, to signify both the revolution Vedova brought about in the history of Italian painting, and his civil commitment against war and dictatorships, for democratic rights and much else. All battles to which this great Venetian artist was always personally committed. Vedova never wrote political manifestos, although his diaries and other writings contain many reflections on the condemnation of all violence,

di giustizia e uguaglianza. Per lui lo strumento più efficace per "farsi sentire" è sempre stata la pittura. Così negli anni della dittatura franchista, per manifestare la sua condanna, Vedova realizza una serie di opere che intitola *Per la Spagna*, mentre *Absurdes Berliner Tagebuch '64* è il titolo della grande installazione creata a Berlino nel 1964 con la quale, a quasi due decenni dalla fine della Seconda guerra mondiale, sfida la coscienza rimossa del nazismo; e, ancora, *Vietnam*, *Corea*, *Varsavia*, *Sarajevo* sono tutti lavori realizzati in coincidenza con i drammatici eventi di cui portano appunto il titolo.
Alcune di queste opere saranno esposte nella mostra di Mestre e, come punteggiature, accompagneranno il visitatore lungo un percorso che avrà al centro la sua *rivoluzione in pittura* raccontata attraverso tre grandi installazioni: il già citato *Absurdes Berliner Tagebuch '64*, concesso in prestito in via del tutto eccezionale dal Museum Fridericianum di Berlino, *...in continuum, compenetrazioni/traslati '87/'88* (un grande lavoro che hai visto esposto alle Zattere all'epoca della tua mostra *Il Sale della Terra*, in Fondazione Vedova nel 2011) e, infine, un gruppo di sei grandi opere di forma circolare, delle serie *Tondi* e *Dischi* degli anni ottanta e novanta.

GABRIELLA BELLI: Come sai, il linguaggio di Vedova dopo il 1951 appartiene con grande coerenza alla linea dell'arte astratta informale. Negli anni immediatamente precedenti, 1946-1950, aveva sperimentato le possibilità espressive di un'astrazione geometrica, che gli derivava in parte dalla rilettura del Cubismo, cosa assai diffusa tra i giovani pittori italiani del tempo. Una ricerca, quest'ultima, presto abbandonata per una più libera, appassionata e potente pittura di gesto, materia e colore, informale appunto, perfetta per rappresentare il suo mondo interiore, i suoi valori spirituali e anche le urgenze del suo tempo. Vedova chiamava questa sua pittura «un realismo superiore», ovvero una via più diretta per raccontarsi e raccontare il mondo.
È interessante però rilevare come in taluni casi, per esempio quando crea opere di protesta contro le guerre o episodi drammatici per la vita democratica di una

expressing pacifist sentiments and the quest for justice and equality. He believed the most effective way to make himself heard was by painting. So, in the years of the Franco dictatorship, to express his condemnation, Vedova created a series of works entitled *Per la Spagna*, while *Absurdes Berliner Tagebuch '64* was the title of his major installation in Berlin in 1964 by which, almost two decades after the end of the Second World War, he challenged the repressed consciousness of Nazism; and, again, *Vietnam*, *Corea*, *Varsavia*, *Sarajevo* were all works that coincided with the dramatic events that gave them their titles.
Some of these works will be shown in the Mestre exhibition and will punctuate the layout, accompanying visitors along a path that will focus on Vedova's *revolution in painting* recounted through three major installations: *Absurdes Berliner Tagebuch '64*, exceptionally loaned by the Museum Fridericianum in Berlin, *...in continuum, compenetrazioni/traslati '87/'88* (a great work that you saw exhibited at the Zattere during your exhibition *Il Sale della Terra*, at the Fondazione Vedova in 2011) and, finally, a group of six large circular works from the series *Tondi* and *Dischi* of the 1980s and 1990s.

GABRIELLA BELLI: As you know, Vedova's vocabulary after 1951 belonged with great coherence to the line of informal abstract art. In the years immediately before this, in 1946–1950, he experimented with the expressive possibilities of Geometric Abstraction, derived in part from a reinterpretation of Cubism, an approach very common among young Italian painters of the day. He soon abandoned this line of research for a freer, more passionate and powerful painting of gesture, matter and colour, Informal Art, perfect to represent his inner world, his spiritual values and the urgencies of the time. Vedova called this painting "a superior realism", or a more direct way to recount himself and the world.
It is interesting, however, to note that in some cases, for instance when he created works protesting against wars or dramatic episodes in the democratic life of a

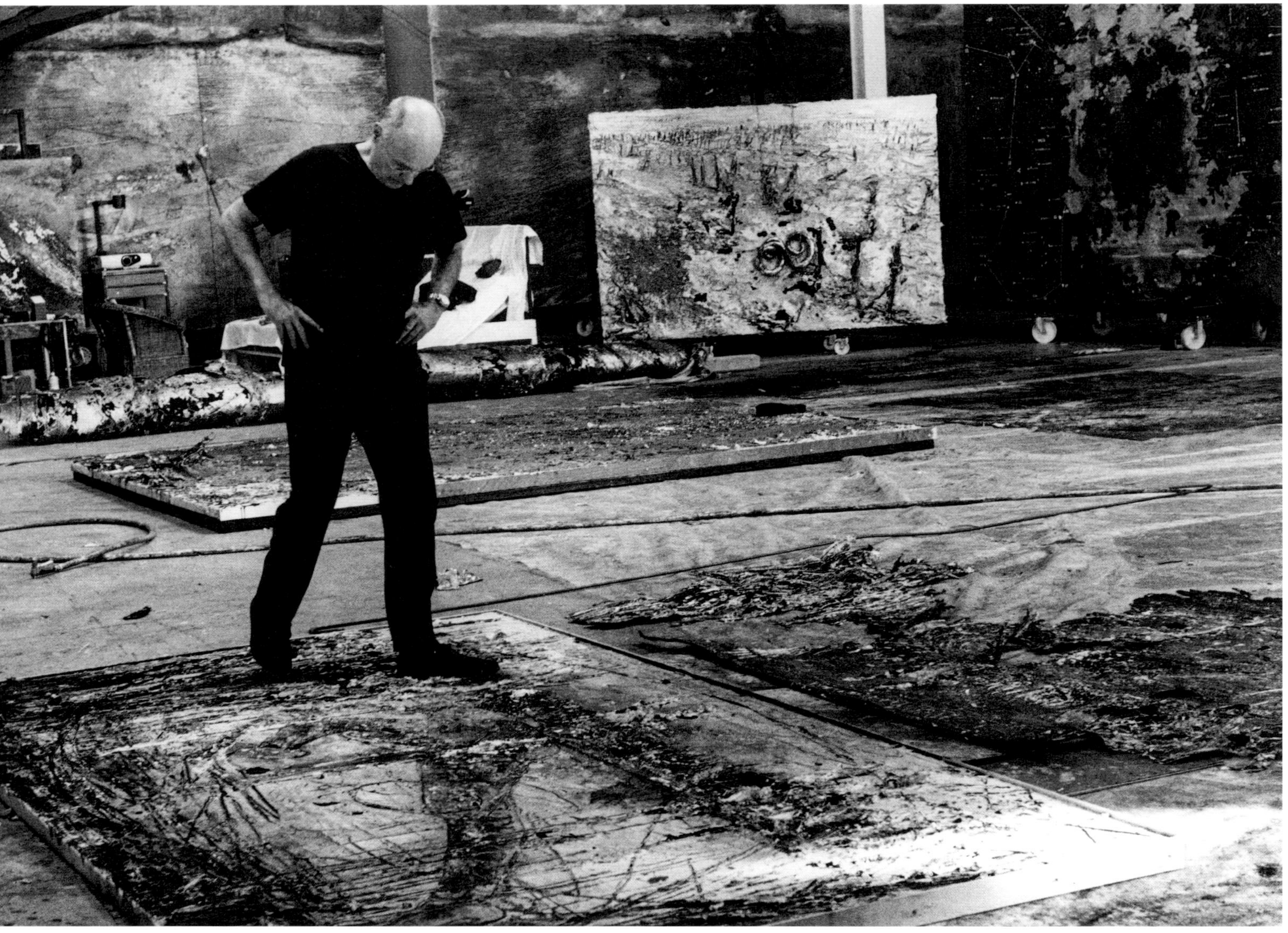

nazione, come l'incendio della biblioteca di Sarajevo, i suoi quadri si arricchiscono di scritte e di altri materiali, incollati sulle superfici, spesso dipinte con una drammatica prevalenza di bianco e nero. Sono legni, pezzi di stoffa, cartoncini, corde e altro ancora. Per Vedova è una pratica non usuale, che sembra riservata ad alcune tipologie di lavori che potremmo definire di protesta, connotati da un chiaro segno di urgenza, opere in cui sembra necessario marcare la drammaticità di un messaggio, quasi che la pittura astratta *tout court* non fosse abba-

nation, such as the burning of Sarajevo Library, his paintings were enriched with writings and other materials, glued to the surfaces, often painted with a dramatic prevalence of black and white. They were wood, pieces of cloth, cardboard, rope and much else. For Vedova it was an unusual practice, which seems to have been reserved for certain types of work that could be described as protest, characterised by a clear sign of urgency, works in which it seemed necessary to mark the drama of a message, as if abstract painting in itself

Anselm Kiefer nel suo studio
di Croissy, 2017

Anselm Kiefer in his studio
in Croissy, 2017

stanza esplicita nell'azione di denuncia. La domanda è: la pittura astratta è in grado di rendere espliciti contenuti specifici della storia? È capace di azioni di protesta e denuncia?

ANSELM KIEFER: Di primo acchito direi che l'arte astratta è capace di azioni di protesta e denuncia nel proprio ambito, ovvero all'interno della storia dell'arte. Considero il cosiddetto Espressionismo astratto come la fortunata reazione all'École de Paris. Dopo quella fase, la tela è tornata a essere intonsa, pulita, e qualcosa di nuovo è potuto emergere da quella pulizia. Se non fossi in grado di classificare questo "movimento artistico", di inserirlo in un contesto storico-artistico, allora "chi ha paura del rosso, del giallo, del blu", per esempio, non avrebbe per me grande significato. Ma non ne sono del tutto sicuro, perché non riesco a portare a termine l'esperimento di liberarmi dalla mia conoscenza della storia. Non posso comportarmi come se non fossi consapevole delle connessioni. Questo esperimento non mi è proprio possibile.
Tuttavia, prendendo a esempio Malevič, i suoi dipinti possono essere considerati un'azione politica, se li si percepisce come opposizione al realismo sociale perseguito dalla politica dell'epoca.
Per contro, le opere astratte di Kandinskij mi lasciano indifferente, mentre trovo interessanti i dipinti realizzati durante il suo periodo di passaggio dall'arte figurativa a quella astratta. Qui si può percepire la lotta tra i due concetti. È la lotta tra il mondo che deve essere costruito dall'artista e la terra che si chiude in se stessa, nel mistero, lotta che ogni artista deve costantemente combattere.

GB: E che differenza c'è tra l'uso di elementi allusivi, simbolici riconoscibili, come vediamo apparire spesso nella tua pittura, e la pittura astratta *tout court*, dove l'artista può fare affidamento solo sulla propria gestualità e sull'espressività del colore e della materia?

was not explicit enough in its denunciation. The question is: is abstract painting capable of making specific historical contents explicit? Is it capable of protest and denunciation?

ANSELM KIEFER: Spontaneously, I would say that abstract art can only protest and denounce in its own field, that is, in art history itself. I see so-called Abstract Expressionism as a successful reaction to the so-called École de Paris. After that, the canvas was clean again and something new could emerge from the sweepings. If I were not able to classify this "art movement", to place it in an art-historical context, then "who is afraid of red, yellow and blue", for example, would not mean much to me. But I'm not quite sure about that, because I can't free myself experimentally from this condition, from my knowledge of history. I cannot put myself in the position as if I knew nothing about the connections. This experiment is not possible for me.
However, in Malevitch's case, for example, his paintings can also be understood as a political action, if one sees in contrast the social realism demanded by politics at the time.
In contrast, Kandinsky's abstract paintings leave me cold. Interesting, however, are the pictures from the time when he was in transition from the figurative to the abstract. There you can see a struggle between the two concepts. It is the struggle between the world to be built up by the artist and the earth that closes itself in mystery, which every artist has to fight out at all times.

GB: And what is the difference between the use of allusive, recognisable symbolic elements, as we often see appear in your painting, and abstract painting *tout court*, where the artist can rely only on his own gestures and on the expressiveness of colour and matter?

AK: Qui distingui tra il mio processo di incorporare nelle immagini allusioni, elementi simbolici, e il puro astrattismo.
In effetti, io evito di fare quadri per il solo scopo di fare quadri. Non amo rimanere nella torre d'avorio dell'arte "pura". Attraverso le mie iscrizioni, per esempio, cerco di guidare lo spettatore lungo altri sentieri mentali, lungo percorsi non anticipati. Cerco di indurre in lui un turbamento. Non posso comunicargli dei valori, non voglio dirgli come dovrebbe pensare o vivere. Deve scoprirlo da solo.

GB: L'attualità di Emilio Vedova, a mio avviso, sta nel suo essere sempre stato allineato al suo tempo, dentro il suo tempo, consapevole di quanto succedeva nel mondo, capace di uno sguardo critico, ma anche empatico, riguardo ai fatti più significativi che hanno segnato la storia del XX secolo, a partire dalla Seconda guerra mondiale (per esempio i suoi *Absurdes Berliner Tagebuch '64* contro il nazismo) per finire con le lunghe, drammatiche vicende della guerra nella ex Jugoslavia (*Chi brucia un libro brucia un uomo*, 1993, opera realizzata per l'incendio della biblioteca di Sarajevo).
L'universalità della sua pittura sta nell'aver saputo rappresentare eventi gravi della storia, come la dittatura di Franco in Spagna o la lunga guerra del Vietnam, in una pur tragica dimensione epica. Grazie a ciò le sue opere sono ancora oggi un paradigma di confronto, una testimonianza utile per decifrare fatti altrettanto drammatici del nostro tempo presente.
La domanda è: in che misura l'arte può tramandarsi oltre la pratica e le riflessioni di un singolo artista? In che misura il significato di un'opera si può adattare nel corso degli anni ad altri eventi e situazioni? E che ne è del pensiero creativo che ha dato origine all'opera d'arte?

AK: Poi hai citato i *Sarajevo* di Vedova. Ovviamente gli artisti reagiscono anche a quanto accade nel mondo. *Guernica* di Picasso ne è un esempio fantastico.
Io non sono molto portato a farlo. Preferisco aspettare, fino a quando l'evento del giorno si è un po' raf-

AK: Here you make the distinction between my process of incorporating allusions, symbolic elements, into the images — and pure abstractionism.
In fact, I avoid making pictures just for the sake of making pictures. I don't like to sit in the ivory tower of "pure" art. Through my inscriptions, for example, I try to lead the viewer along other, unanticipated mental paths. I try to unsettle him. I cannot convey any values to him, do not want to tell him how he should think or live. He has to find that out for himself.

GB: The relevance of Emilio Vedova, in my opinion, lies in his having always been attuned to his time, embedded in his time, aware of what was happening in the world, capable of a critical yet also empathetic gaze on the most significant events in the history of the twentieth century, starting from the Second World War (for example his *Absurdes Berliner Tagebuch '64* against Nazism), and ending with the long, dramatic events of the war in the former Yugoslavia (*Chi brucia un libro brucia un uomo*, 1993, dealing with the burning of Sarajevo Library).
The universality of his painting lies in being able to represent serious events in history, such as the Franco dictatorship in Spain or the long Vietnam War, in a tragic, epic dimension. Thanks to this, his works still offer a paradigm, a testimony useful for deciphering the equally dramatic events of our time. The question is: to what extent can art continue to be relevant beyond the practice and reflections of a single artist? To what extent can the meaning of a work adapt over the years to other events and situations? And what about the creative thought that gave rise to the work of art?

AK: You then speak of Vedova's Sarajevo pictures. Of course, artists also react directly to events in the world. Picasso's *Guernica* painting, for example, is a fantastic result.
I am not so drawn to that. I prefer to wait a bit until the day's event has cooled down and connected with

freddato e si connette ad altre storie nella mia mente. Potresti anche dire: fino a quando non si è tramutato in un mitologema. E questo si collega direttamente alla tua prossima domanda.

GB: Venezia, per un giovane pittore come Vedova, voleva dire soprattutto Tintoretto. La sua è una passione che lo vede a poco più di vent'anni cimentarsi, taccuino da disegno in mano, con la grandezza dei cicli pittorici di Palazzo Ducale e soprattutto della Scuola Grande di San Rocco.
Tra tutti gli artisti veneziani Tintoretto è sicuramente il più moderno: ha raggiunto un'eccezionale libertà espressiva, è stato capace di forzare le regole della composizione classica, ha perseguito un uso spregiudicato del disegno e del colore. Tintoretto ha utilizzato la storia, l'allegoria e il mito, senza soluzione di continuità, per rappresentare sia la gloria dei santi e della Serenissima, sia le battaglie sul mare, flotte annientate, scene cruente di morte e desolazione: eventi memorabili spesso a lui coevi. Nell'affrontare la sua contemporaneità Tintoretto ha esercitato con tale autorità il suo talento che queste composizioni ancora oggi mantengono intatto il loro valore di testimonianze.
So che anche tu ami molto Tintoretto e dunque capirai bene cosa intendo dire. La domanda è: quanto c'è di contemporaneo, ovvero di utile, per comprendere il nostro tempo, in una storia dipinta cinque secoli fa? È solamente il soggetto che definisce la pittura di storia, oppure anche lo stile gioca un ruolo importante?

AK: Nessun artista crea da solo. È sempre, indissolubilmente, legato ad altri artisti a lui contemporanei, così come ad altri apparentemente appartenenti al passato. Vive non soltanto nel suo "tempo umano", ma penetra nel tempo geologico e, persino, cosmico. Tintoretto, che ammiro moltissimo, ne è l'esempio migliore. Sai che una volta dalla National Gallery di Londra mi chiesero di scegliere un dipinto e realizzarne una sorta di parafrasi? Io scelsi *L'origine della Via Lattea* e dipinsi *The Milky Way*, che per qualche

other stories in my mind. You could also say: until it has turned into a mythologem. That leads directly to your next question.

GB: For a young painter like Vedova, Venice meant above all Tintoretto. His passion led him at little more than twenty years old to explore the greatness of the pictorial cycles in the Palazzo Ducale and above all the Scuola Grande di San Rocco.
Among all Venetian artists Tintoretto is certainly the most modern. He achieved an exceptional freedom of expression, capable of forcing the rules of classical composition with a creative use of drawing and colour. Tintoretto used history, allegory and myth seamlessly to represent both the glory of the saints and of the Serenissima, the sea battles, annihilated fleets, blood-stained scenes of death and desolation: memorable events often contemporary with him. In dealing with contemporary life, Tintoretto exercised his talent with such authority that these compositions still maintain their value intact as testimonies.
I know that you also have a deep love of Tintoretto, so you will understand what I mean. The question is: how far can something painted five centuries ago be contemporary, meaning useful in understanding our time? Is it only the subject that defines history painting, or does style also play an important part?

AK: No artist creates alone. He is always inextricably linked with other, contemporary artists, as well as with those seemingly past. He lives not only in his "human time", but reaches into geological and even cosmic time. Tintoretto, whom I particularly admire, is the best example of this. Do you know that I was once asked by the National Gallery in London to choose a painting and to paint a kind of paraphrase of it? I chose *The Origin of the Milky Way* and painted *The Milky Way*, which was then hung at the Gallery, next to the Tintoretto, for a while. You can imagine how proud I was then. (That's just by the way.)

tempo rimase appeso nel museo accanto all'opera di Tintoretto. Detto tra parentesi, puoi immaginare quanto ne fossi orgoglioso.

GB: Nella rappresentazione artistica la storia deve necessariamente essere connessa con la politica, oppure esiste la possibilità di una rappresentazione della storia al di là e al di sopra delle dottrine e delle ideologie?

AK: Ovviamente l'arte non ha nulla a che fare con la dottrina o con l'ideologia. E nemmeno con la moralità. Poiché non esistono ideologia e moralità che possano sopravvivere nel tempo. Pensa agli antichi Gre-

GB: In artistic representation, must history necessarily be connected with politics, or is there the possibility of a representation of history beyond and above doctrines and ideologies?

AK: Of course, art has nothing to do with doctrine or ideology. Not even with morality. Because there is no ideology or morality that survives the ages. Remember the Greeks, they invented democracy but at the same time were convinced that slaves were necessary. Art, on the other hand, is above the times. It is not political as the politics of the day, but because artists live in their time and follow events, this is au-

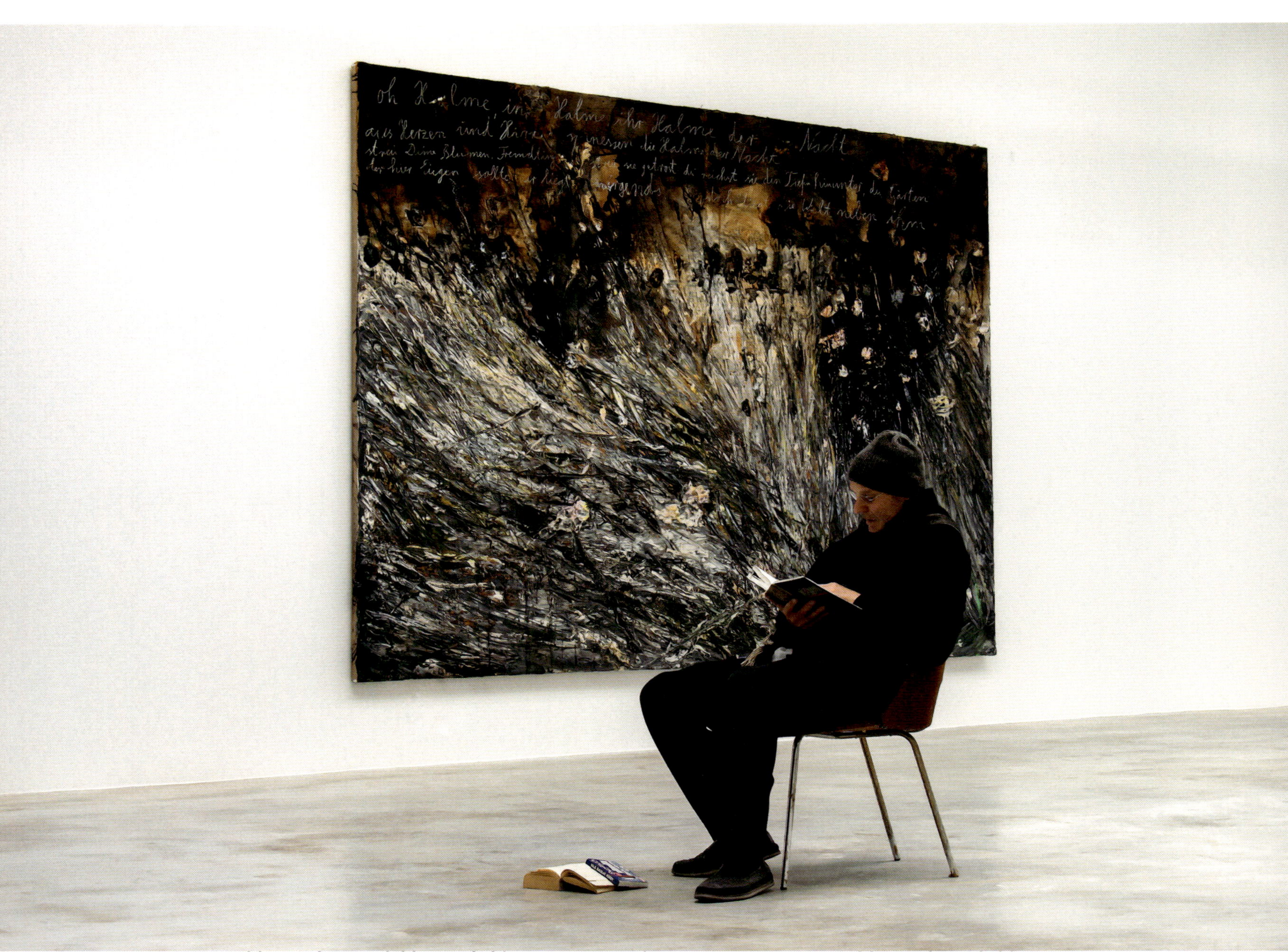

ci: inventarono la democrazia, ma nello stesso tempo erano convinti che gli schiavi fossero necessari. L'arte, per contro, è sospesa al di sopra delle epoche. Non è politica come le vicende a lei contemporanee, ma lo diventa perché l'artista vive nel suo tempo e segue gli eventi, e questo automaticamente si riflette nella sua opera, senza che sia necessario citare nel risultato artistico gli eventi coevi.

GB: E, infine, dove si palesa l'eredità di Tintoretto in una pittura astratta, che ha rinunciato alla figura e a ogni realismo e che, come nel caso di Emilio Vedova, si è generata in una lotta corpo a corpo, vorrei dire, in un annientarsi dentro la pittura?

AK: Tu parli di un «annientarsi dentro la pittura»: credo tu intenda che, quando l'opera d'arte inizia la propria esistenza, accade qualcosa che ne è solo parzialmente dipendente. Tutto ciò che è stato, che è e che sarà passa attraverso l'artista e al contempo crea qualcosa che va oltre. Quando ti accosti a un'opera del Tintoretto, il soggetto improvvisamente si fa sfocato, e tutto quello che riesci a vedere è il colore steso dall'artista secondo la sua tecnica personale. Vieni involontariamente attratto nelle montagne di colore, nelle vallate, nelle sfumature ecc. Diventi parte del processo creativo. È una partecipazione attraverso l'astrazione.
Altri artisti possono essere visti come precursori di questa forma di astrazione, come Frans Hals.

tomatically reflected in the work without the need to quote current events in the work of art.

GB: And, finally, where does Tintoretto's legacy appear in abstract painting, which renounced figures and realism, and which, as in the case of Emilio Vedova, was generated in a struggle, I would say, in the annihilation of himself within painting?

AK: You speak of "annihilation of himself" — I think you mean that when the work of art comes into being, something happens that is only partly dependent on it. Everything that was, that is and that will be passes through the artist and creates something that points beyond him.
When you approach a Tintoretto painting, the object suddenly becomes blurred and all you can see is the colour applied by the artist in his own way. You are involuntarily drawn into the mountains of colour, the valleys, the glazes and so forth. You participate in the creative process. It is participation through abstraction.
There are some other artists who can be seen as precursors of abstraction in this way, such as Frans Hals.

Anselm Kiefer, 2012

MEZZO SECOLO DI UNA STORIA IRREQUIETA

HALF A CENTURY OF TROUBLED HISTORY

Andrea Jacchia

«Avevamo vent'anni e oltre il ponte / oltre il ponte ch'è in mano nemica / vedevam l'altra riva, la vita / tutto il bene del mondo oltre il ponte». Questi versi, fra i più belli dedicati alla Resistenza, Italo Calvino li scrive nel 1958, diventeranno una canzone l'anno dopo grazie a Sergio Liberovici. Il 25 aprile 1945, Emilio Vedova, veneziano e giovane pittore ha ventisei anni: figlio di artigiani-operai, partigiano antifascista con due nomi di battaglia che, contro le apparenze, stanno bene insieme: Barabba e Garcia, quest'ultimo in omaggio a Federico García Lorca. Nel suo diario scriverà come tutto fosse «cominciato dal vivo», ovvero parlando, ascoltando, facendo piani di lotta nelle trattorie popolari della laguna. Qualche anno dopo, di fronte a *Guernica*, dirà «il pittore è contemporaneità». Una didascalia ideale al capolavoro di Picasso, ma anche l'attracco di ogni artista all'*hic et nunc* della storia: a volte per spettinarne l'ordine, o mostrarne le sostanze più sconce. Nel breve dopoguerra post Liberazione – tre anni, fino alla Costituzione promulgata nel 1948 –, Vedova è più che contemporaneo: un suo *Senza titolo*,

"We were in our twenties and beyond the bridge / beyond the bridge in enemy hands / we saw the other side, we saw life / all the good in the world lay beyond the bridge". Italo Calvino wrote these verses, among the most beautiful dedicated to the Resistance, in 1958, and they became a song the following year, thanks to Sergio Liberovici. On 25 April 1945, Emilio Vedova, a young Venetian painter, was 26 years old. The son of artisan workers, he was an anti-Fascist partisan with two *noms de guerre* that, contrary to what one might think, fit well together: Barabba and Garcia, the latter a tribute to Federico García Lorca. He later wrote in his diary how it all started "live", which is to say by speaking, listening, and making battle plans in the popular trattorias in the lagoon. A few years later, when faced with *Guernica*, he said "The painter is the contemporary." A conceptual caption for Picasso's masterpiece, but also the docking place for every artist at the here and now of history: sometimes to ruffle up the order of things, or to reveal its most obscene workings. In the brief post-war period

fa intravedere, forse, sagome di gru che ricostruiscono, o dovranno farlo. Lo spazio è tutt'altro che concettuale: linee spezzate che si incrociano, come un colpo d'occhio sullo stato del Paese, dopo la dittatura e la sua guerra. L'ex partigiano Barabba potrebbe parlare come quel personaggio di un racconto di Primo Levi: «Preferisco essere solo a fabbricare me stesso, e la collera che mi sarà necessaria. [...] Preferisco nascere senza indulgenze e senza condoni». Indulgenze e condoni: il più celebre nella repubblica nata dalla Liberazione, fa capo al guardasigilli comunista Togliatti e alla sua amnistia verso un bel po' di cittadini, già fascisti o fascistissimi. Diventano normali la sigla Movimento sociale italiano – sei deputati e un senatore nel primo parlamento repubblicano – e il fatto che l'ex maresciallo Rodolfo Graziani, largamente colpevole di crimini di guerra e contro l'umanità, si spenga tranquillo nella sua Ciociaria. Per dirla con il sociologo Giuseppe De Rita, forse l'Italia è già un «paese dalle batterie scariche», in quel breve dopoguerra della memoria partigiana. Anche Primo Levi è stato per pochi mesi un resistente, e soprattutto un salvato di Auschwitz. L'intero Est europeo che percorre per tornare a Torino, è già la parte centrale della Guerra fredda: i due termini hanno un che di una fissione chimica e si affiancano a un

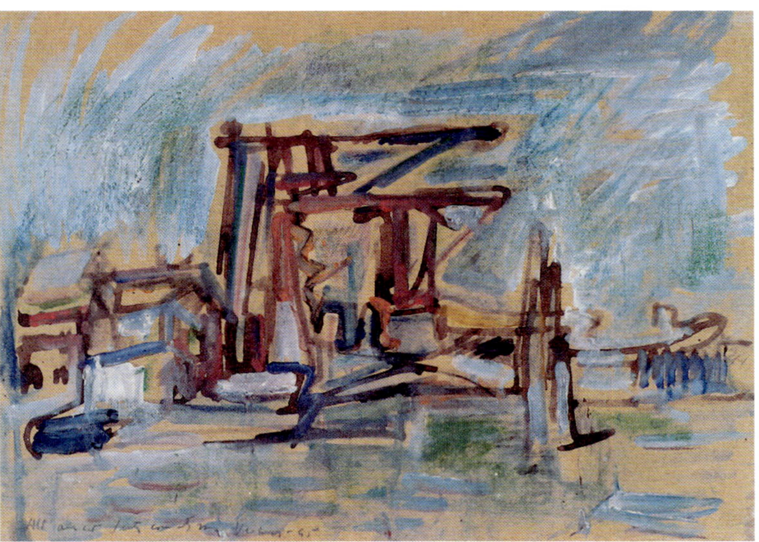

Emilio Vedova
Senza titolo, 1945
26,7 × 37,4 cm
Pittura a tempera, pastello
e inchiostro, su carta intelata
AFV1769

after the Liberation — three years, until the Constitution was promulgated in 1948 — Vedova was more than contemporary: one of his *Senza titolo* works possibly gives us a glimpse of the silhouettes of cranes that are reconstructing, or that are about to. The space is anything but conceptual: broken lines cross each other, like a quick glance at the state of Italy after the dictatorship and the war. The former partisan Barabba could speak like the character in a story by Primo Levi: "I prefer being alone when making myself, with all the anger I'll need. [...] I prefer to be born without indulgences and without pardons." Indulgences and pardons: the most famous in the Republic that emerged from the Liberation were those of Togliatti, the communist minister of justice and his amnesty for quite a number of citizens, former fascists or *fascistissimi*. Even the idea of the far-right Movimento Sociale Italiano — with six deputies and a senator in the first republican parliament — became normalised, as did the fact that the former Marshal Rodolfo Graziani, who was guilty of many war crimes and crimes against humanity, could die peacefully, as a free man in his Ciociaria. As the sociologist Giuseppe De Rita put it, perhaps Italy was already a "country running on dead batteries", in that short post-war period of partisan memory. Primo Levi, too, was a resistance fighter for a few months and, above all, a survivor of Auschwitz. All of Eastern Europe, which he travelled through on his way back to Turin was already at the heart of the Cold War: the two terms have something of a chemical fission about them, and are joined by a group of neologisms that may be picturesque or harsh, as the case may be. The Bikini Atoll in the Pacific, where America tested the first hydrogen bomb, soon gave its name to a revolutionary swimsuit while the deadly "Molotov cocktail" had the honour of being named after Stalin's foreign minister. And above all, three or four words were enough to sum up the worst of the obsessive US and the Soviet Union: Republican Senator Joseph McCarthy's "witch hunt" against citizens of all professions, along with half of Hollywood, including Charlie Chaplin, accused of being communist infiltrators, was occurring in

Emilio Vedova
Senza titolo, 1945
26.7 × 37.4 cm
Tempera, pastel and ink,
on canvas paper
AFV1769

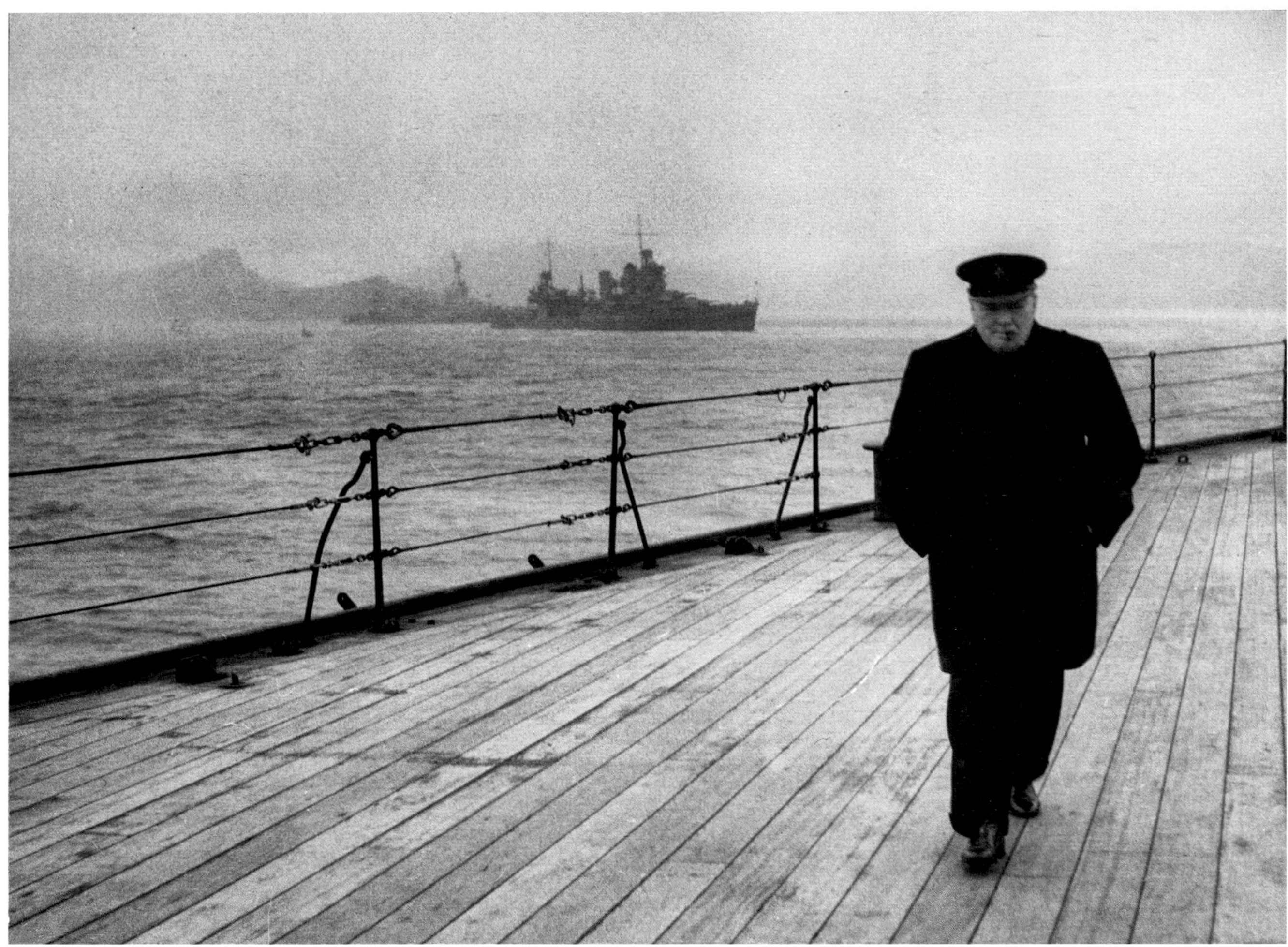

gruppo di neologismi pittoreschi o duri, a seconda dei casi. Dall'atollo di Bikini, nel Pacifico, dove l'America testa la prima bomba all'idrogeno, nasce presto il nome di un costume da bagno rivoluzionario, mentre il micidiale "cocktail Molotov" ha l'onore del cognome del ministro degli Esteri di Stalin. Soprattutto, in tre o quattro parole, sono riassunti gli Stati Uniti e l'Unione Sovietica al loro peggio ossessivo: la "caccia alle streghe" del senatore repubblicano Joseph McCarthy – cittadini di ogni professione più mezza Hollywood, compreso Charlie Chaplin, tacciati di infiltrazione comunista – è contemporanea al

Winston Churchill sul ponte
della *Prince of Wales*, 1941

conjunction with the alleged "white coat conspiracy" of Soviet doctors — mostly Jews — whom Stalin intended to purge in the customary ways. In 1952, he had already hanged most of the Czechoslovak Communist Party in Prague, primarily on charges of "Zionism", another term that would be used as a mark of suspicion during the following decades. The genius of Winston Churchill, now a former British prime minister, clearly emerged in his oratory skills: when he launched the image of an "Iron Curtain", he did so not in front of a general public, but to the entire body of the University of Fulton in

Winston Churchill walking
on the deck of *The Prince
of Wales*, 1941

presunto "complotto dei camici bianchi", medici sovietici, per lo più ebrei, che Stalin progetta di purgare nei soliti modi. Ha già fatto impiccare, a Praga, nel 1952, il grosso del partito comunista cecoslovacco, con in primo piano l'imputazione di "sionismo", altro termine che dilagherà come marchio di sospetto nei decenni successivi. Fra le intuizioni oratorie del periodo, spicca il genio di Winston Churchill, ormai ex premier britannico: quando lancia l'immagine della "cortina di ferro", non lo fa di fronte a un generico pubblico, ma all'intero corpo dell'Università di Fulton nello stato americano del Missouri. Quella sfilata di sbarre potrebbe evocare una scenografia anni cinquanta del Berliner Ensemble, nei fatti è una prigione unica eretta lungo gli stessi Paesi dell'odissea di Primo Levi. Se l'arte resta contemporaneità, lo sono a maggior ragione le arti della propaganda. Da tener presente che in America chi ne ha modernizzato i passaggi, con tanto di scritti e committenze, è stato addirittura un nipote di Sigmund Freud di nome Edward Bernays, nel ventennio precedente. Quindi se l'avversario del mondo libero è comprensibilmente Josif Stalin, sempre il vecchio Churchill avverte che «è salito al potere in Russia quando ancora c'era l'aratro di legno e l'ha lasciata fornita di armi atomiche». In sintesi, anche Mosca ha il suo dottor Stranamore e il "fattore H" occupa il primo piano fra le formule deterrenti del mondo. Di cui una parte rilascia, in certe occasioni, parole oggi sconcertanti. Quando il dittatore sovietico muore a inizio primavera del 1953 – stesso anno dell'armistizio in Corea, dopo una guerra quasi mondiale con quattro milioni di morti fra militari e civili –, Sandro Pertini lo ricorda così alla Camera dei Deputati: «Ha terminato bene la sua giornata, anche se troppo presto per noi e per le sorti del mondo. Si resta stupiti per la grandezza di questa figura che la morte pone nella sua giusta luce». In controcanto, esultano migliaia di deportati nei gulag: molti di loro sono dei salvati *in extremis*, e in parte contribuiranno alla sostanza del termine "disgelo". Insomma, è un dopoguerra che si allunga al ritmo di sigle e rimandi, con parole e segni che incrociano i rispettivi ruoli espressivi, e dove anche i cosiddetti stili astratto e figurativo suonano scolastici.

the US state of Missouri. The string of bars that might have evoked a 1950s stage set for the Berliner Ensemble actually became a single prison erected around the countries that Primo Levi had passed through on his odyssey. If art is the contemporary, the art of propaganda is all the more so. The person who had brought it most up to date over the previous twenty years in America, complete with writings and commissions, was indeed Edward Bernays, a nephew of Sigmund Freud. The adversary of the free world was understandably Joseph Stalin, but the ageing Churchill warned that "Stalin inherited Russia with a wooden plough and left it in possession of atomic weapons". To put it briefly, Moscow too had its Dr Strangelove and the "H factor" took pride of place among the deterrents of the world. On certain occasions, one side put out statements that sound most disconcerting today. When the Soviet dictator died early in the spring of 1953 — the same year as the armistice in Korea, after an almost-world-war with four million soldiers and civilians dead — Sandro Pertini recalled him in the Italian Chamber of Deputies with these words: "He ended his day well, even though too early for us and for the destiny of the world. One is amazed by the greatness of this man, whom death places in the right light." On the other hand, thousands of deportees in the gulags rejoiced: many of those saved were on the point of death, and to some extent made a real contribution to the concept of "thawing". It was indeed a post-war period that became ever longer, given rhythm by acronyms and references, with words and symbols that interconnected in their respective roles, where even so-called abstract and figurative styles appeared to be scholastic. This is partly because the title of a painting is sometimes enough to make the observer feel freer in their own abstractions or figurations: a work like Vedova's *Scarabocchi dell'Anima '82* (1982) turns out to be a statement of fact as well as an intense self-definition addressed to all and sundry.

From 1951 onwards, Lucio Fontana invented a whole series of more immediate signs: lumps or cuts, with titles that went beyond what they appeared to be. The term

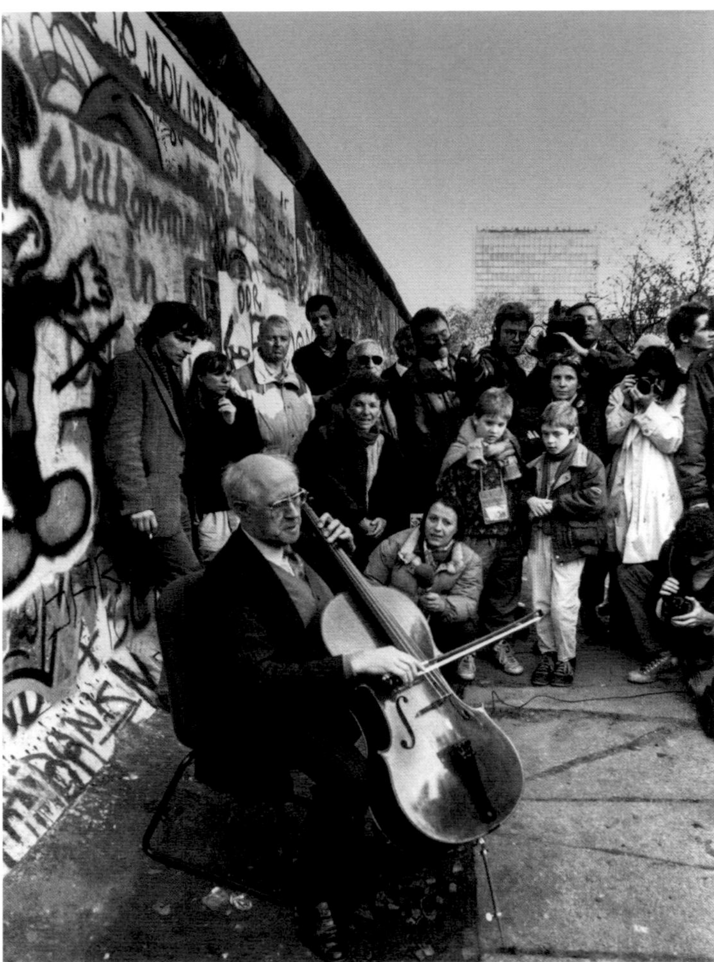

Anche perché ogni tanto basta il titolo di un dipinto a far sentire chi lo osserva più libero nelle proprie astrazioni o figurazioni: un'opera di Vedova come *Scarabocchi dell'Anima '82* (1982) risulta una constatazione di fatto oltre che un'intensa autodefinizione rivolta *erga omnes*.
Fra i segni più immediati, Lucio Fontana, dal 1951 in poi, ne inventa una serie: grumi o tagli, il cui titolo va oltre la loro evidenza. Il termine "concetto spaziale" è tanto vasto quanto applicabile a territori diversi, e non solo d'arte visiva. In tre capolavori della letteratura italiana, pubblicati tra il 1958 e il 1963, spazi specifici danno il taglio alla narrazione e ai caratteri. Nei Finzi-Contini di Ferrara, il giardino (dove il palleggio del tennis batte il tempo) è il loro spazio concettuale, oltre che quello del narratore Giorgio Bassani, mentre Carlo Emilio Gadda pro-

"spatial concept" is as broad as it is applicable to a variety of areas, and not just those of visual art. The plots and characters are set out by particular spaces in three masterpieces of Italian literature published between 1958 and 1963. The Finzi-Contini family's conceptual space is their garden in Ferrara, where the rhythm is kept by tennis knock-ups, and it is also that of the narrator Giorgio Bassani. Carlo Emilio Gadda, on the other hand, projects his "cognition of pain" in an imaginary South American Brianza, and the basic concepts of Don Fabrizio of Salina — *The Leopard* of Prince Giuseppe Tomasi di Lampedusa — could only have been born in the scorched Sicilian countryside of Donnafugata. But other, horizontal, cuts concern geopolitics, such as the 38th parallel in the Far East which forms the border on the peninsula between the two Koreas, or the Berlin Wall which reflected the divided Germany on a miniature urban scale. Mstislav Rostropovich, the great cellist, improvised a Bach suite in a memorable solo under its breach, when it was torn down in 1989. Showing how art can indeed come in at the perfect time at a moment in history. Or the day after, in that particular case. However, for at least three generations since 1945, people have got used to speaking of the "American century", and Vedova, who visited the United States for 26 years from 1951 onwards, pointed out that there "I saw this civilisation, which came from Europe, in all its paradoxes". And then he added: "There's all this talk about American painting, but where exactly is the European diaspora?" Mark Rothko, Andy Warhol and others were indeed the offspring of immigrants from central or eastern Europe. And Vedova's *De America* (1976–77) series of paintings plunges us into the present of America, with its culture, its universities, its institutions, and its artists. All sort of things happen, from New York to the West Coast, and Tom Paine's revolutionary, age-old common sense idea that society represents all that is good in humanity is updated in the extreme. Words and actions from the new frontier of the atomic superpower — "Make love not war!" and "No nukes!" screamed out and drawn on t-shirts and posters, marches for civil rights and against

Mstislav Rostropovič suona
di fronte al Muro di Berlino
per celebrarne la caduta, 1989

Mstislav Rostropovich
plays to celebrate the fall
of the Berlin Wall, 1989

ietta la sua «cognizione del dolore» in un'immaginaria Brianza sudamericana, e i concetti base di don Fabrizio di Salina –*Il Gattopardo* del principe Giuseppe Tomasi di Lampedusa – non potrebbero nascere se non nello spazio arso e siciliano della campagna di Donnafugata. Ma altri fendenti, in orizzontale, riguardano la geopolitica: il trentottesimo parallelo del Far East peninsulare che delimita le due Coree, o il Muro di Berlino che raddoppia in miniatura urbana la Germania divisa. Sotto la sua breccia, quando crolla nel 1989, Mstislav Rostropovič, il grande violoncellista, improvvisa una suite di Bach, un assolo memorabile. A dimostrazione di quanto l'arte possa avere i tempi esatti del momento storico. Storia da *day after*, in quel caso. Comunque, per almeno tre generazioni dal 1945, ci si abitua a parlare del "secolo americano", e Vedova, che frequenta gli Stati Uniti per ventisei anni a partire dal 1951, osserva che lì «ho visto fino ai suoi paradossi questa civiltà che è partita dall'Europa». Aggiungendo: «Si parla tanto di questa pittura americana, ma dove la mettiamo la diaspora europea?». Certo, Mark Rothko, Andy Wahrol, e altri, sono figli di immigrati del centro o dell'oriente europei. Nei fatti, il suo ciclo di dipinti *De America* (1976-1977) è un'immersione nel presente di quel Paese: la sua cultura, le sue università, le sue istituzioni, i suoi artisti. Ne succedono di cose da New York alla West Coast, e l'antico *common sense* rivoluzionario di Tom Paine («la società rappresenta tutto quello che c'è di buono nell'umanità») viene declinato ai massimi aggiornamenti: parole e azioni dalla nuova frontiera della superpotenza atomica, *make love not war* e *no nukes* urlati e disegnati su t-shirt e manifesti, marce per i diritti civili e contro la guerra vietnamita (cinquantacinquemila morti americani), e poi il rock di Elvis, la poetica eversiva di Allen Ginsberg e Lawrence Ferlinghetti, l'estro di Leonard Bernstein. Lui, "Lennie", di Lawrence, Massachusetts ma con genitori ebrei ucraini, mette al mondo l'ultimo capolavoro di quattrocento anni di teatro musicale, da Monteverdi in avanti: la sua *West Side Story* fa cantare e ballare proletari portoricani della *banlieu* occidentale di New York. Mentre Jackson Pollock, o Robert Rauschenberg, o la Pop Art largamente

the Vietnam War (55,000 American dead), and then Elvis's rock music, the subversive poetic art of Allen Ginsberg and Lawrence Ferlinghetti, and the inspiration of Leonard Bernstein. He, "Lennie", from Lawrence, Massachusetts, but with Ukrainian Jewish parents, brought into the world the latest masterpiece of 400 years of music, from Monteverdi onwards: his *West Side Story* had Puerto Rican proletarians from New York's western suburbs singing and dancing. While Jackson Pollock and Robert Rauschenberg, and pop art in general,

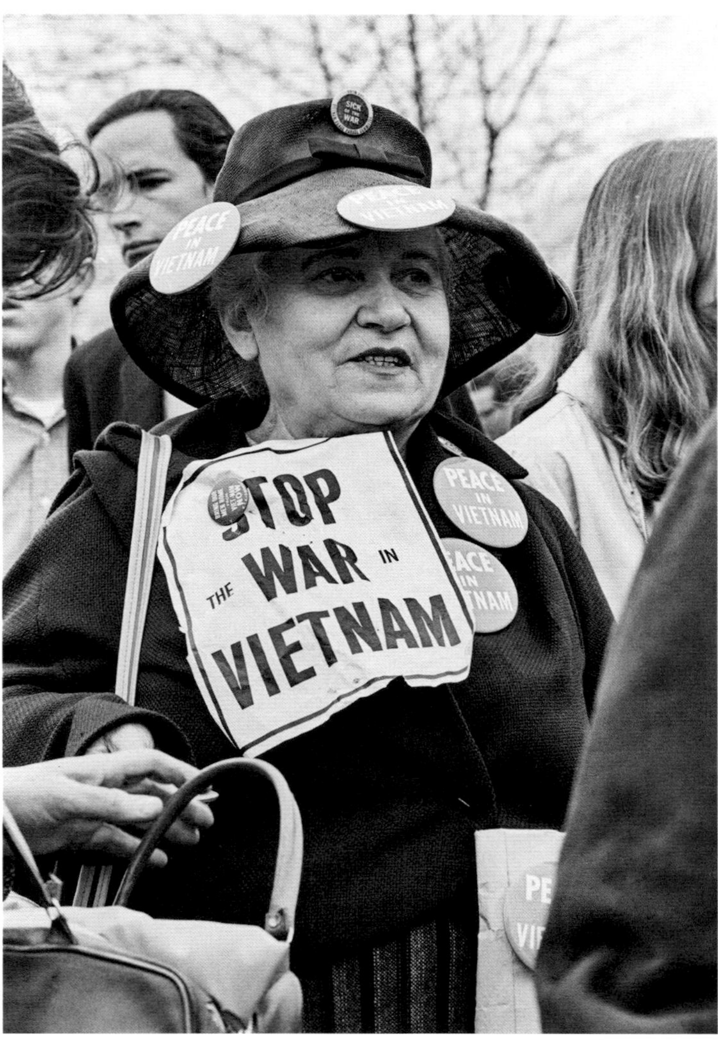

Dimostranti alla marcia contro la guerra in Vietnam promossa dallo Spring Mobilization Committee a New York, 15 aprile 1967

Spring Committee Mobilization's protest march in New York against the Vietnam War, 15 April 1967

intesa, diventano linguaggi planetari oltre che immagini da Big Bang. Con Rothko, il più grande di tutti, che sottolinea la sua diversità: «Cerco di esprimere quello che sono e quello che non sono». *A latere*, nella piccola Italia, il vicentino Guido Piovene scrive che «gli ultimi arrivati non si accontentano di essere cattivi pittori, scultori ecc., ma tirano a dissolvere l'uomo». Cattivi artisti, sia d'Europa sia americani, s'intende, tanto Pollock quanto Vedova e altri, si sottintende. Più che un processo contro l'astratto in nome del figurativo, «l'indignazione estetica e morale» – parole di Piovene – sembra rivolta a un concetto temporale: quegli anni sessanta tutti interi, con le loro visioni di spigoli, di linee che si fendono come un gioco di Shangai, di poltiglie di chiaroscuro o di colore. O con le loro Biennali veneziane e Triennali milanesi, dove si parla di tempo libero, si contestano i riti ufficiali, si cerca di fare le pulci e il punto su pittura, architettura, società e i loro vecchi lessici familiari. Se il Sessantotto è, e resta, più che una data, il periodo che lo caratterizza sarà ricordato da Paul McCartney come «il massimo del divertimento, soprattutto sul piano del sesso. Pillola anticoncezionale, malattie veneree sconfitte dagli antibiotici, voglia diffusa di libertà». E fra gli scambi Europa-America, nel cinema questa volta, sono

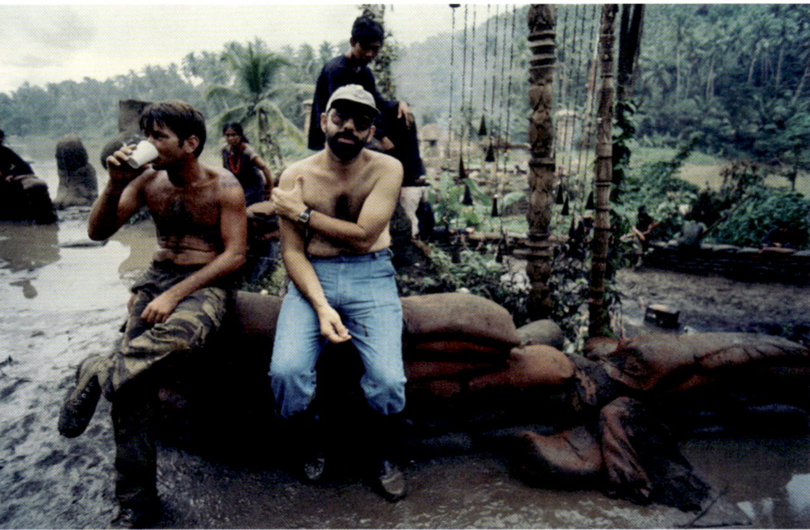

Martin Sheen e Francis Ford Coppola sul set di *Apocalypse Now*, 1976

become not just artistic languages across the globe but also Big Bang images. With Rothko, the greatest of them all, emphasising his diversity: "I try to exprime both my self and my not-self". At the same time, in little Italy, the Vicenza-born Guido Piovene wrote that "the latest arrivals are not satisfied with being bad painters, sculptors, and so on, for their aim is to dissolve man". Bad artists, both from Europe and from America, of course — the implication is both Pollock and Vedova, but also others. More than an accusation against abstraction in the name of figuration, this "aesthetic and moral indignation" — as Piovene himself put it — seems directed at a concept of time: the 1960s, with its visions of edges and lines that split like a game of Mikado, and its mix of chiaroscuro or colour. Or with its Venice Biennale and Milano Triennale, where they talked about leisure time and challenged the official rituals, where they quibbled and took stock of painting, architecture, society and their old familiar lexicons. 1968 is, and always will be, more than just a date, but the period it was in would later be remembered by Paul McCartney as the pinnacle of fun, above all in terms of sex. With the Pill, venereal diseases defeated by antibiotics, and a shared desire for freedom. And in the exchanges between Europe and America, in cinema this time, art broke all records at the time with a soundtrack and clever make-up. Burt Lancaster, a former epitome of the generous Yankee actor, was transformed into the Sicilian *Leopard* by Luchino Visconti: it was 1963 but he will forever remain the face and character of that prince (as well as in the guise of the ageing gangster in the film *Atlantic City* by Louis Malle). Five years later, in 1968, Stanley Kubrick launched his *2001: A Space Odissey* and the idea that the music of *Austria Felix* might comment on US-USSR space technology: spaceships and stations danced in the cosmos to the rhythm of the *Blue Danube*. The three decades that followed started from the concepts of ebb and flow and then came up with other expressions, or acronyms that eventually upset the general picture: star wars, gulf wars, AIDS, the Tiananmen bloodbath, the dissolution of the USSR and of the Yugoslav Federation. The Serb mas-

Martin Sheen and Francis Ford Coppola Ms and FFC on the set of *Apocalypse Now*, 1976

un celebre make-up e uno sfondo sonoro a conquistare un primato d'arte di quel tempo. Burt Lancaster, già maschera dell'attore yankee e generoso, viene trasformato nel *Gattopardo* siciliano da Luchino Visconti: è il 1963, resterà per sempre, viso e carattere, quel principe (anche come vecchio bandito di *Atlantic City*, nel film di Louis Malle). Cinque anni dopo, proprio il 1968, Stanley Kubrick lancia il suo *2001: Odissea nello spazio* e l'idea che la musica dell'*Austria felix* possa commentare la tecnologia spaziale USA-URSS: stazioni e astronavi danzano così nel cosmo al ritmo del *Bel Danubio blu*. Il trentennio che segue parte dal termine "riflusso" per elencare poi altre espressioni, o acronimi tali da sconvolgere il quadro generale: guerre stellari, guerra del Golfo, AIDS, bagno di sangue sulla piazza Tienanmen, dissoluzione dell'URSS e della Federazione jugoslava. Il massacro serbo di Srebrenica (ottomila bosniaci annientati in una notte), l'assedio di Sarajevo, quattro anni, il più lungo del secolo, sono rimandi ai vecchi metodi nazifascisti e un avvertimento tanto agli europei quanto all'America: nessuna "fine della storia", in definitiva. Quando poi il nuovo millennio si apre con New York attaccata in diretta, e la democrazia americana pensa di blindarsi in un *patriot act*, Susan Sontag invita ad «addolorarci insieme, ma non a diventare stupidi insieme». Mentre Philip Roth mette in campo la sua ironia: «Ridateci Monica Lewinsky...». Emilio Vedova muore pochi anni dopo, nel 2006, ha ottantasette anni e sempre la sua barba da vecchio partigiano: bianca e lunga, un po' come quelle di Charles Darwin, Johannes Brahms, Walt Withman. Icone d'arte e di pensiero, incroci di cultura euro-americana: del tempo di ieri e tenacemente contemporanei.

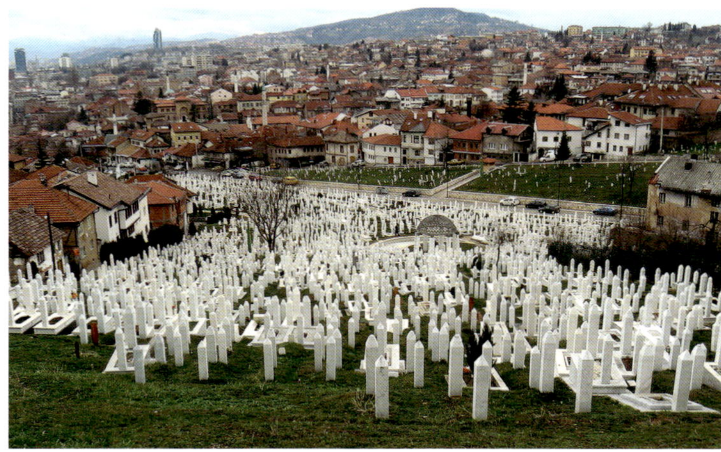

sacre of Srebrenica (8,000 Bosnians murdered in one night), the four-year siege of Sarajevo, the longest in the century, were all reminders of the old Nazi-fascist methods and a warning to both Europeans and America: this was certainly no "end of history". Then, when the new millennium came around, with New York attacked on live television, and American democracy decided to lock itself into a Patriot Act, Susan Sontag said "Let's by all means grieve together, but let's not be stupid together." While Philip Roth brought his wit into play: "Give us back Monica Lewinsky..." Emilio Vedova died a few years later, in 2006. He was 87 years old and still wore his old partisan's beard: long and white, a bit like those of Charles Darwin, Johannes Brahms and Walt Whitman. Icons of art and thought, hybrids of Euro-American culture from the days of yesteryear. Yet always resolutely contemporary.

Memoriale per i martiri Kovači di Sarajevo, autore dello scatto Michael Büker

Kovači Memorial in Sarajevo, photo by Michael Büker

DIMENSIONE VEDOVA

DIMENSION VEDOVA

Gabriella Belli / Fabrizio Gazzarri

Prima suo allievo poi assistente all'Accademia di Belle Arti a Venezia e nello studio alle Zattere per quasi trent'anni, Fabrizio Gazzarri, oggi direttore dell'Archivio e della Collezione di Fondazione Emilio e Annabianca Vedova, lui stesso artista, ha conosciuto di Vedova aspetti importanti che riguardano soprattutto metodo e tecnica del suo lavoro creativo.

GABRIELLA BELLI: Partiamo da alcune considerazioni che riguardano l'aspetto didattico di Vedova, le sue lezioni all'Accademia, il rapporto con gli allievi. Per almeno due generazioni di giovani artisti le sue lezioni costituirono un grande banco di prova.

First as Emilio Vedova's pupil and subsequently as his assistant at the Accademia di Belle Arti (Fine Arts Academy) in Venice and in his Zattere studio for nearly thirty years, Fabrizio Gazzarri, today the director of the Archive and Collection of Fondazione Emilio e Annabianca Vedova and an artist in his own right, had every opportunity to get to know important aspects of the maestro's creative process, especially as regards his method and technique.

GABRIELLA BELLI: Let's start with a look at Vedova's teaching activity, his lectures at the Accademia and his relationships with his students. For at least two generations of young artists, his lessons were a great testing ground.

L'importante! È il "cammino dell'artista" la complessa testimonianza del suo lavoro il titanico sforzo "di essere" in un massimo di presenza volta a volta.

Emilio Vedova, appunto manoscritto, 31 gennaio 1980

FABRIZIO GAZZARRI: Prima di ottenere la cattedra di pittura all'Accademia di Belle Arti di Venezia (dal 1975 al 1986) Emilio Vedova aveva già compiuto un considerevole percorso di insegnamento in molti luoghi e istituzioni internazionali dalle quali venne chiamato sull'onda dei suoi grandi successi artistici dalla seconda metà degli anni cinquanta. Possiamo ricordare la Sommerakademie di Salisburgo (dal 1965 al 1969, e nel 1988), le università americane più prestigiose in vari cicli di conferenze dai primi anni sessanta, Berlino, il Messico, la Spagna.

In qualsiasi luogo Emilio Vedova abbia insegnato, le giovani generazioni lo reputavano voce di assoluta fiducia, gli riconoscevano prestigio e competenza e la completa disponibilità al confronto, anche scontrato, sulle tematiche vive e urgenti della contemporaneità.

Negli anni della contestazione studentesca del 1968, era invitato ai controcorsi, organizzati per ribaltare lo *status quo* di quegli anni. Studenti e studiosi lo chiamavano perché fiduciosi della sua coerenza, come uomo e artista libero. La sua lotta per un mondo più giusto e democratico, senza apriorismi ideologici, ha sempre accompagnato e dato impulso alla sua ricerca espressiva e aveva origine nelle evidenze critiche della condizione umana.

Emilio Vedova ha lasciato una traccia profonda, un esempio di come l'esperienza dell'arte debba assumersi responsabilità etiche e morali e rigenerarsi attraverso la memoria storica, senza la quale il futuro si disperde in un flusso indifferenziato e pericolosamente qualunquista.

L'insegnamento per lui era una vocazione che lo ha accompagnato sempre con inesauribile passione, a

The important thing! It's "the artist's path"
the complex testimony
his work bears
the titanic effort "to be"
always present to the maximum
time after time.

Emilio Vedova, manuscript note, 31 January 1980

FABRIZIO GAZZARRI: Before being appointed to the chair of painting at the Accademia di Belle Arti in Venice (from 1975 to 1986), Emilio Vedova had already built up a notable track record teaching in many international venues and institutions that sought his services in the wake of his significant artistic successes over the second half of the 1950s. Suffice it to mention the Sommerakademie in Salzburg (from 1965 to 1969, and again in 1988), some of the most prestigious American universities in various lecture cycles from the early 1960s onwards, also appearances in Berlin, in Mexico, in Spain.

Wherever Emilio Vedova taught, the younger generation found him an entirely trustworthy voice, acknowledging his prestige and competence and complete willingness to engage, even clash, over the live, urgent issues of contemporary life.

During the years of the student protests around 1968, he was invited to hold counter-courses, put on to challenge the *status quo* of the time. Students and scholars called on him because they trusted the consistency of his stances as a free man and an artist. His own battles for a more just and democratic world, without ideological presuppositions, always underlaid and fuelled his expressive exploration, and were themselves driven by his critical appraisal of the human condition.

Emilio Vedova left a profound mark on his times, an example of how the experience of art must assume ethical and moral responsibilities and regenerate itself through historical memory, without which the future will inevitably run aground in a dangerous undifferentiated flow of apathetic individualisms.

Teaching was a vocation for him, an inexhaustible

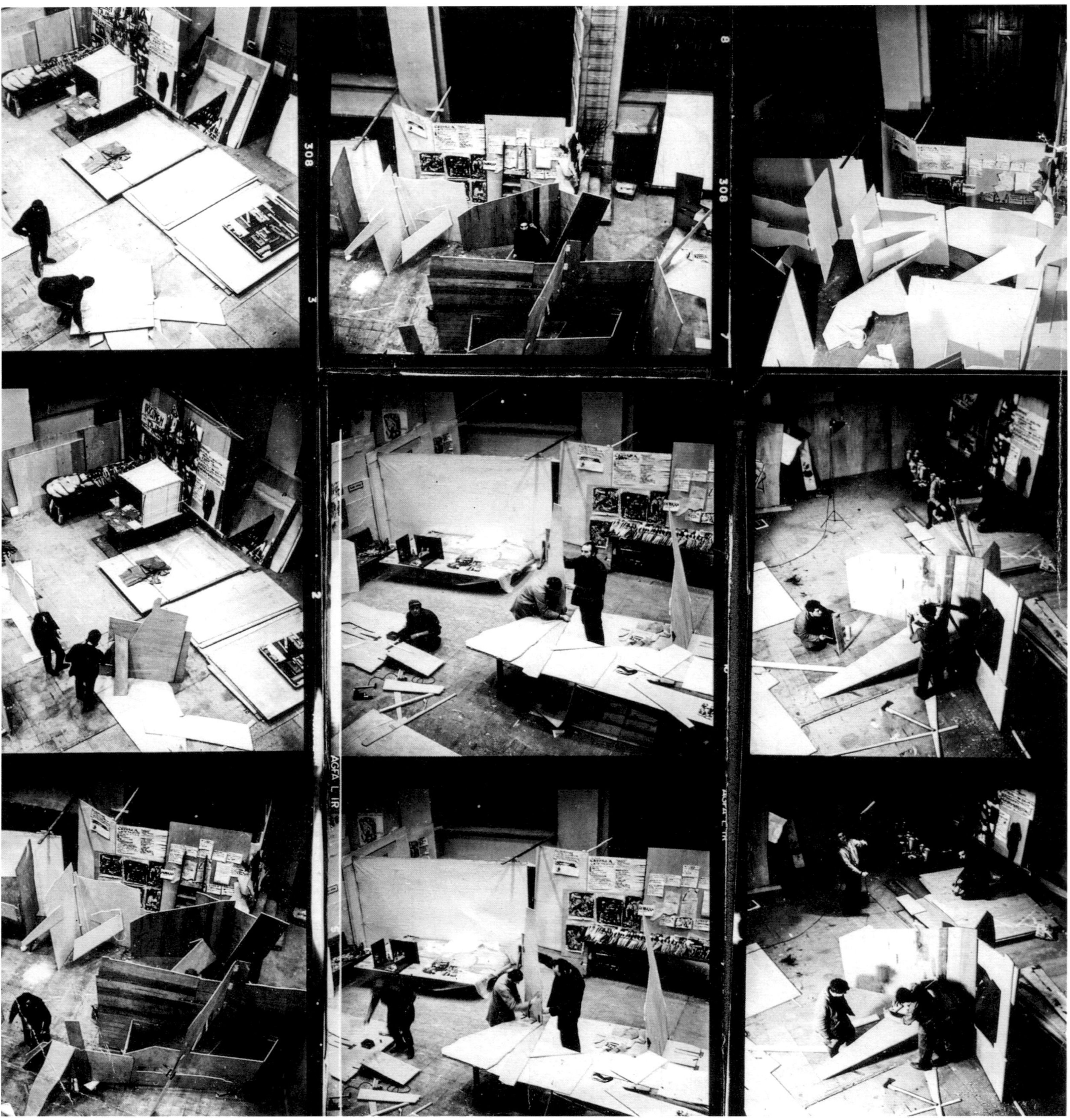
308
308
AGFA L IR

partire dal desiderio espresso in gioventù di realizzarsi come maestro di scuola.
Avendo studiato da autodidatta, la sua esperienza personale è stata un esempio di come costruire un percorso di studi con intelligenza e lucidità. La sua ricerca, iniziata a soli sedici-diciasette anni, è stata sorprendente per la strategia di lavoro ad ampio raggio, basata sulle differenti articolazioni delle sperimentazioni materiche, degli orientamenti tematici e dei riferimenti storici, così come per la capacità di comprendere quali approfondimenti culturali scegliere.
Il Laboratorio Vedova all'Accademia di Belle Arti di Venezia rappresentava, in quegli anni settanta e ottanta, uno dei rarissimi spazi per i giovani artisti dove crescere rispetto a un mondo, quello dell'arte, che non può accontentarsi di ricerche formali, di gusto estetico e strategie di mercato. Emilio Vedova, sfruttando generosamente la sua celebrità, invitava spesso durante l'anno accademico le personalità più interessanti e propositive di quello che oggi viene chiamato il sistema dell'arte. Il suo obiettivo era dare ai suoi studenti la possibilità di comprendere le più avanzate ricerche internazionali e confrontarsi direttamente con artisti, critici, filosofi, musicisti, direttori di museo e galleristi che, a suo avviso, ben rappresentavano lo spirito del tempo. Lo studente era chiamato, quindi, prima ancora di realizzare un'opera, a interrogarsi sulle problematicità che spingono a realizzarla.
Emilio Vedova riconosceva l'importanza del rapporto quotidiano con i giovani, in una sorta di scambio generazionale di sensibilità e di informazioni.

GB: Lo studio alle Zattere, per chi avuto modo di frequentarlo o di visitarlo, era un luogo magico, una sorta di fucina di Vulcano dove Vedova trascorreva quasi in isolamento le sue giornate. Ci racconta?

FG: Lo studio Vedova alle Zattere era una sorta di roccaforte inespugnabile dove non entrava quasi nessuno, se non per ovvie ragioni di supporto tecni-

passion, right back to his youthful ambition to become a schoolteacher.
Vedova was essentially a self-taught artist, and his personal story is an example of how to construct a course of study with intelligence and lucidity. His research, which began when he was only 16-17 years old, was notable for its wide-ranging programme, encompassing experimentation with different materials, thematic approaches and historical references, as well as for the artist's ability to identify which cultural directions to pursue in depth.
In the 1970s and '80s the Vedova Laboratorio at the Accademia di Belle Arti in Venice was one of the very rare spaces where young artists could develop their relationship with the world of art, in which formal research, the aesthetics of taste and marketing strategies can never be sufficient on their own. Throughout the academic year Emilio Vedova would generously exploit his own celebrity and invite some of the most interesting and proactive players in what is today called "the art system". His aim was to give his students the opportunity to get a handle on current international experimental tendencies and engage directly with the artists, critics, philosophers, musicians, museum directors and gallery owners who he thought best represented the spirit of the age. The student would then be called upon, before embarking on a work, to take account of the issues that could bear on its realisation.
Vedova was always aware of the importance of day-to-day interaction with the young, setting up a sort of inter-generational exchange of information and sensibilities.

GB: The Zattere studio, for those who were lucky enough to frequent or just visit it, was a magical place — a sort of Vulcan's forge, where Vedova would spend his days more or less in isolation. Can you tell us something about it?

FG: The Vedova studio on the Zattere was a sort of impregnable stronghold where few were allowed in, except for obvious technical backup reasons, delivering materi-

Emilio Vedova in studio al lavoro all'*Absurdes Berliner Tagebuch '64* (1964), Berlino, 1964

Emilio Vedova in the studio at work at *Absurdes Berliner Tagebuch '64* (1964), Berlin, 1964

co di materiali oppure per altri motivi professionali. Il suo studio si poteva definire una sorta di grande *Plurimo* percorribile su più piani, nonché attraversando diversi edifici, che si articolava in un percorso movimentato, lungo il quale gli ospiti che Vedova accompagnava in visita rimanevano affascinati e increduli.

Dall'ampio studio al piano terra dove realizzava soprattutto le grandi opere, un ex squero del Cinquecento, attraverso una scaletta a pioli, si passava nel mezzanino, dove si potevano vedere vari gruppi di opere. Poi su, attraverso grandi scale, nello studio grafico – il cosiddetto "studio bianco" –, un grande spazio nel quale Vedova studiava e stampava con i suoi torchi calcografici e litografici. Dopodiché si usciva per una piccola finestra e, passando per una passerella esterna sospesa nel vuoto, si entrava attraverso un'altra finestrina nella casa, anch'essa comunque parte dello studio. Altre ripidissime scale e si usciva nella straordinaria terrazza con vista mozzafiato sul bacino di San Marco, dove i Vedova davano le celebri feste durante le Biennali degli anni sessanta.

Questa casa, dove Emilio e Annabianca vissero praticamente per quasi tutta la loro vita insieme, era appartenuta allo scultore Arturo Martini, che qui aveva lo studio. Martini aveva conosciuto e stimato un giovanissimo Vedova, quando quest'ultimo si aggirava per la Salute alla fine degli anni trenta a disegnare e dipingere.

Gli studi di Vedova erano spazi molto semplici e pratici, funzionali a spostamenti repentini di opere e materiali, così da poter procedere a sempre nuovi e differenti progetti di lavoro. Emilio Vedova, tuttavia, non amava la rarefazione minimalista, anzi, i suoi spazi erano completamente occupati da materiali di tutti i tipi, in ogni superficie, orizzontale o verticale che fosse: opere in farsi, scritte, provocazioni, appunti, tavoli, ritagli da riviste e giornali, libri, fotografie, fotocopie ecc. Trascorreva la sua vita immerso come un monaco nello studio che lui rinnovava quotidia-

als and so on, or for other professional tasks. You could describe his studio as something like an oversize version of one of his own *Plurimi* spread over two floors, and across different buildings too, winding its way along a richly cluttered path that left the rare visitors whom Vedova conducted across it thoroughly enthralled.

From the spacious ground-floor studio where he mainly created larger works — a former boat-building workshop from the sixteenth century — you passed via a ladder up into the mezzanine, where you could see a variety of miscellaneous pieces. Then on up a wide staircase to the graphics studio — the so-called "Studio bianco" (white studio) — where Vedova planned and printed his copperplates and lithographs on his own presses. From there you climbed through a small window and made your way along an external metal walkway suspended over the void before squeezing through another window to enter the house, which was also part of the studio. Yet more precipitous stairs took you up onto a stupendous terrace with breathtaking views over the San Marco basin on which the Vedovas would host their famous parties during the 1960s Biennali.

That house, where Emilio and Annabianca lived for practically the whole of their lives together, had belonged to the sculptor Arturo Martini, who also had his studio there. Martini had in fact met the very young Vedova's and admired his work when the latter frequented the Madonna della Salute area in the late 1930s, drawing and painting.

Vedova's studios were very straightforward and functional spaces, hospitable to a continual shifting about of works and materials, so that the artist could be always moving on to new and different projects. For all that, Emilio Vedova was no devotee of spare minimalism — rather the opposite; his spaces were crammed with every kind of material, occupying every surface, vertical or horizontal: works in progress, scribblings, broadsides, notes, tables, newspaper and magazine cuttings, books, photographs, photocopies, and so forth. He spent most of his life secluding himself like a monk in his studio day after day, trying out installations, cycles of paintings and

Emilio Vedova con alcuni studenti durante una lezione all'Accademia di Belle Arti, Venezia, 1980

Emilio Vedova with some students during a lesson at Accademia di Belle Arti, Venice, 1980

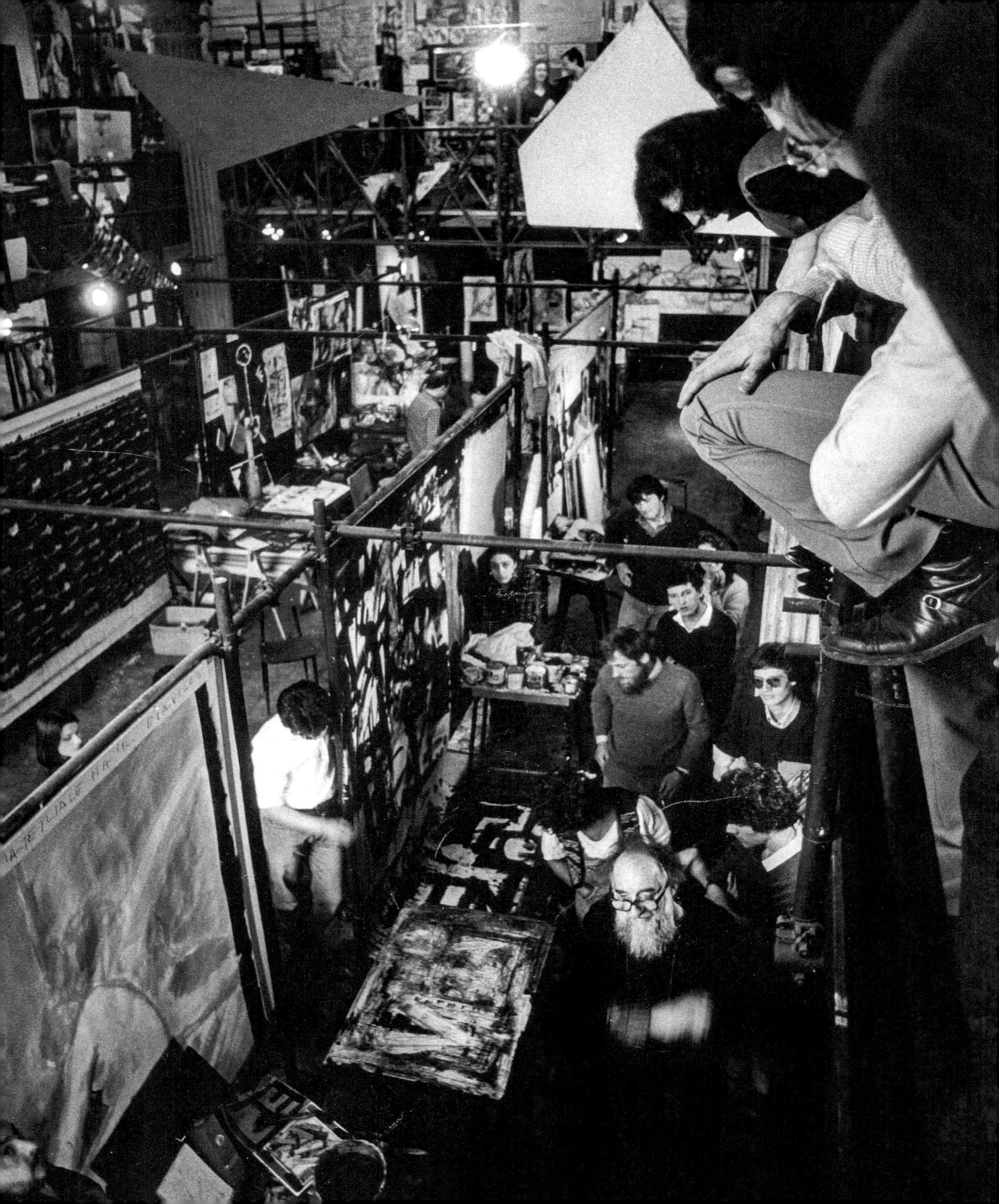

namente, sperimentando installazioni, cicli di pitture e quant'altro in quello spazio di estrema energia che lui chiamava, sorridendo, «il luogo del delitto».

GB: Molte volte avrà avuto occasione di vedere Vedova all'opera, la preparazione delle tele, i colori e tutto quanto era necessario. Ci sarà stata una sorta di ritualità, immagino ripetitiva...

FG: Un grande artista come Emilio Vedova in ogni attimo della sua vita esprimeva un'incredibile energia proiettata continuamente verso ricerche e sperimentazioni di pensiero e di materie. Viveva nella certezza della sua missione d'artista che aveva la precedenza assoluta e a cui non rinunciava per nulla al mondo, tantomeno per il mercato o per la mondanità.
La mia vicenda con Emilio Vedova appartiene a quei cammini di vita e di esperienze che molto difficilmente possono essere spiegati. Una vicenda che potremmo definire estrema, anche di prove molto dure, ma sempre di eccezionale e irripetibile unicità. Ecco, in breve: molto di più che l'occasione di vedere Vedova all'opera.
Mi chiede della ritualità, è una domanda molto pertinente. Quando Vedova si approssimava al periodo di lavoro per realizzare i grandi progetti di opere, le giornate erano scandite con molta disciplina e attenzione, quasi monacali nel loro svolgersi. Certamente seguiva delle ritualità che contribuivano a una massima concentrazione nell'avvicinarsi al momento decisivo dell'attacco, alla realizzazione dell'opera.

GB: Però, prima di tutto questo, venivano l'idea, lo studio, gli schizzi, i disegni. Certo per una pittura come la sua non c'era un riportare, o fare uno spolvero sulla tela [*sic!*]... dunque come venivano utilizzati nella versione finale dell'opera tutti i disegni per così dire preparatori?

FG: Vedova non era uno di quegli artisti che pensavano le loro opere *a priori* per realizzarle poi secondo quel

much else in that hyper-energetic space, which he jokingly called "the scene of the crime."

GB: You must have had many opportunities to watch Vedova at work, preparing his canvases, assembling his colours and so on. I guess there was some sort of ritual in this oft-repeated process?

FG: A great artist of Emilio Vedova's calibre was at all times in his life buzzing with an incredible energy that was constantly projected onwards in continuing research and experimentation in thought and action. He lived in the certainty of his mission as an artist, which took precedence over all else and which he would not renounce for anything, least of all the market or the world's fripperies.
My own story with Emilio Vedova belongs to those trajectories of life and experience that are not at all easy to put into words. It was a story that you could even call an extreme one, with no shortage of very difficult challenges, but always unique and exceptional ones. In short, there was a lot more to it than opportunities to see Vedova at work.
You ask me about rituality and it's a good question. When Vedova was getting geared up for a period of intense work on major projects, his days were measured out with great discipline and concentration, almost monastic. And to be sure he did follow certain rituals that were conducive to the greatest possible degree of concentration as the moment of onslaught approached, the moment of physically executing a work.

GB: But before that point there would be the first glimmer of the idea, studying, sketching, designing — would there not? Certainly for Vedova's kind of painting there could be no question of pricking and pouncing, say! So how would the as-it-were preparatory drawings actually used in creating the end product?

FG: Vedova was not one of those artists who think through their works in advance and then execute them

Emilio Vedova durante una lezione all'Accademia di Belle Arti, Venezia, 1983

Emilio Vedova during a lesson at Accademia di Belle Arti, Venice, 1983

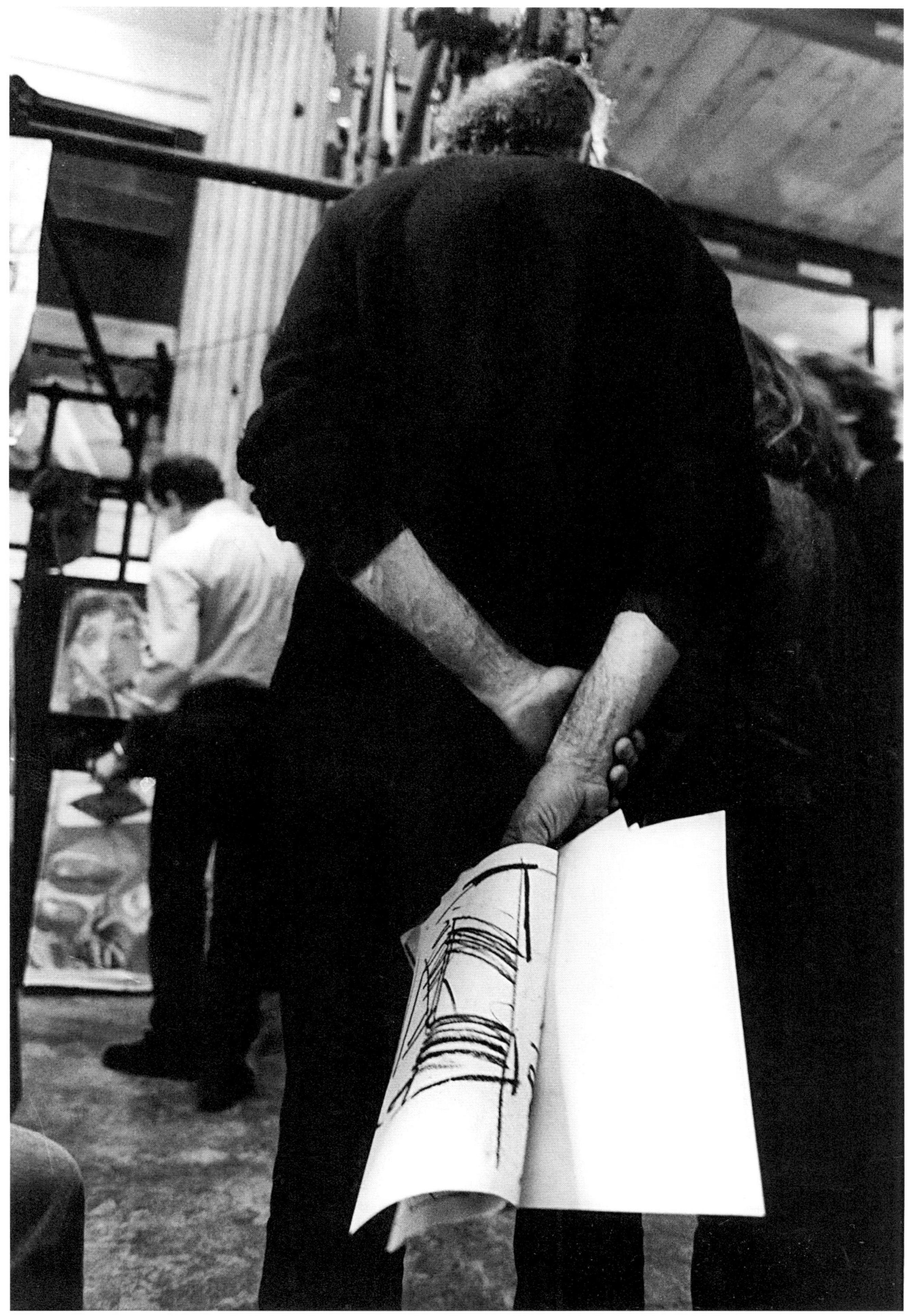

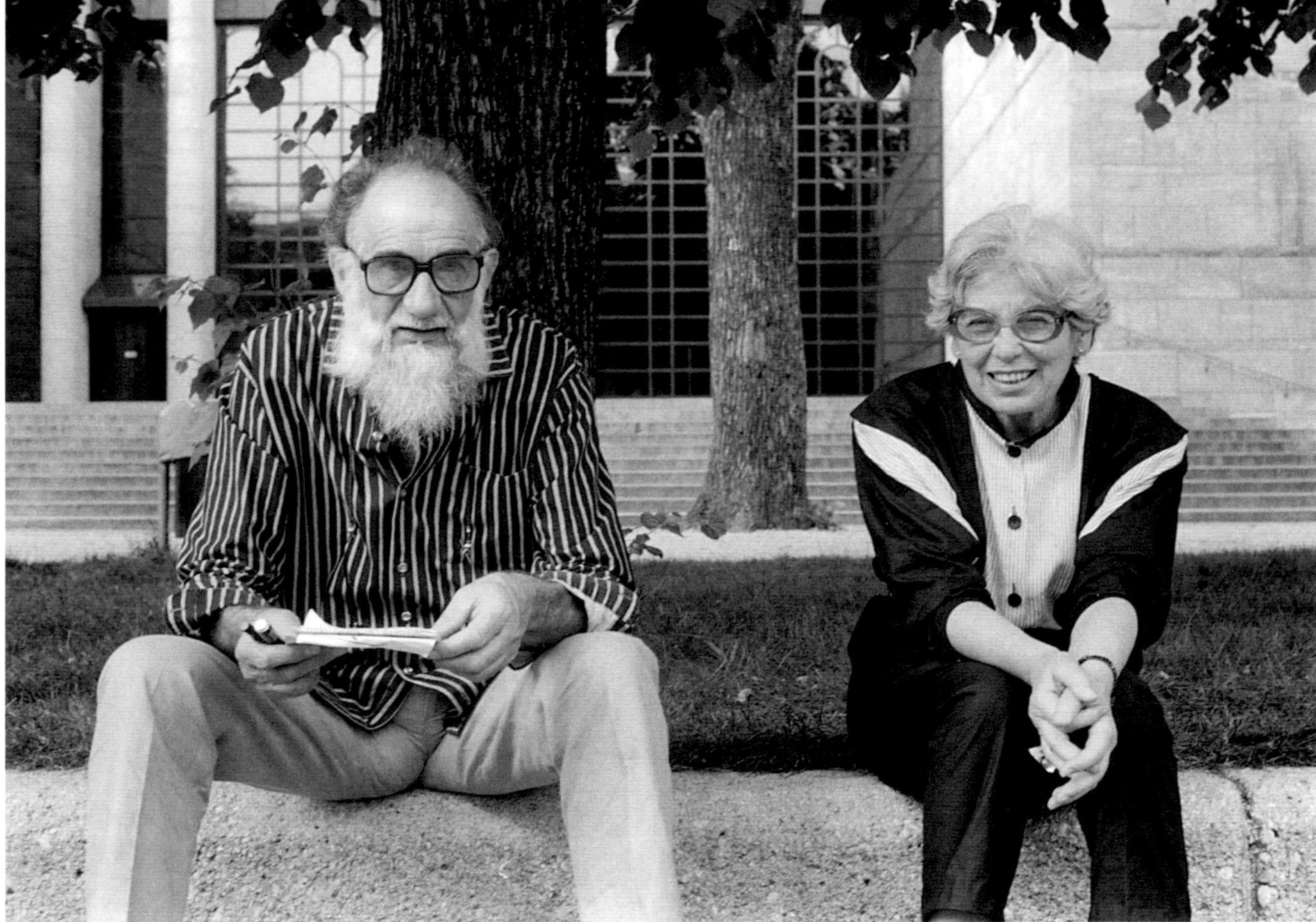

progetto di partenza. Aveva l'assoluta necessità di trovare attraverso il flusso del lavoro quanto cercava o, meglio, sentiva. Mi riferisco, ad esempio, alla celebre questione dei *Caminantes*, uno degli aspetti poetici che condivideva con il suo amico Luigi Nono. Certo, prima di decidere in quale direzione muoversi, gli schizzi, gli studi, i pensieri e le verifiche concettuali erano di grande rilievo; appartenevano tuttavia più a un avvicinamento al momento decisivo del fare piuttosto che a un modello precostituito da seguire. In questo senso non si può parlare di disegni preparatori, ma di sequenze in avvicinamento; una volta realizzata l'opera, essi avevano funzione autonoma anche se dentro a quel contesto.

GB: Vedova dipingeva in solitudine o necessitava di assistenza continua per i colori, per muovere le tele, e molto altro ancora? Aveva precise abitudini? Ascoltava musica, la radio, oppure voleva silenzio?

according to an initial programme. He had an absolute need to find in the flow of the work itself what he sought, or rather, felt. We could refer here to the famous *Caminantes* ("Wanderers"), a poetic initiative shared with his friend Luigi Nono. Of course, before deciding in which direction to move, sketches, studies, preliminary reflections and conceptual tests were of great importance, but they belonged more to his procedures of approach towards the decisive moment of execution rather than to any pre-established models to be followed. In this sense we cannot really speak of preparatory drawings, but more of approach sequences. Once a given work was finished these retained their autonomous value, albeit tied to that particular context.

GB: Did Vedova paint on his own or did he need constant help with the colours, say, or shifting canvases about, or anything else? Did he have particular habits?

Emilio e Annabianca Vedova
davanti alla Neue Pinakothek,
Monaco di Baviera, 1984

Emilio and Annabianca Vedova
in front of the Neue Pinakothek,
Munich, 1984

FG: Vedova dipingeva in solitudine, tuttavia aveva bisogno di una figura che lo liberasse da tutte quelle incombenze che possono intralciare il libero flusso del dipingere; il suo in particolare che si svolgeva in modo organico, liberatorio e di azione.
Io, ad esempio, avevo un compito molto preciso per il quale ero particolarmente dotato perché riuscivo a muovermi con leggerezza in quei momenti concitati e delicatissimi. Una sorta di «fantasma», come dichiarava divertito Emilio.
Il suo spazio di lavoro, nell'ex squero vicino alla Salute – ora spazio espositivo della Fondazione –, doveva essere preparato molto accuratamente. Voleva, per terra, una distesa di fogli bianchi candidi sopra i quali disporre ben visibili nelle loro differenze centinaia di pennelli di tutte le misure. Tra questi pennelli ce n'era più di qualcuno modificato da me per ottenere strutture e tracce sulla tela particolari e diverse. E poi secchi pieni d'acqua sempre pulita, catini di ossidi e polveri di vario colore, sabbie, cemento, carboni, pastelli giganti. Un arsenale di strumenti infinito, tra cui anche oggetti che lo incuriosivano e che acquistava in negozi di qualsiasi tipo.
Ogni strumento/struttura era adatto per Vedova, e spesso ricordava come, nella necessità, anche la sua barba poteva andare benissimo per dipingere.

GB: Vedova è stato un grande sperimentatore di tecniche, non ha tralasciato nessun mezzo nel suo lavoro. Dove le aveva imparate? Usava fornitori speciali per i colori, per le tele?

FG: All'inizio del suo cammino di artista Vedova si impadronì di certe metodologie tecniche tradizionali che caratterizzano la sua opera nei primi anni di lavoro, come lui stesso ricorda così bene in *Pagine di diario*, libro del 1960 che Fondazione Vedova, con Marsilio Editori, ha ristampato nel 2019 per i cento anni dalla sua nascita. Emilio ha sempre avuto la necessità di superarsi, nel senso di trasmettere un'energia fortemente espressiva alla materia. Per questo si lasciava trasportare dalla sua incredibile

Did he listen to music, or the radio — or did he prefer silence?

FG: Vedova painted on his own, but he did still need someone to remove any obstacles that could get in the way of the free flow of his painting — his own style being particularly organic, liberated and athletic.
My task, for example, was a well-defined one, and I was especially well suited to it because I was very light on my feet when moving around in the more delicate keyed-up moments. Like a "ghost", as Emilio was delighted to admit.
His workspace in the ex-boatbuilding yard near the Salute — now one of the Fondazione's exhibition hall — had to be prepared in a precise manner. He wanted an expanse of white paper sheets on the ground against which his hundreds of different brushes of every shape and size would be clearly visible. And among those brushes there would be some that I had specially modified to produce particular unusual effects on the canvas. Then there were buckets that had always to be kept full of clean water, and basins of oxides and powders of various colours, sand, cement, coal, giant pastels. An endless arsenal of different tools, among them objects that had simply caught his eye in shops of any kind.
Vedova could make use of every sort of utensil or apparatus: he would often say that he could paint with his beard, if need be!

GB: Vedova was a great technical improviser, there was no medium he wouldn't explore in his work. Where did he learn these techniques? And did he use particular suppliers for his colours and his canvases?

FG: Early on in his artistic journey, Vedova mastered a number of traditional technical methodologies that characterise his first working years, as he recalls himself in *Pagine di diario* ("Pages from a Diary"), a book originally from 1960, which the Fondazione Vedova reprinted in collaboration with the Venetian publisher Marsilio for the 100th anniversary of his birth in 2019.

curiosità verso i materiali e le tecniche più disparate. In questo senso, più che imparare le tecniche, a parte ovviamente quelle basilari, era lui che cercava di inventarsele attraverso personali test e ricerche.

GB: I *Plurimi* nascono da una nuova idea di scultura. Già il titolo spiega: pittura, scultura, installazione, occupare lo spazio... per molti *Plurimi* costruisce delle *maquette*. Utilizzava materiali di riporto? Pezzi di altre sue opere? L'assemblaggio seguiva l'idea originale o diventava di fatto pura performance?

FG: In tanti anni non ho mai sentito Vedova definire i suoi *Plurimi* come delle sculture.
Forse perché questo termine era zavorrato dalla storia e gli evocava monumentalità e, quindi, centralità; tutto il contrario del suo pensiero e della sua poetica. I *Plurimi* sono costruiti con pezzi di legno, frammenti dipinti e asimmetrici articolabili con cerniere che formano insieme strutture dinamiche anzi «armi dinamiche», come amava definirle, che aggrediscono lo spazio per provocare.
A Emilio eventualmente piaceva ricordare, come riferimento ai *Plurimi*, i polittici; uno in particolare: l'altare di Issenheim di Matthias Grünewald, conservato al Musée d'Unterlinden di Colmar, tappa obbligata quando si passava per lavoro da quelle parti. Riguardo ai *Plurimi* esisteva un progetto iniziale per la forma del supporto che era studiata e realizzata prima con dei modellini, poi inseriti in un insieme complesso fra più plurimi, come, per esempio, nell'*Absurdes Berliner Tagebuch '64*, 1964, una delle sue opere più famose e significative. Una volta definito in tutte le sue parti il progetto, con i *Plurimi* completamente bianchi, si lanciava al lavoro con la sua esplosiva aggressività e procedendo per frammenti pittorici, senza centro, ma sempre di grande precisione segnica e con differenti articolazioni strutturali.
I *Plurimi* berlinesi, che Vedova ha donato alla città di Berlino, vennero realizzati nel grande studio, situato nella foresta cittadina del Grunewald, che fu

Emilio Vedova nella terrazza della sua abitazione, Venezia, 1985

But Emilio always needed to outdo himself, in the sense of imbuing the material with his highly expressive energy. To that end he allowed his insatiable curiosity to lead him to the most disparate techniques and materials. So in this sense, rather than learning techniques — if we exclude the obvious basic ones — it was he that tried to invent them for himself through personal trial and error.

GB: The *Plurimi* emerge from a new conception of sculpture. The title already describes them: painting, sculpture, installation, occupying space... For many of the *Plurimi* he first made mock-ups. Did he used recycled material? Discarded bits of other works? Did their assembly then follow the original plan or was it effectively more pure performance?

FG: In all the years I knew him I never heard Vedova call the *Plurimi* "sculptures".
Perhaps because this term came with a historical weight and seemed to him to evoke monumentality and therefore a sort of centrality; concepts quite alien to his thinking and his poetics. The *Plurimi* are constructed out of pieces of painted wood and asymmetrical hinged fragments that together form dynamic structures, or indeed "dynamic weaponry", as he liked to call them, that attack space to provoke a reaction.
Emilio eventually came to quote, with reference to the *Plurimi*, religious polyptychs — one in particular: Matthias Grünewald's Issenheim Altar now kept in the Musée d'Unterlinden in Colmar, a necessary port of call when he passed that way for work reasons. With the *Plurimi* there would be an initial plan for the form of the support structure which he would study and make first with models, and this would then be inserted into a complex among other *Plurimi*, as in, for example, the *Absurdes Berliner Tagebuch '64* (1964), one of his best-known and most significant works. Once the project was sufficiently established in all its parts, with the *Plurimi* at that stage completely white, he would set to work with his usual explosive aggression and proceed through the various pictorial fragments, without any defined

Emilio Vedova on the terrace of his home, Venice, 1985

assegnato a Vedova dal Berliner Kultursenat; paradossalmente, fu l'atelier dello scultore Arno Breker, offertogli in dono da Hitler in quanto scultore ufficiale del terzo Reich nazista.

GB: Tra le più interessanti sperimentazioni l'opera *...in continuum..., compenetrazioni/traslati '87/'88* è davvero un caso straordinario. Come venne realizzato? Con quale tecnica?

FG: Sono perfettamente d'accordo: l'opera *...in continuum, compenetrazioni/traslati '87/'88*, è stata un'opera fondamentale verso la parte finale del lungo percorso espressivo di Vedova. Esprime molto chiaramente la sua condizione esistenziale in quegli anni: la sua concezione del tempo, dello spazio e della relazione con l'altro. È stato un flusso di lavoro incredibile e inarrestabile per il quale si era inventato una tecnica molto particolare, vicina a quella del monotipo. Sono tele di grandi dimensioni e di straordinaria pittura. Questa pittura Emilio la chiamava

centre but always with great gestural precision and with different structural progressions.
The Berlin *Plurimi*, which Vedova donated to that city, were created in a large studio in the urban Grunewald Forest, which the Berliner Kultursenat had granted the artist. As it happened, it had once been Arno Breker's atelier, given him by Hitler in recognition of his role as official sculptor to the Third Reich.

GB: Among his most interesting experiments is surely the *...in continuum, compenetrazioni/traslati '87/'88*, which is really an extraordinary case apart. How was it created? And with what techniques?

FG: I agree with you entirely: *...in continuum, compenetrazioni/traslati '87/'88*, to give it its full title, was a fundamental keystone of the final stretch of Vedova's long artistic journey. It expresses very clearly his existential condition in those last years: his conception of time and space, and the relationship between the two. It was an incredible, unstoppable outpouring of work, for

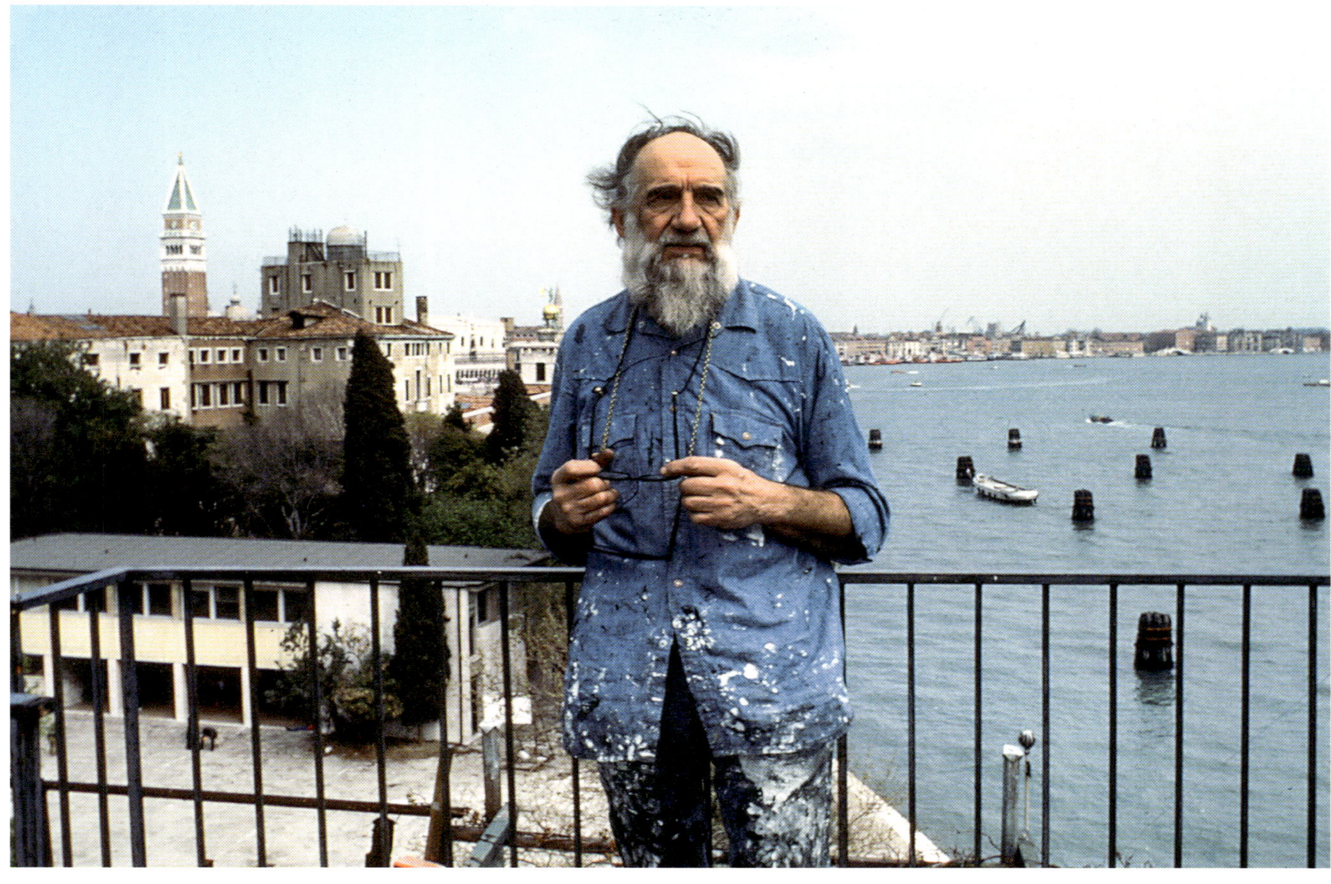

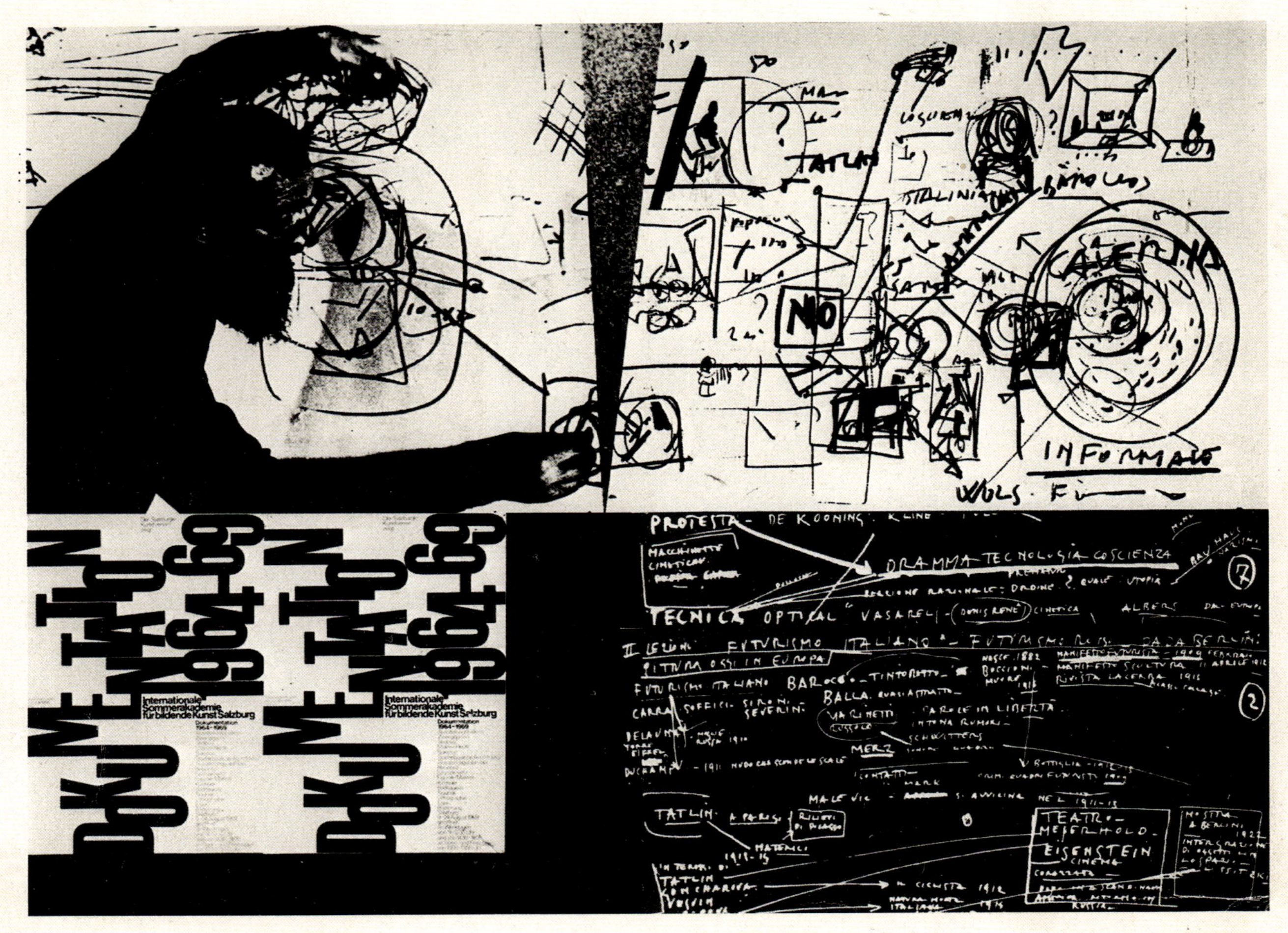

«pittura cieca» in quanto, dopo aver dipinto su materiale plastico, la traslava, dal retro, sulla tela.

GB: Il tempo di esecuzione: vedendo alcune foto scattate mentre dipinge, il tempo sembrerebbe poco più di un istante! Eppure usa superfici molto grandi e anche formati complessi come i *Tondi* e i *Dischi*, questi ultimi addirittura dipinti *ante* e *retro*! Già dalle fotografie si capisce l'intensità, oserei dire la furia del suo dipingere, un diventare pittura egli stesso, quanto lungo dunque era veramente il tempo della creazione? E quante volte, se mai succedeva, ritornava con ritocchi o cambiamenti sui suoi quadri? E quando non era soddisfatto di un lavoro lo distruggeva o riutilizzava?

which he invented a quite specific technique, similar to that of the monotype. They are canvases of great size and extraordinary painting. It was a form that Emilio called "blind painting", because, after painting initially on a plastic material, he transferred it, from the back, onto the canvas.

GB: Regarding the pace of execution: it seems from some photographs snapped while he painted that the time taken was little more than an instant. And yet he was working on very large surfaces, sometimes in complex formats, as with the *Tondi* and the *Dischi*, the latter even painted on both sides! Even from still photographs you get an idea of the intensity, I would almost say the

Composizione sulla didattica alla Internationale Sommerakademie für bildende Kunst di Salisburgo, pubblicata secondo le indicazioni di Emilio Vedova nel catalogo della mostra *Emilio Vedova und Salzburg*, a cura di W. Schmied (Salisburgo, Salzburger Künstlerhaus, 5 agosto - 10 settembre 1988)

Composition on didactics at the Internationale Sommerakademie für bildende Kunst in Salzburg, published, following Emilio Vedova directions, in the catalog of the exhibition *Emilio Vedova und Salzburg*, edited by W. Schmied (Salzburger Künstlerhaus, Salzburg, 5 August – 10 September 1988)

FG: Vedova, quando gli ponevano questa domanda, rispondeva così: «Tutti i miei anni, più i nove mesi nella pancia di mia madre». Aveva perfettamente ragione. Certamente era un pittore molto veloce, ma nello stesso tempo molto complesso; sapeva coordinare perfettamente questi due momenti per andare verso quella precisione espressiva: l'opera come uno schianto, un accadimento inevitabile.
Come lanciare un mazzo di carte sul pavimento, quello che rimane per terra è perfetto non ha bisogno di nessuna correzione; in questo senso, quindi, era molto pericoloso per Vedova ritornare e ritoccare le opere, quasi impossibile. Emilio non buttava nulla, credo fosse convinto che ci fosse un tempo per tutto, anche per riconsiderare un'opera in un primo momento reputata sbagliata (non si fidava fino in fondo nemmeno del suo stesso giudizio, appena realizzata un'opera) o per recuperare parte di essa per un altro lavoro.

GB: Il colore e le sue simbologie: ne era indubbiamente consapevole, solo così si spiega la tragicità, la passione, la denuncia, la malinconia di alcune opere. Il bianco e il nero, il rosso...

FG: Emilio Vedova era un artista molto colto che conosceva bene la complessità della percezione visiva, emotiva e anche la complessità intellettuale e culturale. Tuttavia il colore lo usava quasi sempre in modo timbrico, espressionista, diretto verso valori etici e morali.

fury of his painting, as if he was himself becoming painting — how long then did their creation take in reality? And how often, if ever, did he come back and retouch or adjust his pictures? And when he wasn't satisfied with a work, did he destroy it or recycle it?

FG: When you asked Vedova how long a painting took, he would answer "all of my life, plus the nine months in my mother's belly". And he was quite right. To be sure, he was a very quick painter, but a very complex one at the same time. He was able to perfectly coordinate these two aspects to progress toward that expressive precision of his: the work as a thunderclap, as an inevitable explosive event.
Like throwing a deck of cards on the ground when the result on the floor is instantly perfect, and needs no correction. So in this sense it was very risky for Vedova to come back and retouch his works, well-nigh impossible. Emilio never threw away anything, I believe he thought that there would be a time for everything, even to reconsider a work he initially thought had gone wrong (and he was far from confident of his own judgement when he had just finished something) — or to rescue some part of it for a future work.

GB: Colours and their symbology: he was undoubtedly aware of this aspect, which is surely the only way to explain the tragedy, the passion, the indictment, the melancholy in some of his works. Black and white, red...

FG: Emilio Vedova was a highly educated artist who was well aware of the complexity of visual and emotional perception, but also of intellectual and cultural complexities. For all that, he almost always used colour in a tonal, expressionist way, though imbued with ethical and moral values.

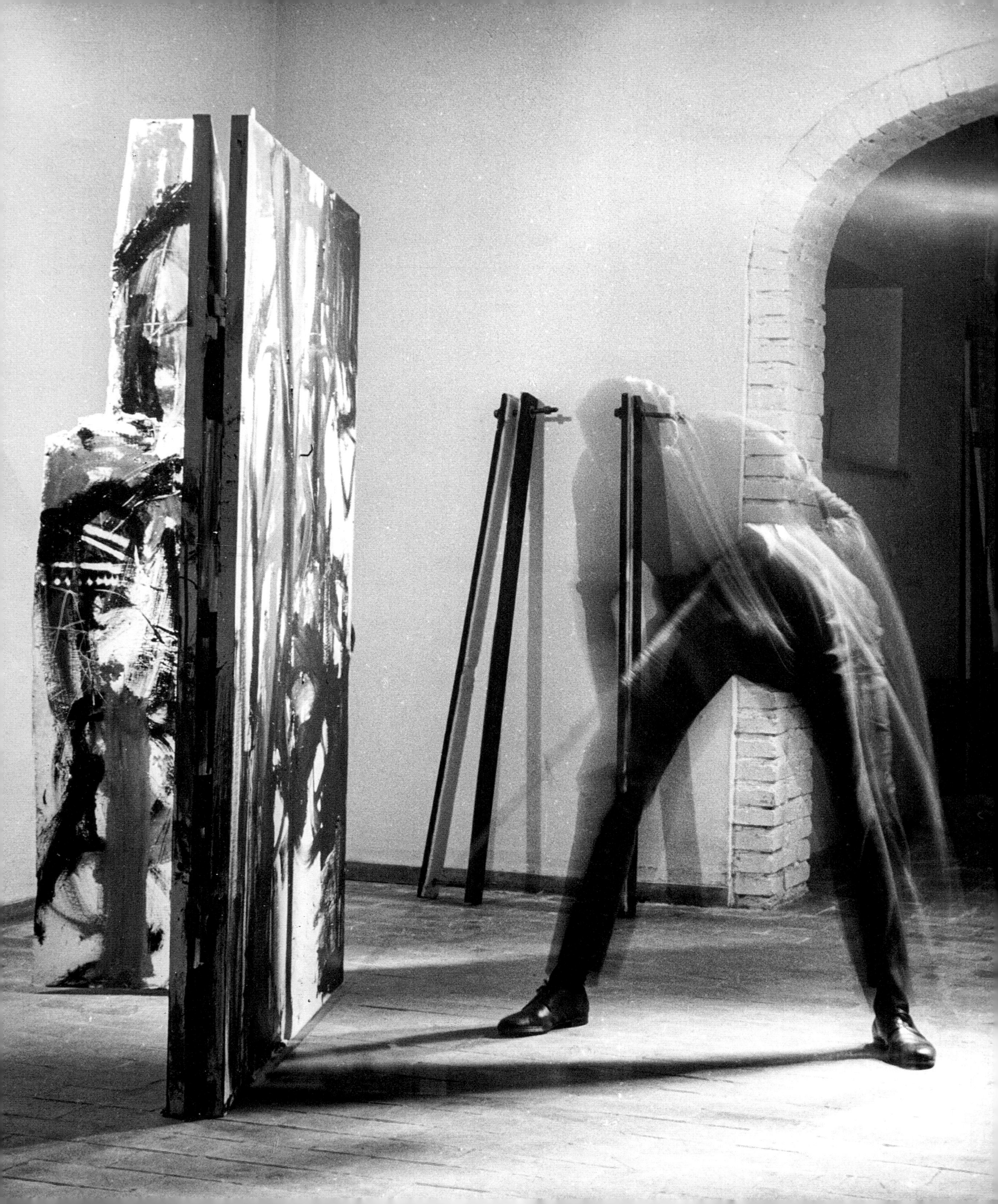

OCCUPARE LO SPAZIO

TAKING UP SPACE

« IL GIGANTISMO DELLE OPERE, LA POTENZA DEL SEGNO, LA FORZA DELLA MATERIA, LA RISONANZA DELLA LUCE, DEI BIANCHI E NERI E DEL COLORE, UNA EPIFANIA DI FORME E SIGNIFICATI.
LA *RIVOLUZIONE IN PITTURA* DI EMILIO VEDOVA RACCONTATA ATTRAVERSO TRE GRANDI INSTALLAZIONI: *ABSURDES BERLINER TAGEBUCH '64, ...IN CONTINUUM, COMPENETRAZIONI/TRASLATI '87/'88* E, INFINE, UN GRUPPO DI SIX GRANDI OPERE DI FORMA CIRCOLARE, DELLE SERIE *TONDI* E *DISCHI* DEGLI ANNI NOVANTA »

" THE GRAND SCALE OF THE WORKS, THE POWER OF THE BRUSHSTROKES, THE TOUGHNESS OF THE MATERIAL, THE RESONANCE OF LIGHT, OF BLACK-AND-WHITE AND OF COLOUR: EPIPHANIES OF SHAPE AND MEANING.
EMILIO VEDOVA'S 'PAINTING REVOLUTION' NARRATED IN THREE LARGE INSTALLATIONS: *ABSURDES BERLINER TAGEBUCH '64*, *...IN CONTINUUM, COMPENETRAZIONI/TRASLATI '87/'88* AND, LASTLY, A GROUP OF SIX LARGE CIRCULAR WORKS FROM HIS 1990S *TONDI* E *DISCHI* SERIES "

¶
1964

ABSURDES
BERLINER TAGEBUCH '64

« SETTE GRANDI LAVORI TRIDIMENSIONALI, I *PLURIMI*, CONCEPITI COME UN *UNICUM*, CHE SI INTERFACCIANO NELLO SPAZIO SECONDO PRECISI ORIENTAMENTI, DECISI DALL'ARTISTA IN UNA SEQUENZA CHE DÀ CONTINUITÀ AL DISCORSO PITTORICO MA ANCHE UNITÀ COMPLESSIVA ALL'INSIEME. VOLUMI DI FORME E DIMENSIONI DIVERSE, "SI DIPINGE DAPPERTUTTO, A TERRA, ROVESCIATO, DAL SOTTO, SOSPESI" »

" SEVEN LARGE THREE-DIMENSIONAL WORKS, THE *PLURIMI*, WERE CONCEIVED AS A *UNICUM*, SQUARING UP TO ONE ANOTHER IN SPACE ACCORDING TO AN ORIENTATION PRE-ORDAINED BY THE ARTIST IN A SEQUENCE THAT GIVES CONTINUITY TO THE PICTORIAL DISCOURSE BUT ALSO AN OVERALL UNITY TO THE ENSEMBLE. DIFFERING VOLUMES AND DIMENSIONS: 'THEY WERE PAINTED EVERYWHERE IMAGINABLE, ON THE GROUND, UPSIDE-DOWN, HUNG UP FROM UNDERNEATH' "

ABSURDES BERLINER
TAGEBUCH '64 - PLURIMO 1
1964

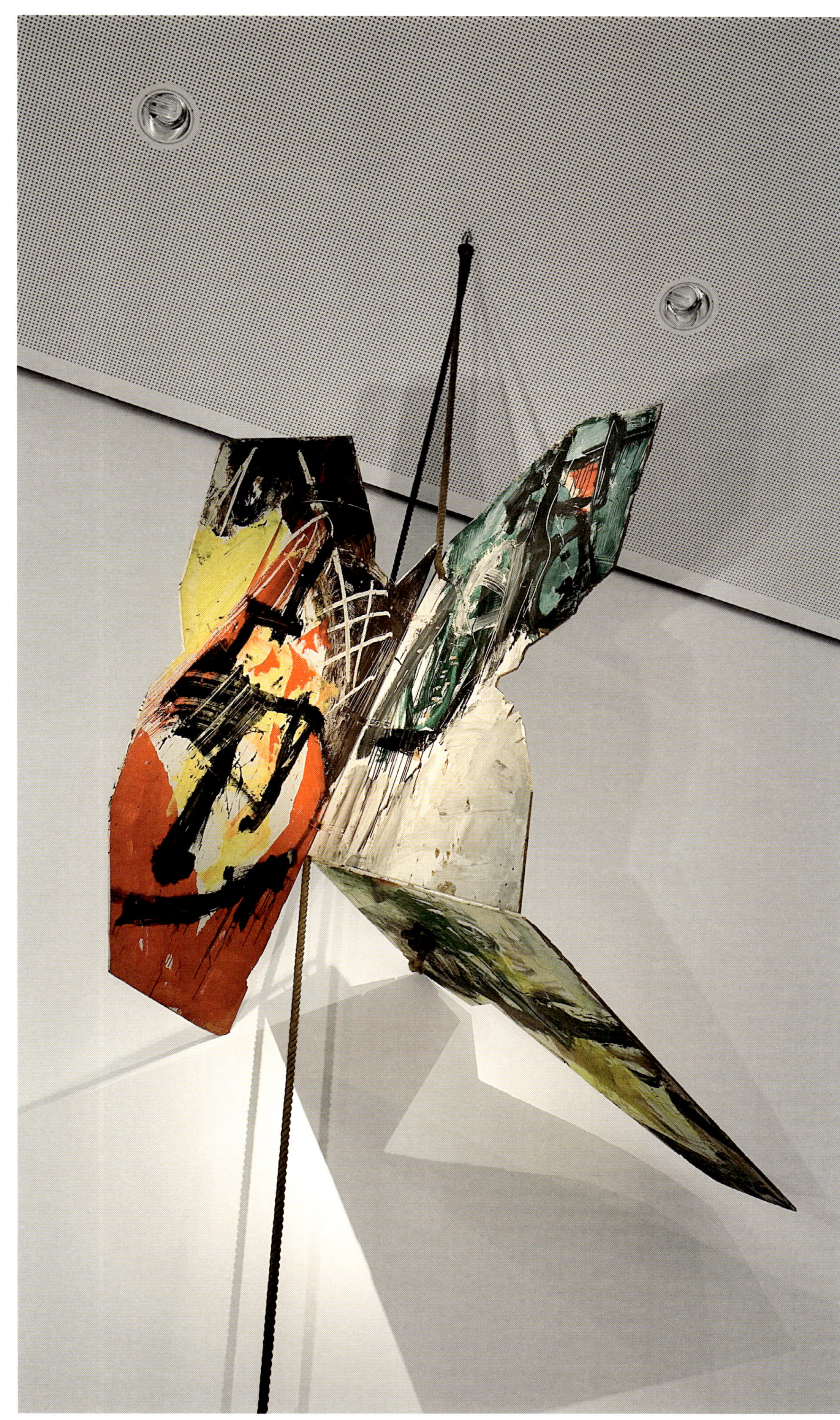

ABSURDES BERLINER
TAGEBUCH '64 - PLURIMO 2
1964

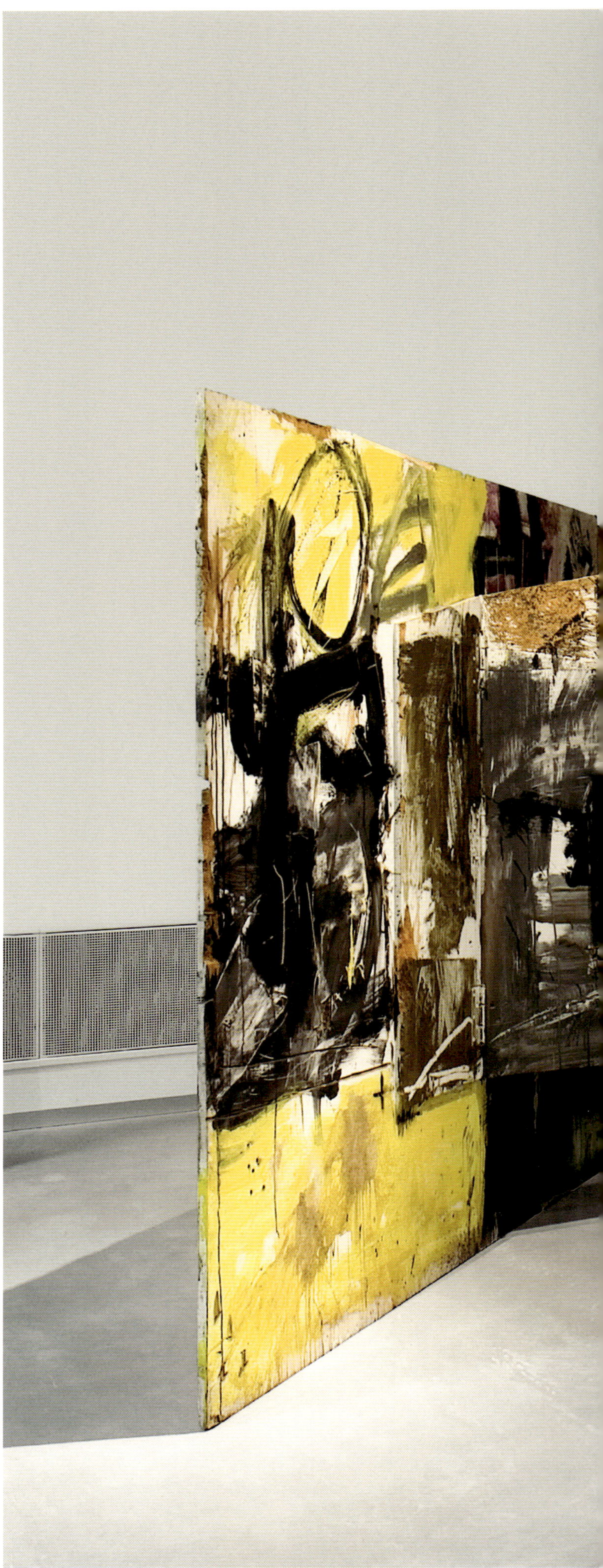

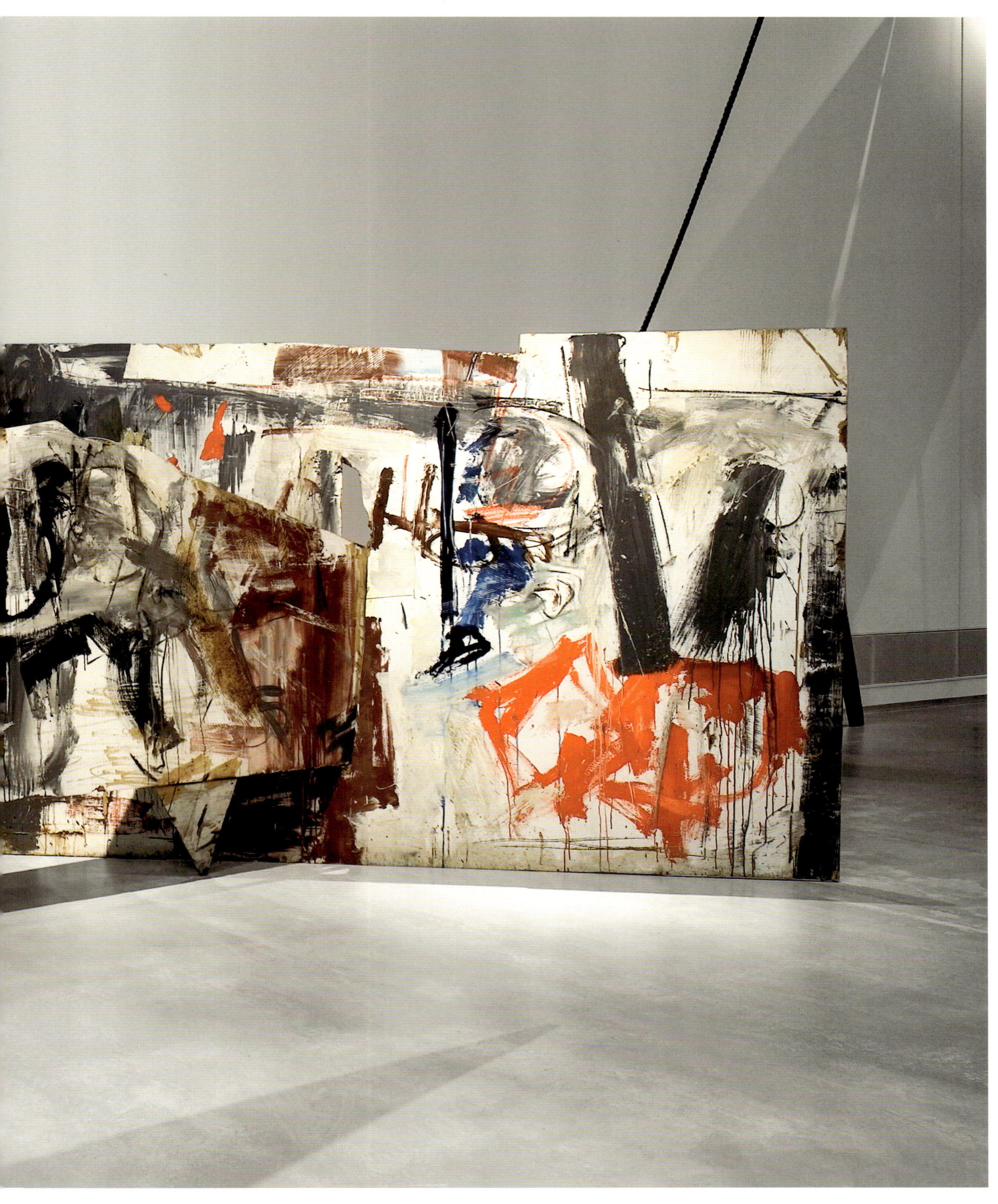

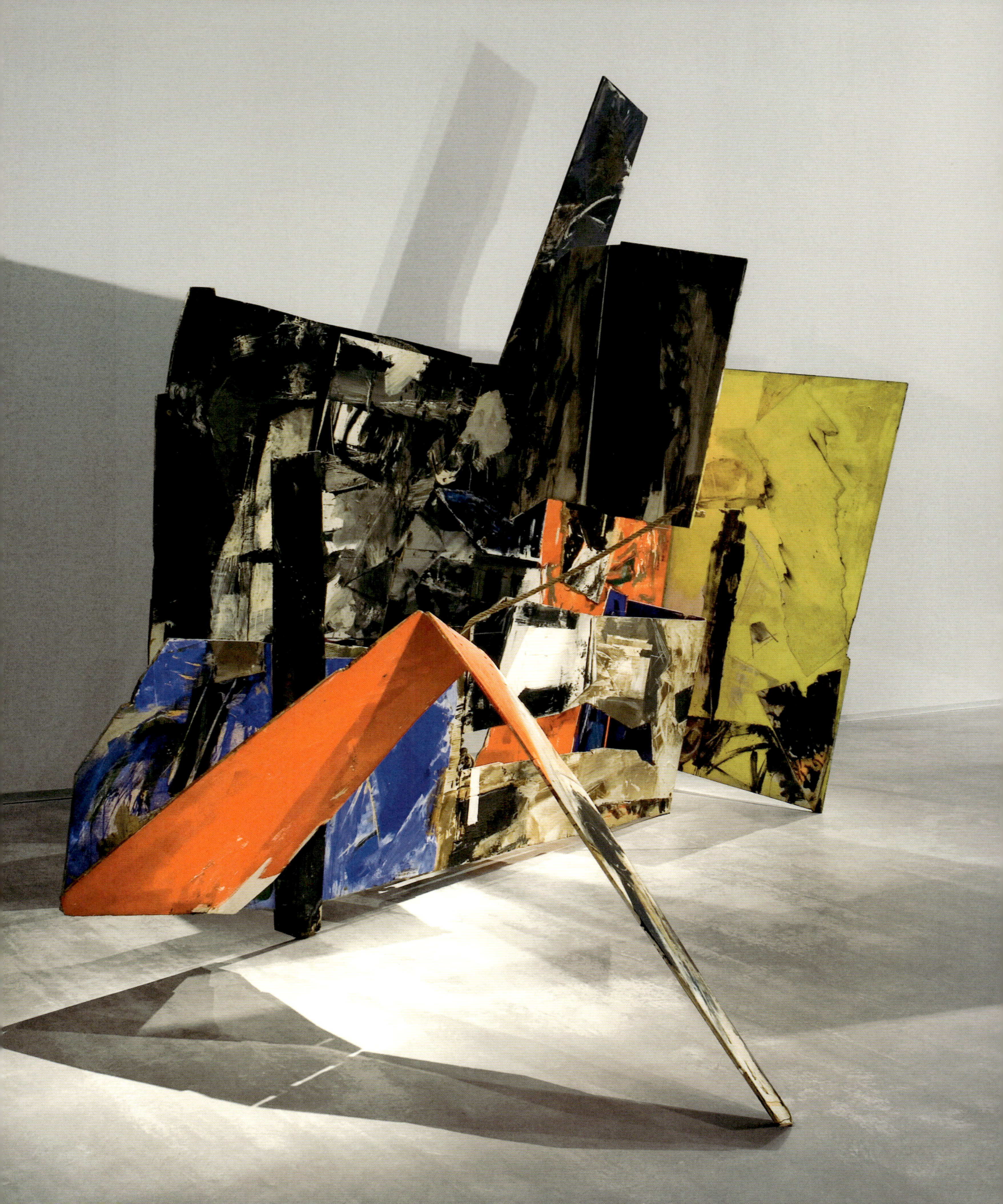

←
ABSURDES BERLINER
TAGEBUCH '64 - PLURIMO 3
1964

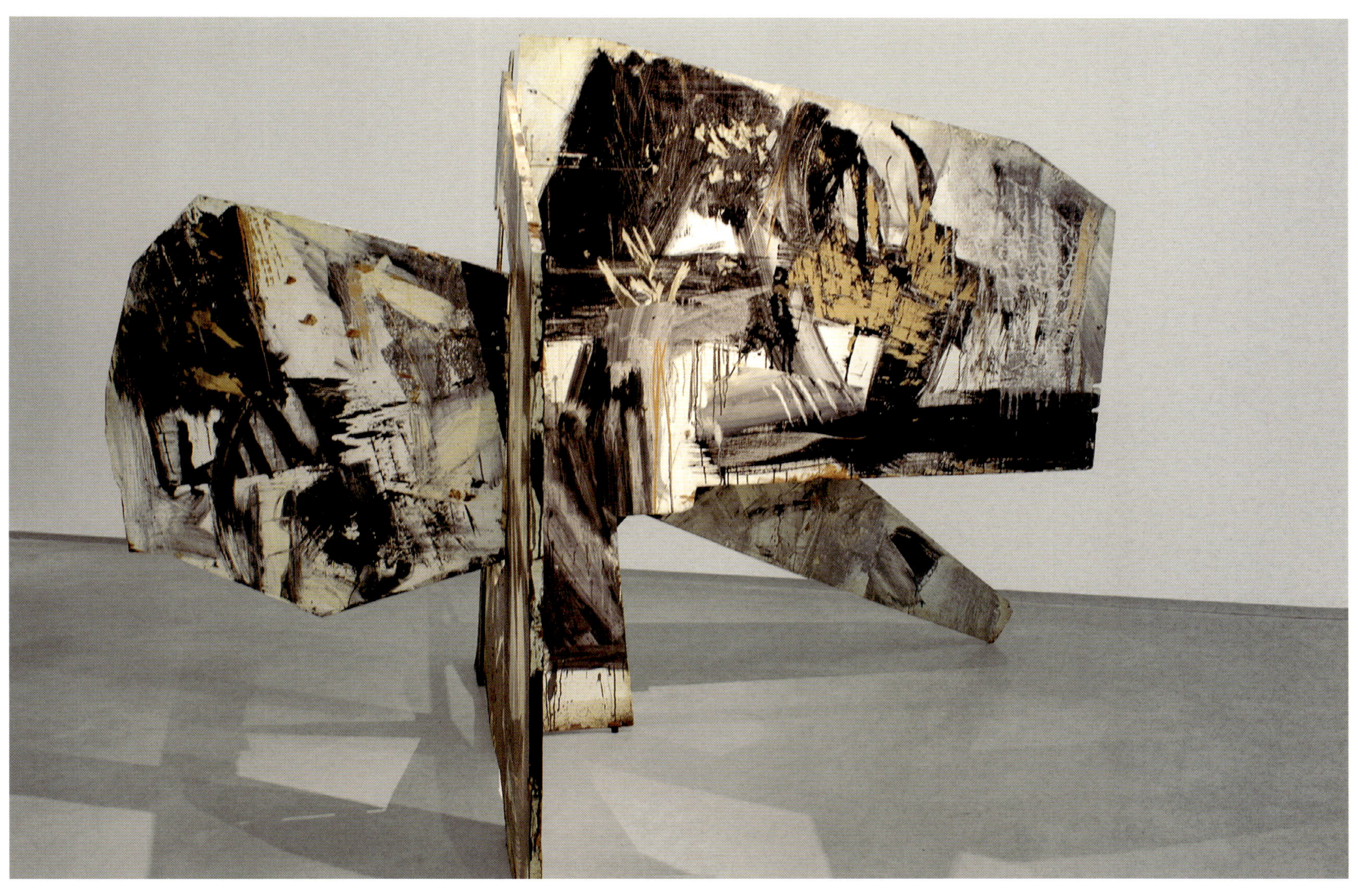

↑
ABSURDES BERLINER
TAGEBUCH '64 - PLURIMO 4
1964

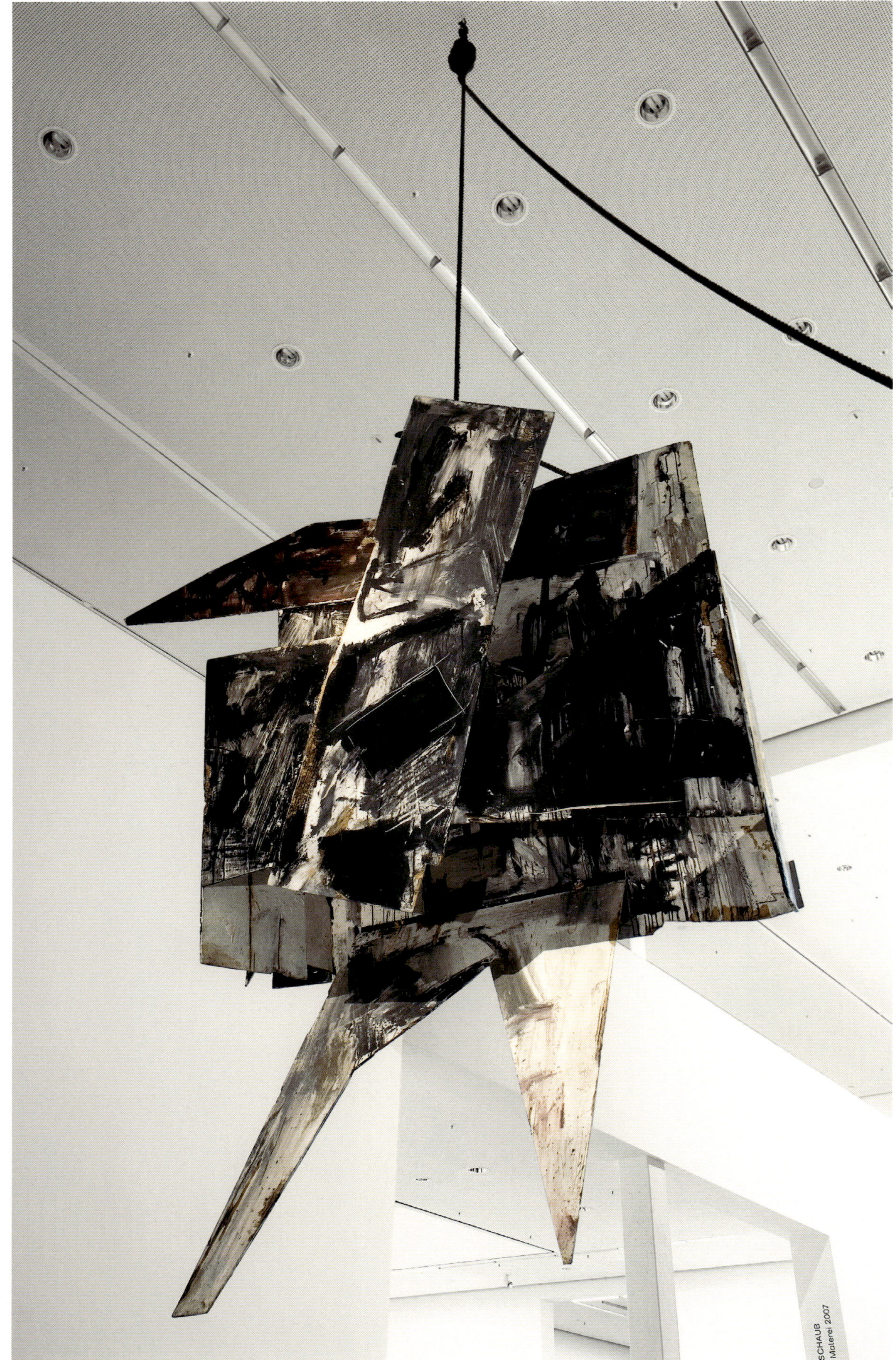

←
ABSURDES BERLINER
TAGEBUCH '64 - PLURIMO 5
1964

→
ABSURDES BERLINER
TAGEBUCH '64 - PLURIMO 6
1964

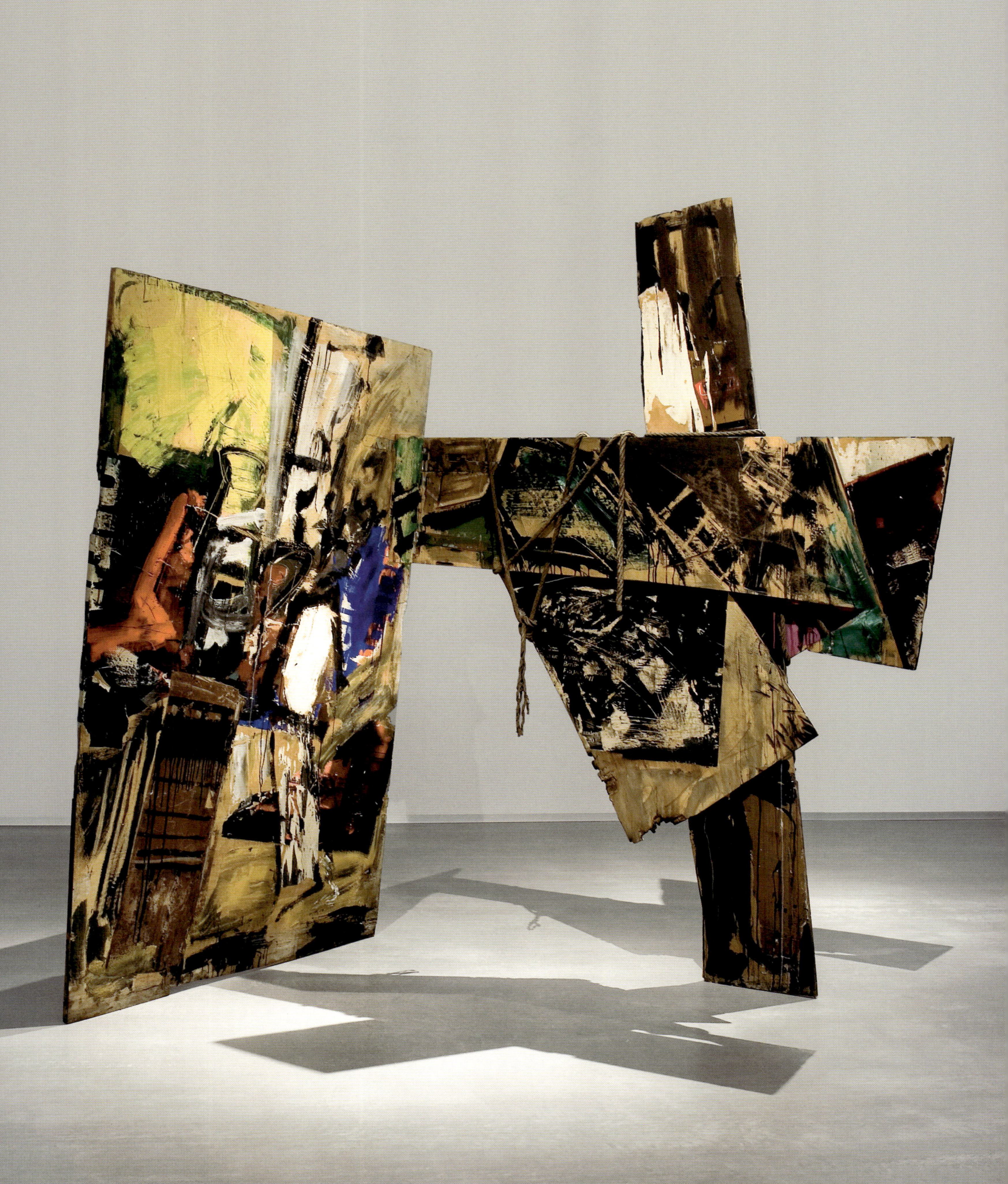

ABSURDES BERLINER TAGEBUCH '64 - PLURIMO 7
1964

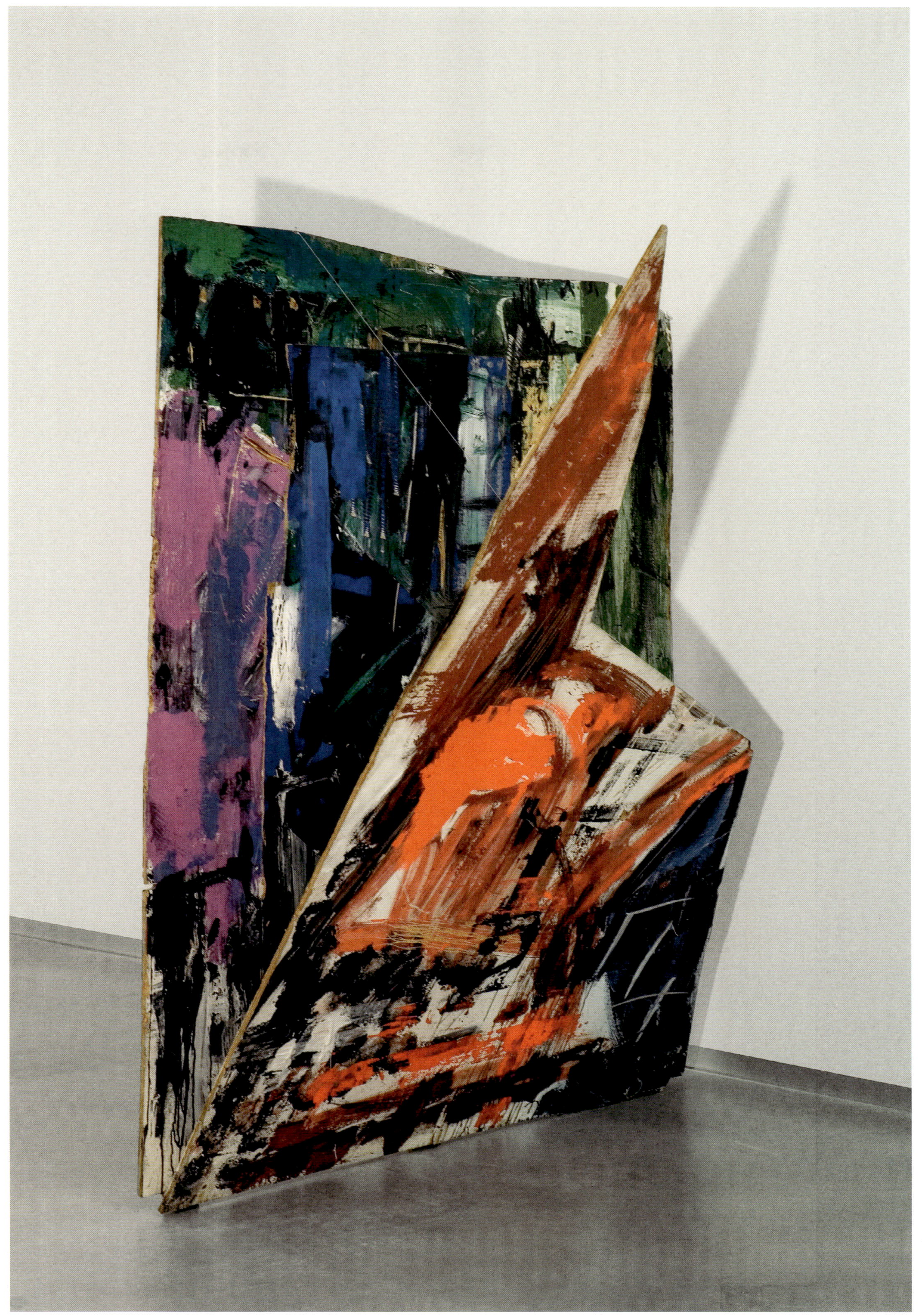

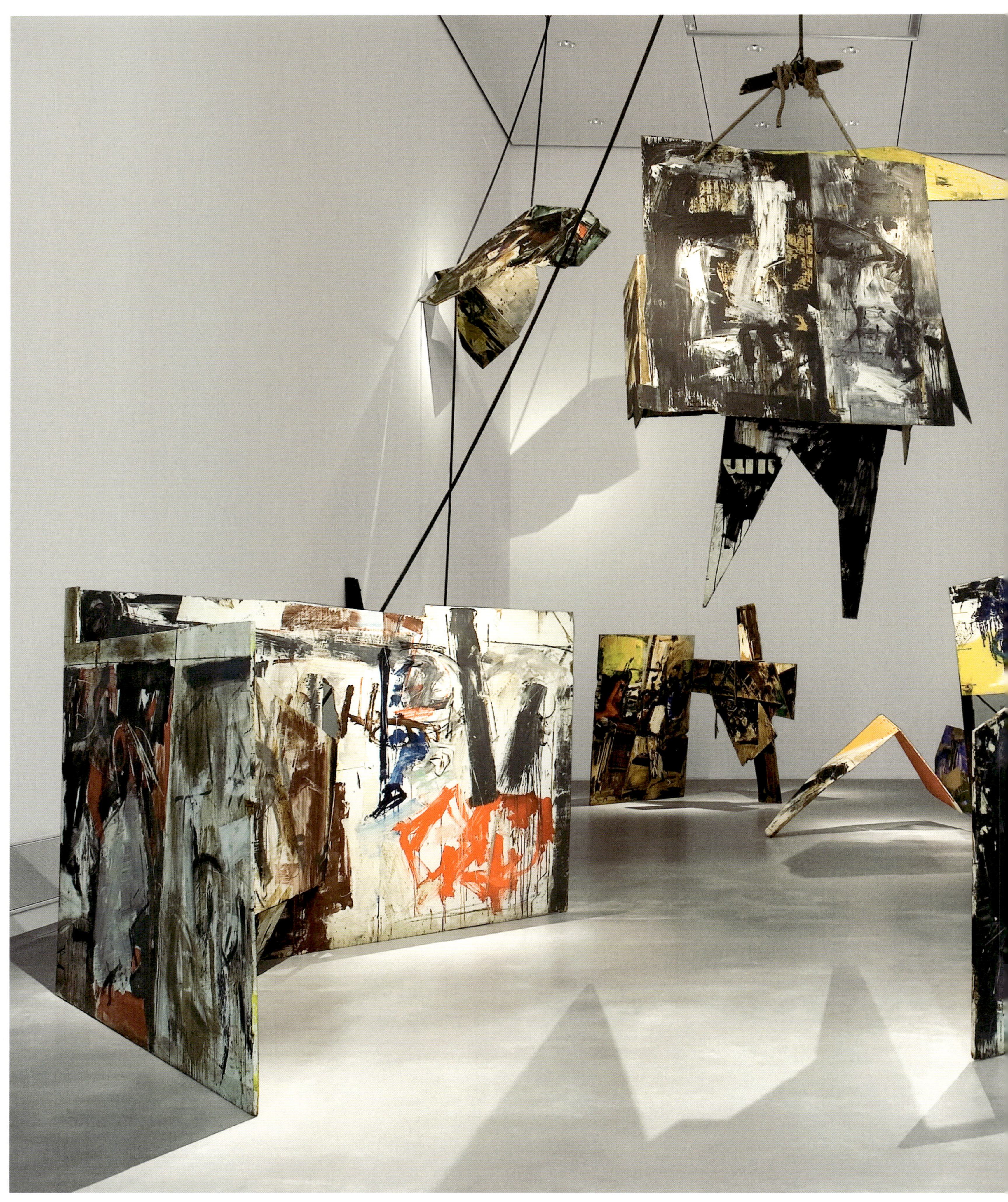

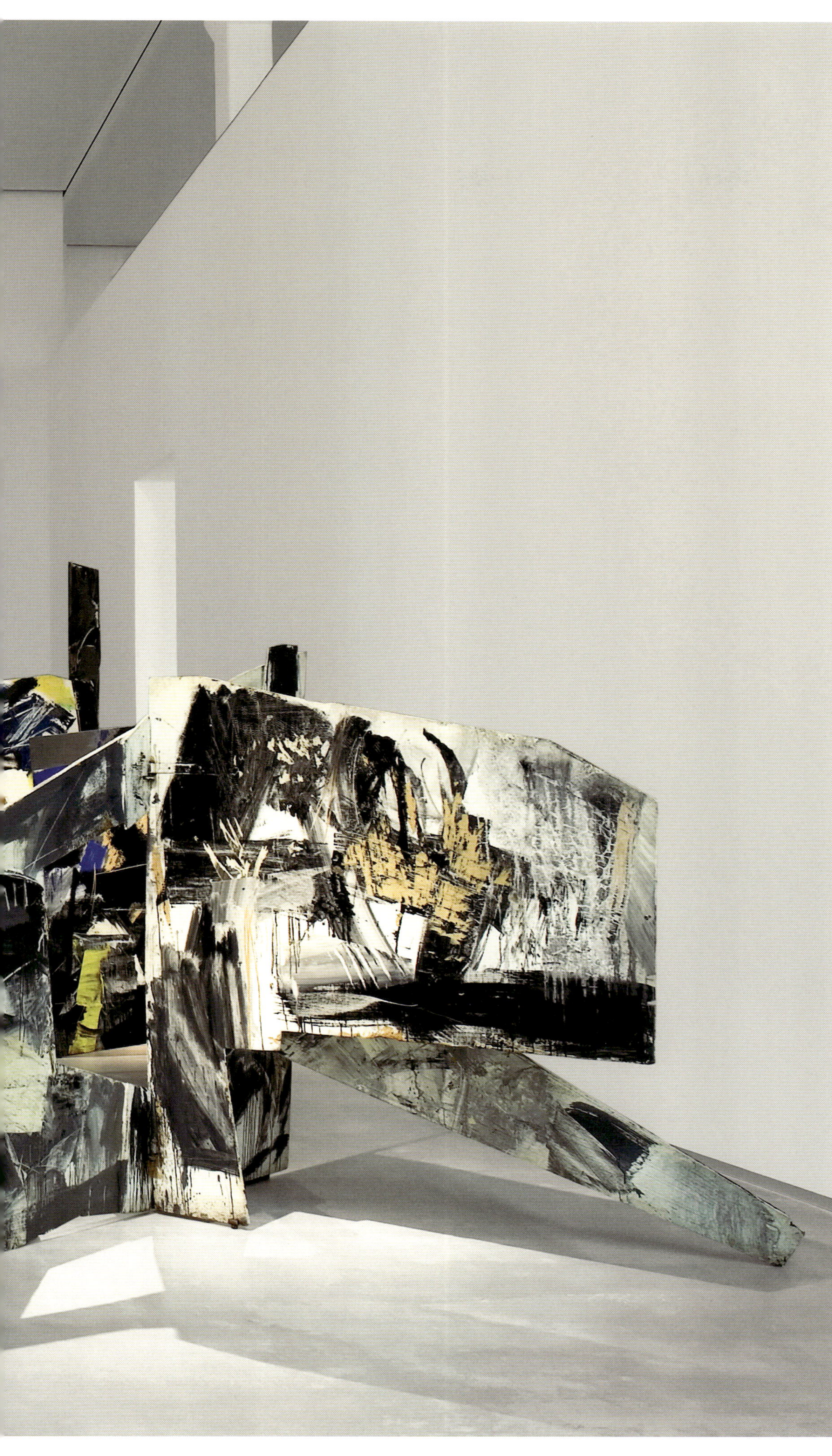

ABSURDES BERLINER
TAGEBUCH '64
INSTALLAZIONE ALLA /
INSTALLATION AT BERLINISCE
GALERIE - LANDESMUSEUM
FÜR MODERNE KUNST,
FOTOGRAFIE UND
ARCHITEKTUR, BERLINO /
BERLIN

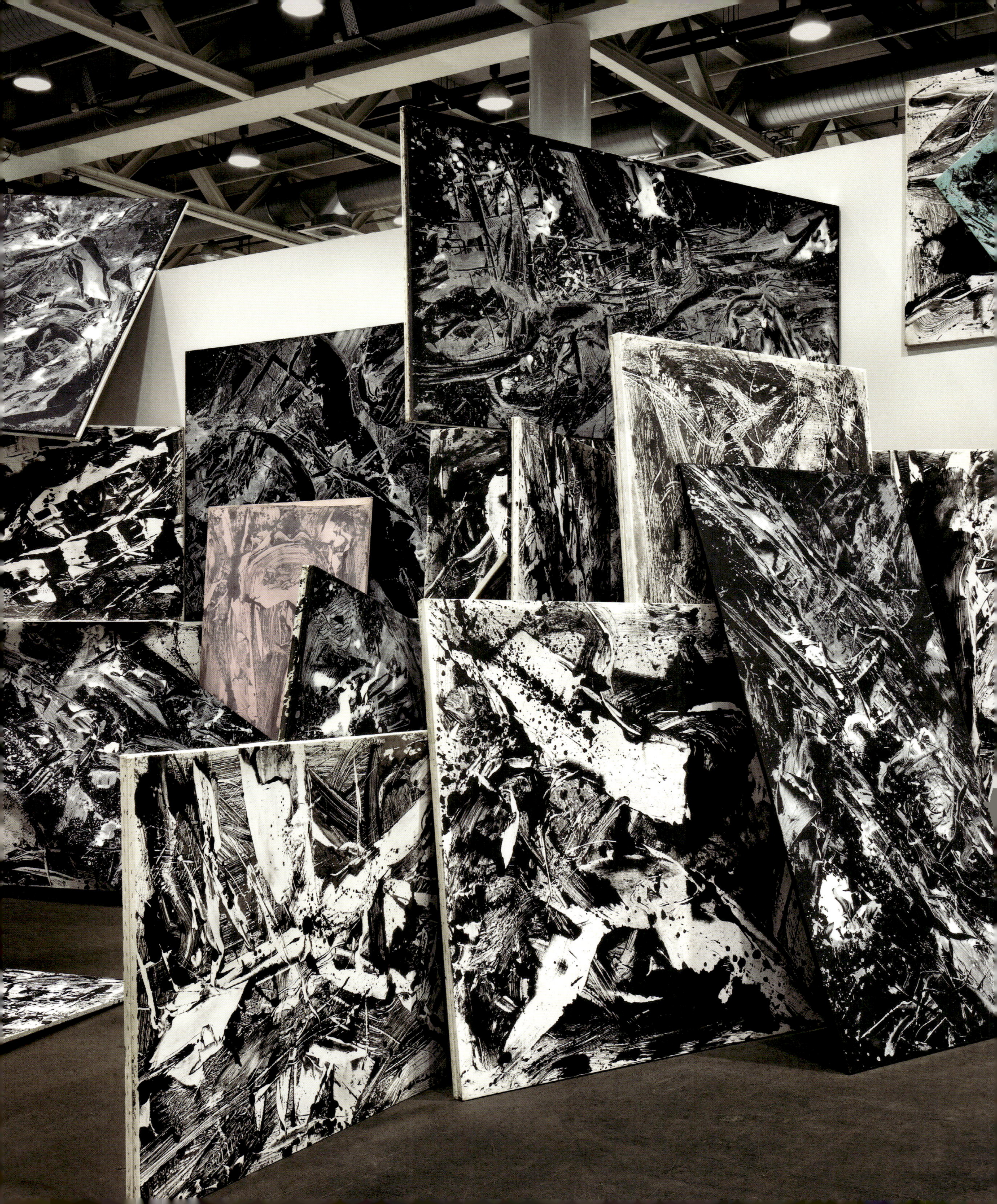

¶
1987-1988

...IN CONTINUUM, COMPENETRAZIONI/TRASLATI '87/'88

« LE MANI, IL TATTO, SENTONO SUL RETRO DEL QUADRO LA DENSITÀ DELLA PASTA CROMATICA E CON LA LORO IMPRIMITURA, ORA FORTE, ORA LEGGERA, ORA ALLARGATA, ORA STRINGENTE, POSSONO DARE VITA A INFINITE SONORITÀ DEL BIANCO E NERO, CHE SI RINCORRONO, SI ACCAVALLANO, SI DISPERDONO IN UNA SEQUENZA GERMINALE DI MEMORIE E SOSPENSIONI EMOTIVE »

“ THE FINGERS, THE TOUCH, CAN FEEL ON THE OTHER SIDE OF THE PAINTING THE DENSITY OF THE CHROMATIC PASTE, AND WITH AN IMPRIMATURA OF THEIR OWN, NOW HEAVIER, NOW LIGHTER, NOW ENLARGING, NOW TIGHTENING, THEY IMPART LIFE TO INFINITE SONORITIES OF BLACK AND WHITE, WHICH CHASE AFTER ONE OTHER, OVERLAP, AND DISPERSE IN A PREGNANT SEQUENCE OF MEMORIES AND SUSPENDED EMOTIONS ”

PARTICOLARE DELL'INSTALLAZIONE *...IN CONTINUUM, COMPENETRAZIONI/ TRASLATI '87/'88* (1987-1988), PRESENTATA DA GALLERIA DELLO SCUDO DI VERONA E FONDAZIONE EMILIO E ANNABIANCA VEDOVA AD ART BASEL, SEZIONE *UNLIMITED*, BASILEA, 18-21 GIUGNO 2015

DETAIL OF INSTALLATION OF *...IN CONTINUUM, COMPENETRAZIONI/ TRASLATI '87/'88* (1987–1988), PRESENTED BY VERONA'S GALLERIA DELLO SCUDO AND THE FONDAZIONE EMILIO E ANNABIANCA VEDOVA AT ART BASEL, *UNLIMITED* SECTION, JUNE 18-21, 2015

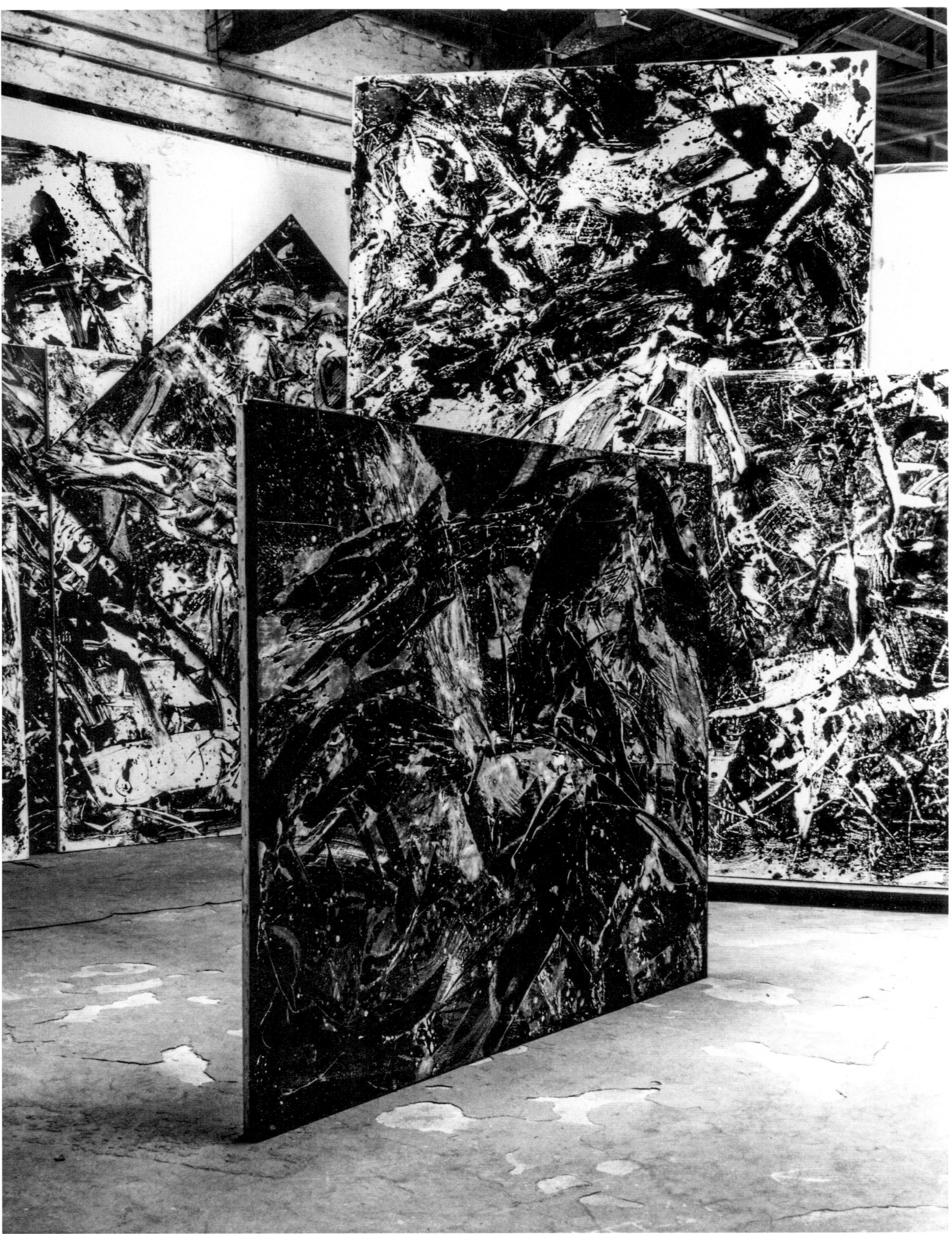

INSTALLAZIONE IN STUDIO, ATTUALE SPAZIO VEDOVA, DEL CICLO *...IN CONTINUUM, COMPENETRAZIONI/TRASLATI '87/'88* (1987-1988), VENEZIA, 1991

INSTALLATION OF THE CYCLE *...IN CONTINUUM, COMPENETRAZIONI/TRASLATI '87/'88* (1987–1988), IN HIS STUDIO, NOW THE SPAZIO VEDOVA, VENICE, 1991

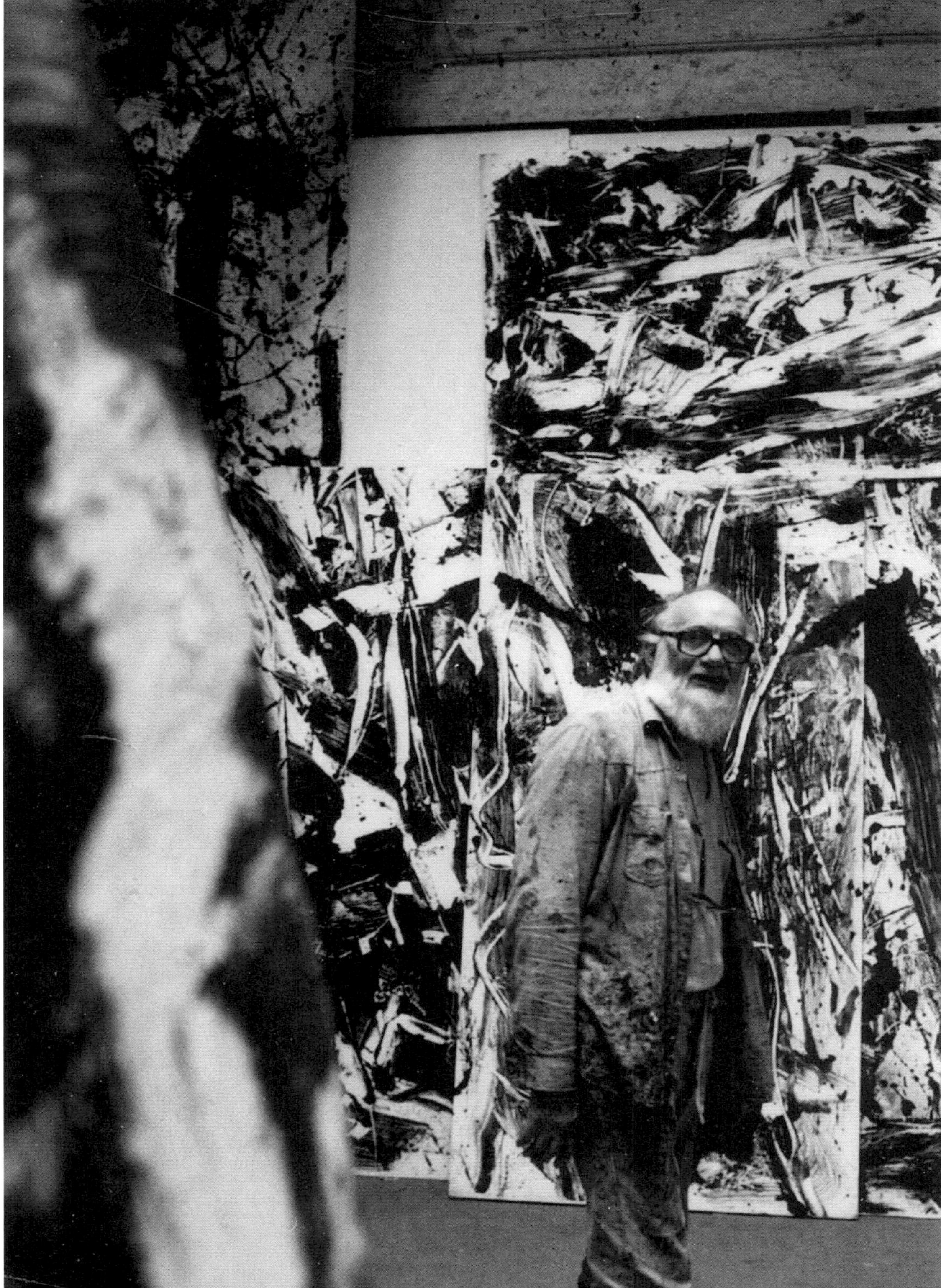

PARTICOLARE DI ALLESTIMENTO
DELLA MOSTRA PERSONALE
AL CASTELLO DI RIVOLI,
CON INSTALLAZIONE DI ....*IN CONTINUUM, COMPENETRAZIONI/TRASLATI '87/'88*
(1987-1988), TORINO, 1998

DETAIL OF SET-UP OF HIS SOLO
SHOW AT CASTELLO DI RIVOLI, WITH
AN INSTALLATION OF ...*IN CONTINUUM, COMPENETRAZIONI/TRASLATI '87/'88*
(1987–1988), TURIN, 1998

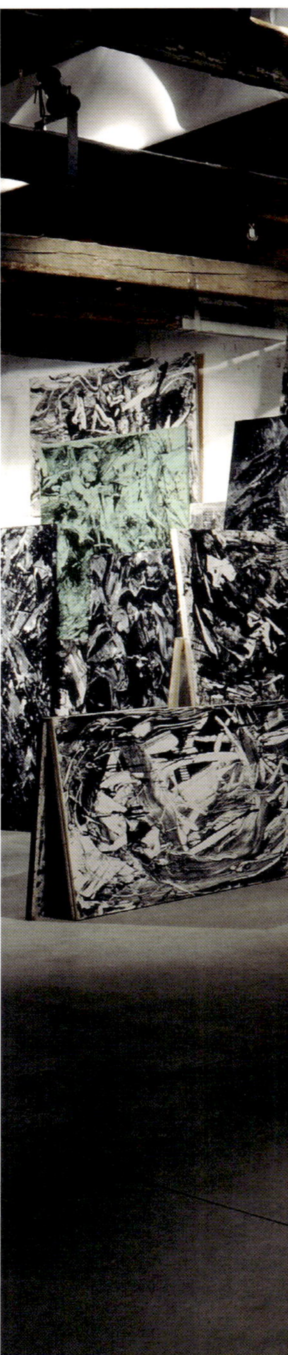

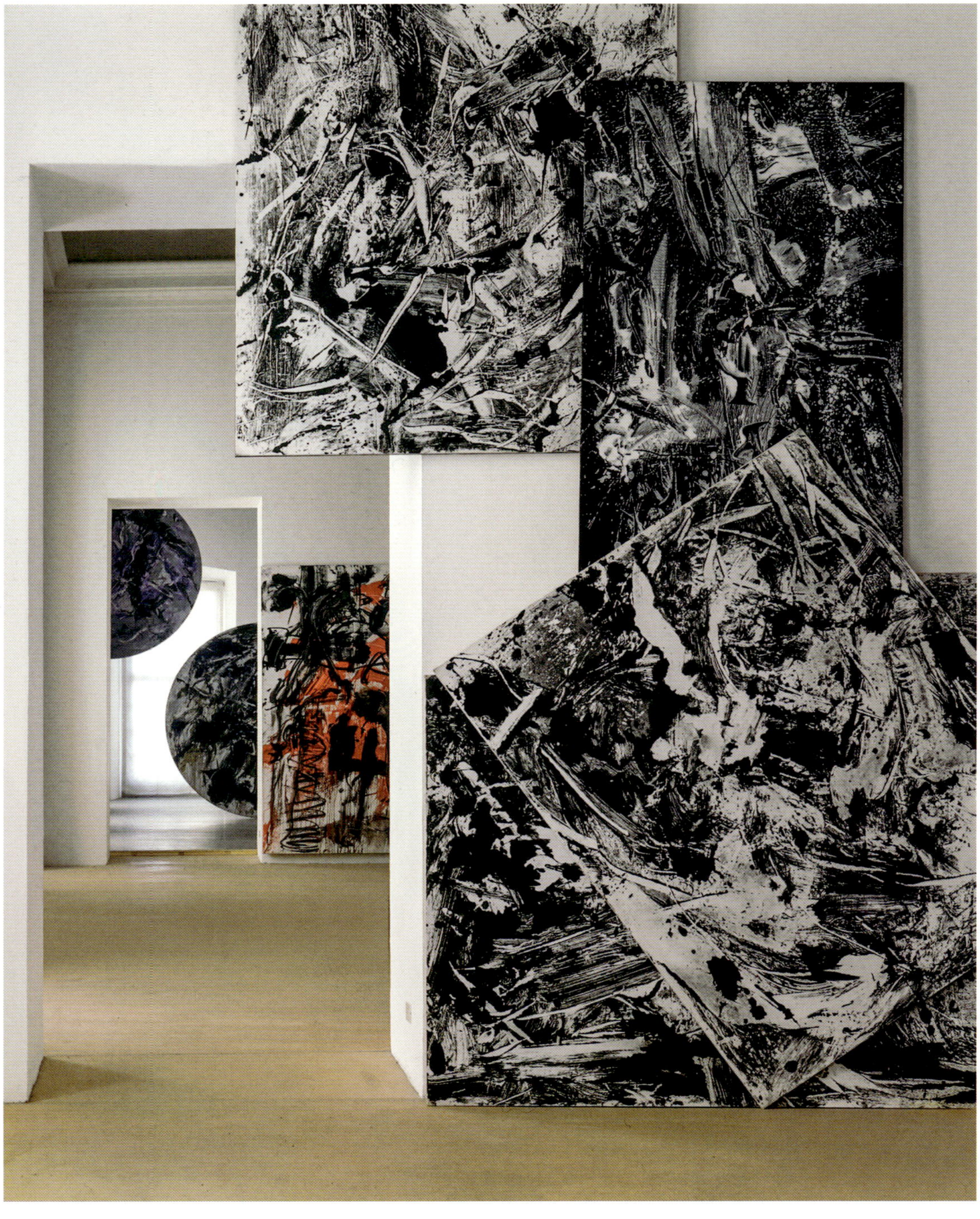

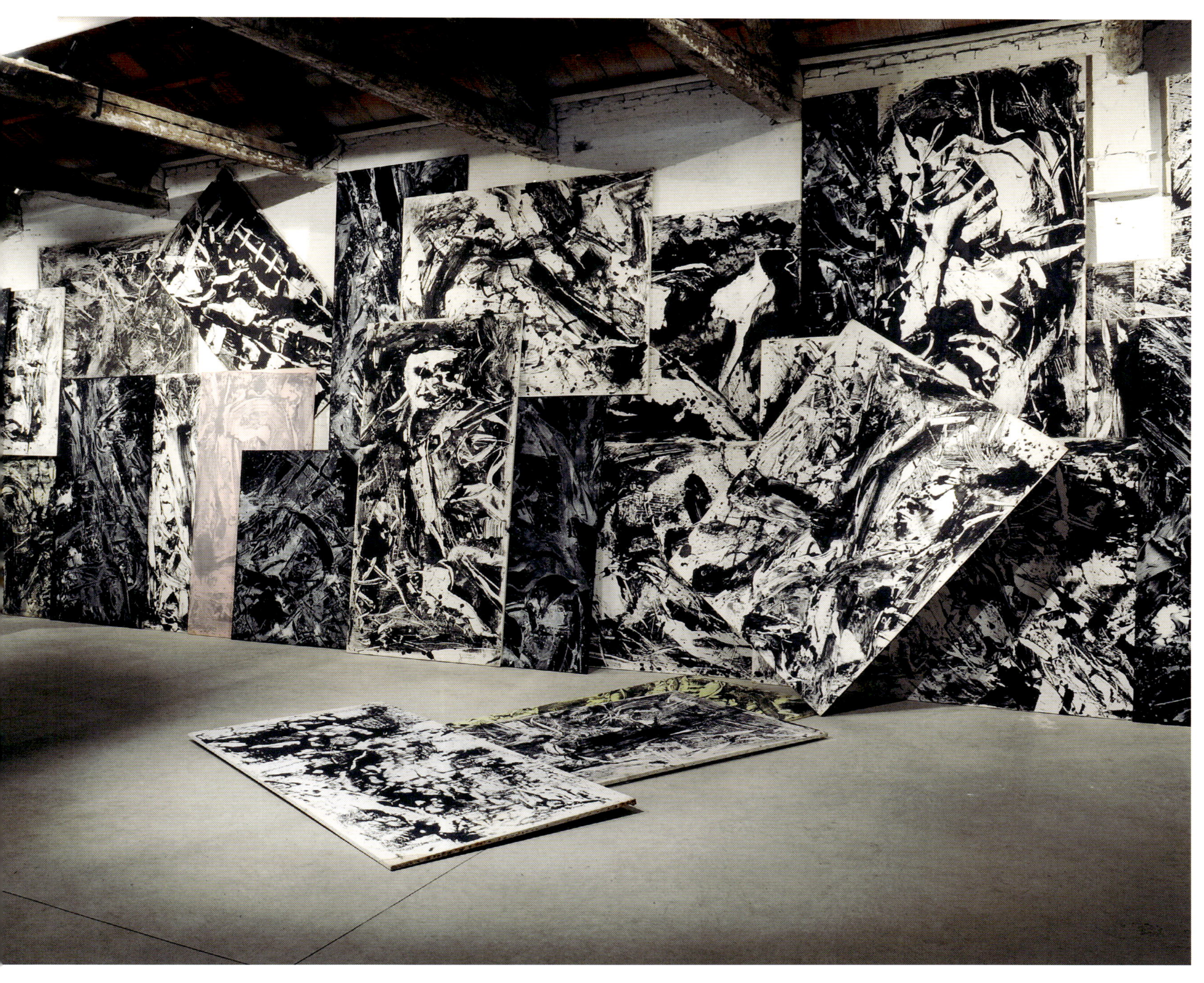

PARTICOLARE DI ALLESTIMENTO DELLA MOSTRA *EMILIO VEDOVA ...IN CONTINUUM*, A CURA DI FABRIZIO GAZZARRI, FONDAZIONE EMILIO E ANNABIANCA VEDOVA, SPAZIO VEDOVA, VENEZIA, 16 FEBBRAIO - 25 APRILE 2012, INSTALLAZIONE DI *...IN CONTINUUM, COMPENETRAZIONI/TRASLATI '87/'88* (1987-1988)

SET-UP DETAIL OF THE *EMILIO VEDOVA ...IN CONTINUUM* EXHIBITION, CURATED BY FABRIZIO GAZZARRI, FONDAZIONE EMILIO E ANNABIANCA VEDOVA, SPAZIO VEDOVA, VENICE, 16 FEBRUARY - 25 APRIL 2012, *...IN CONTINUUM, COMPENETRAZIONI/TRASLATI '87/'88* (1987–1988) INSTALLATION

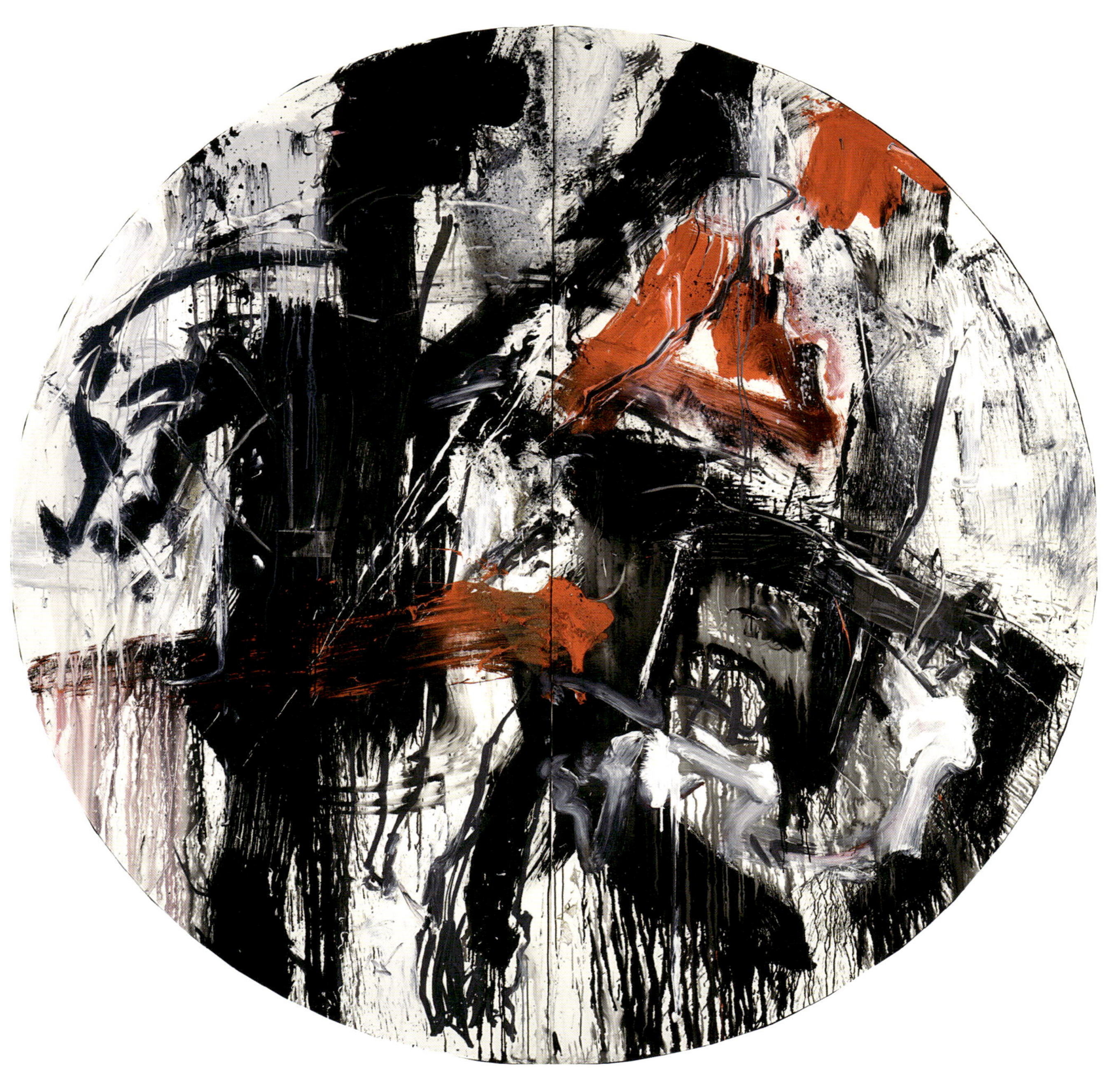

TONDO '85 - 2
1985

¶

1985-1995

TONDI E / AND DISCHI

« [...] IL COLORE, CHE ACCENDE I NERI, SI DILATA, SI ESPANDE SULLA SUPERFICIE, MACCHIA LIQUIDA CHE SCORRE NELLO SPAZIO-TEMPO DI QUESTE NUOVE FORME, INVENZIONI CHE RIMETTONO IN GIOCO IL SUO DESIDERIO DI OCCUPARE L'ARCHITETTURA, DI ATTRAVERSARE LA PITTURA, DI LIBERARLA NEL VUOTO DELLE STANZE »

" [...] HIS COLOURS, NOW ENLIVENING THE BLACKS, SPREAD AND EXPAND OVER THE SURFACES, LIQUID STAINS FLOWING IN THE SPACE-TIME OF THESE NEW FORMS, INVENTIONS THAT BRING BACK INTO PLAY HIS DESIRE TO INHABIT ARCHITECTURE, GO BEYOND THE PICTURE, LIBERATE THE PAINTING INTO THE EMPTINESS OF ROOMS "

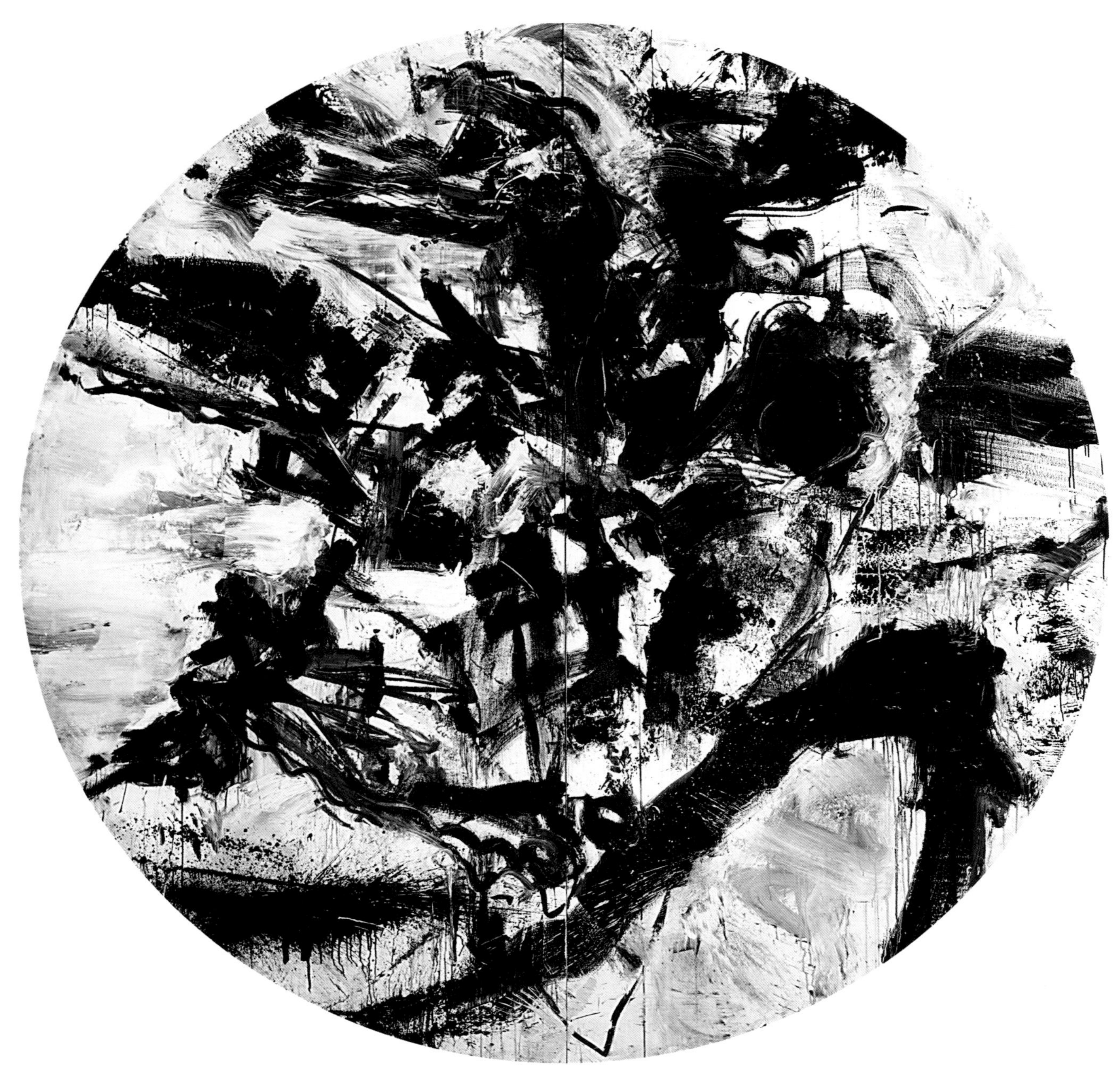

NON A CASO II - '85 (OP. 3 E OP. 4)
1985

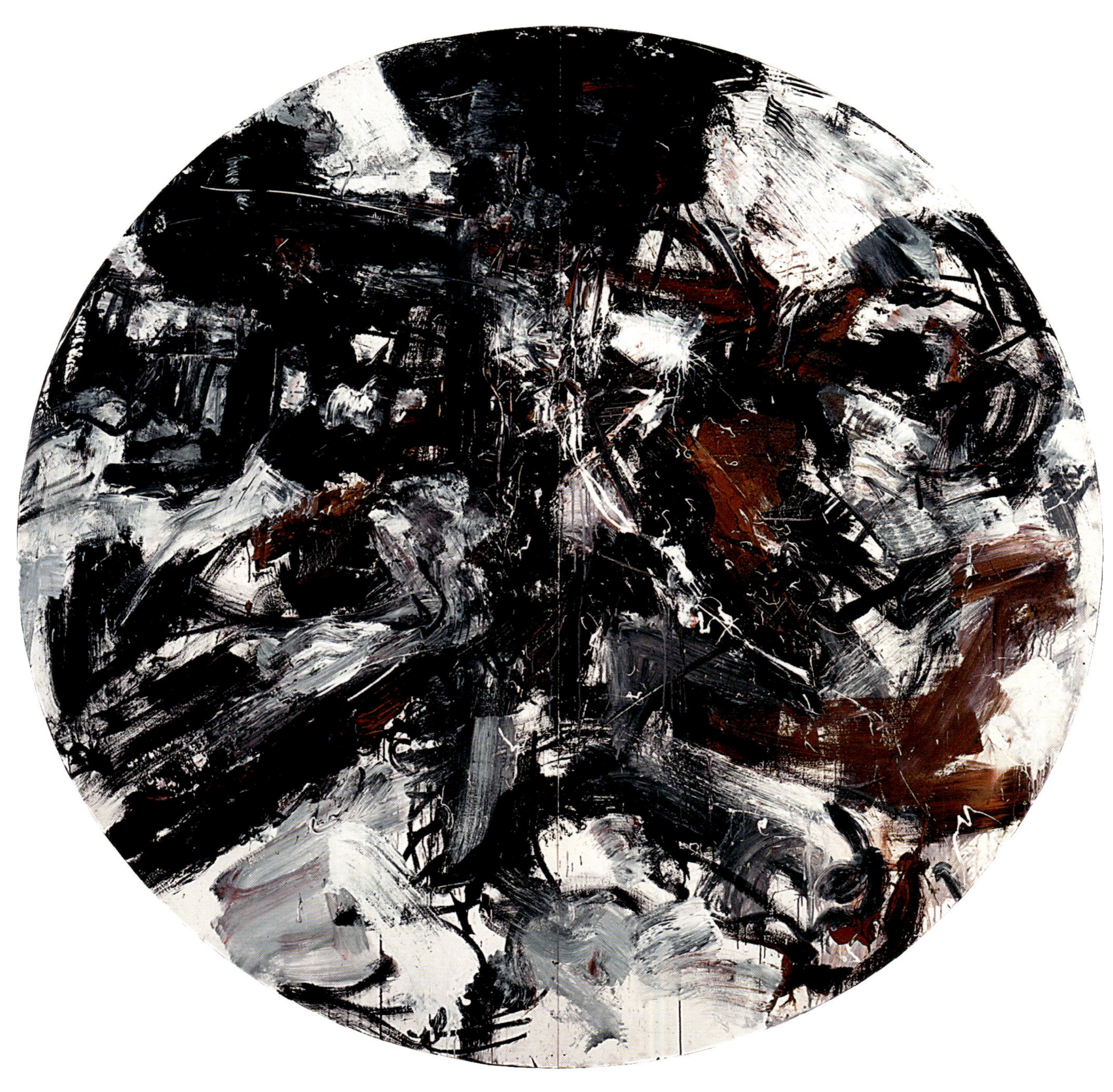

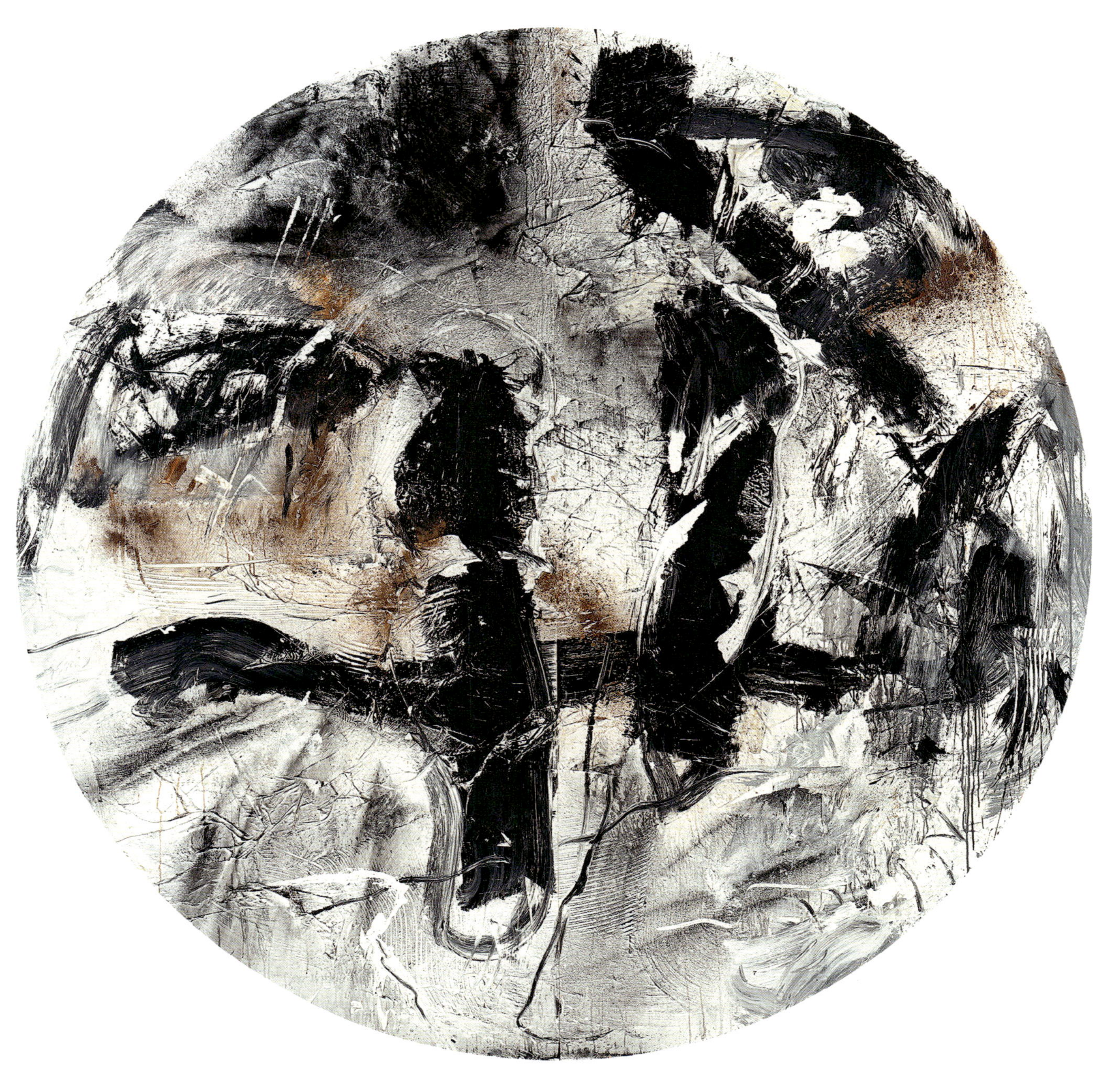

NON DOVE '86 I (OP. 1 E OP. 2) (23.1.86)
1986

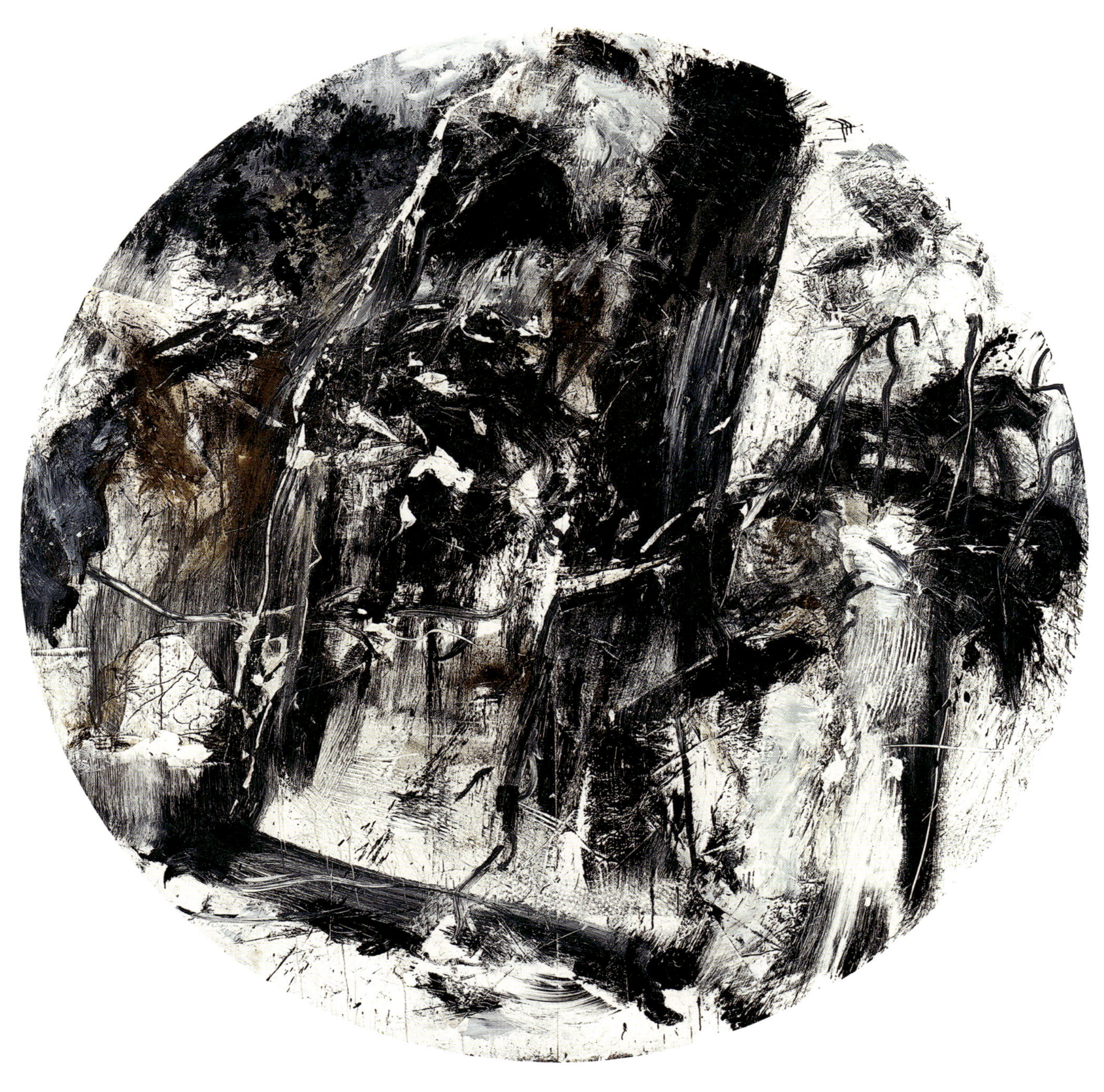

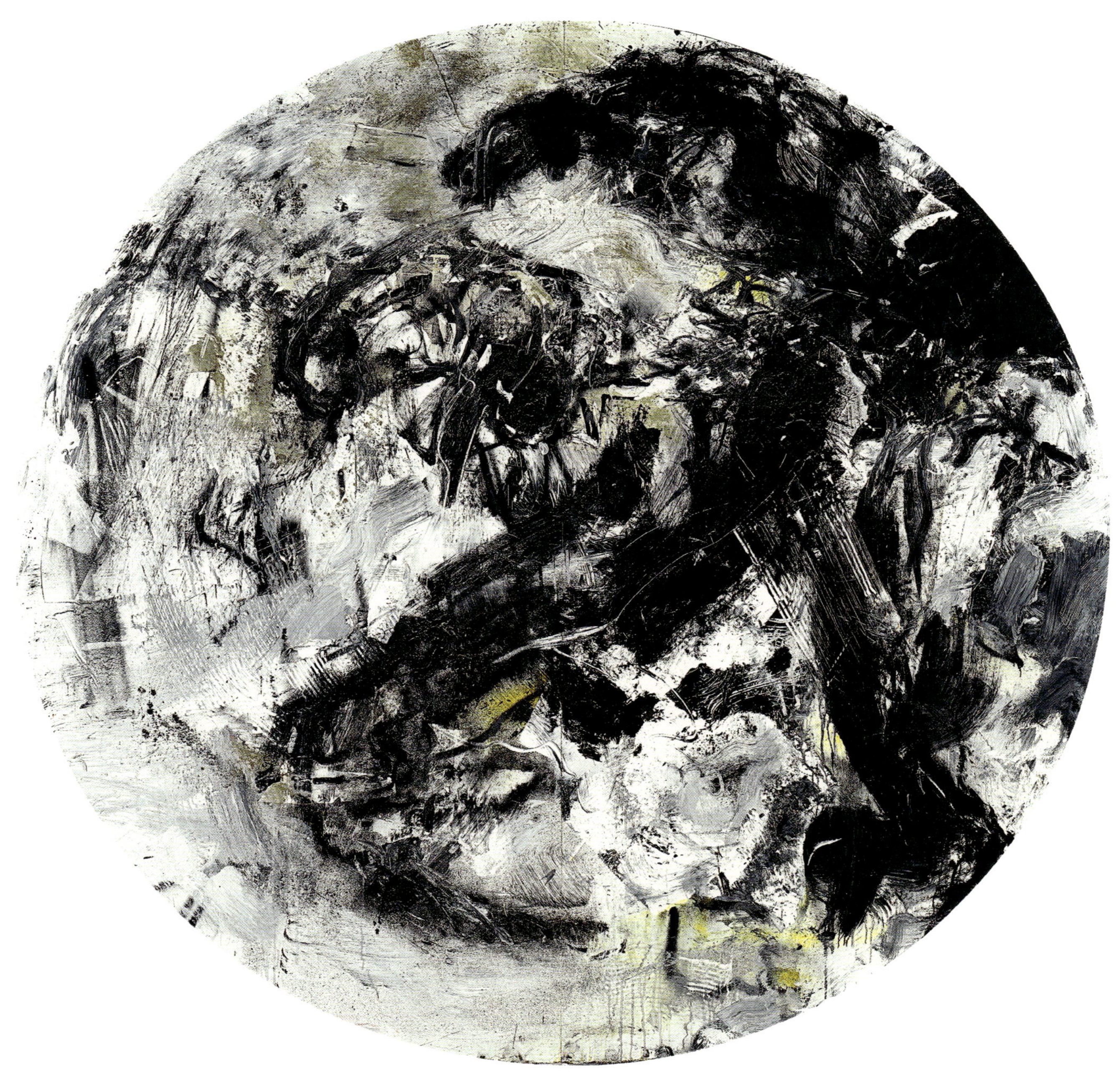

TONDO A TERRA '86 - I
1986

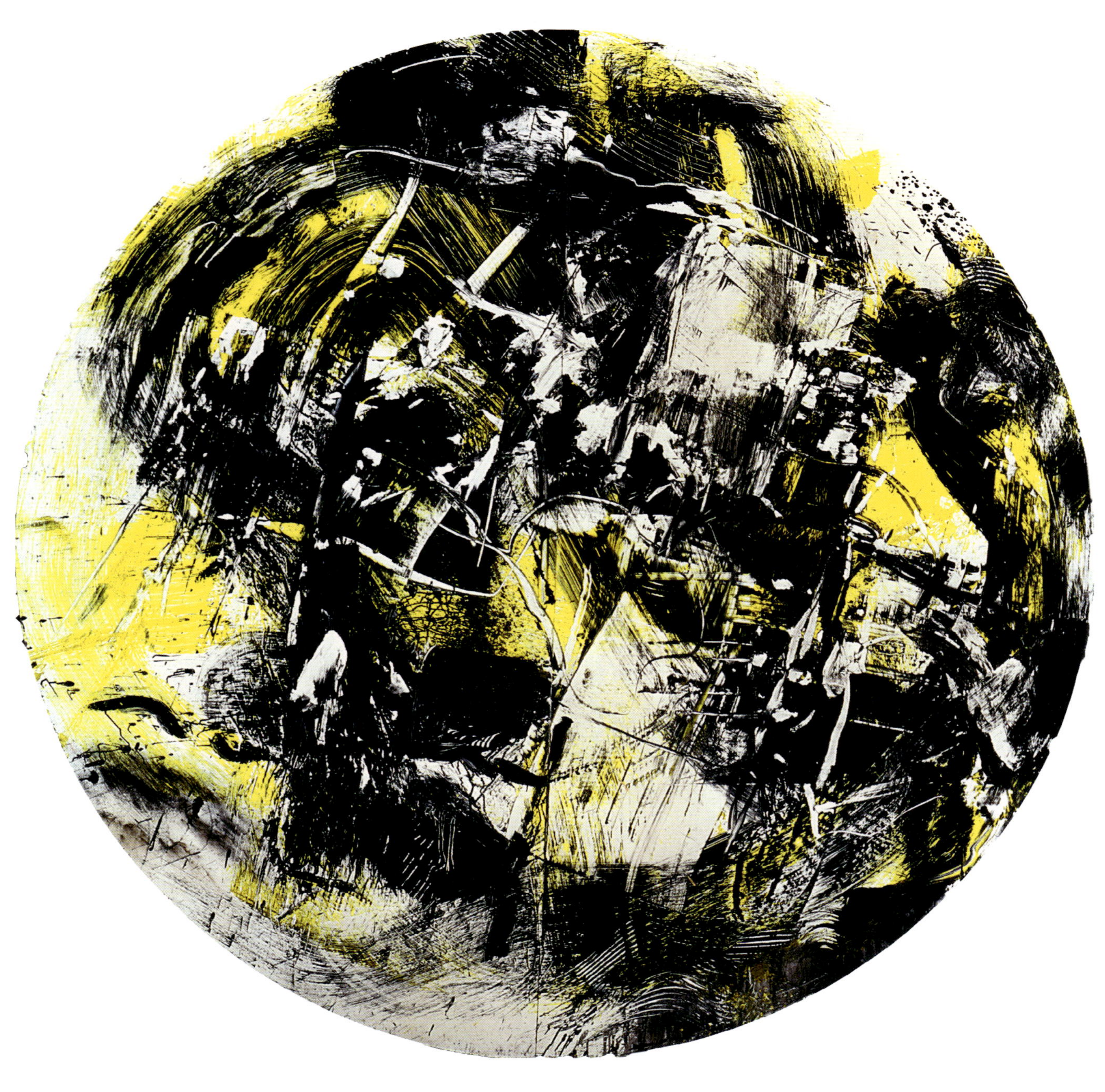

...DAGEGEN... 1987-'95 - 1 (OP. 1 E OP. 2)
1987-1995

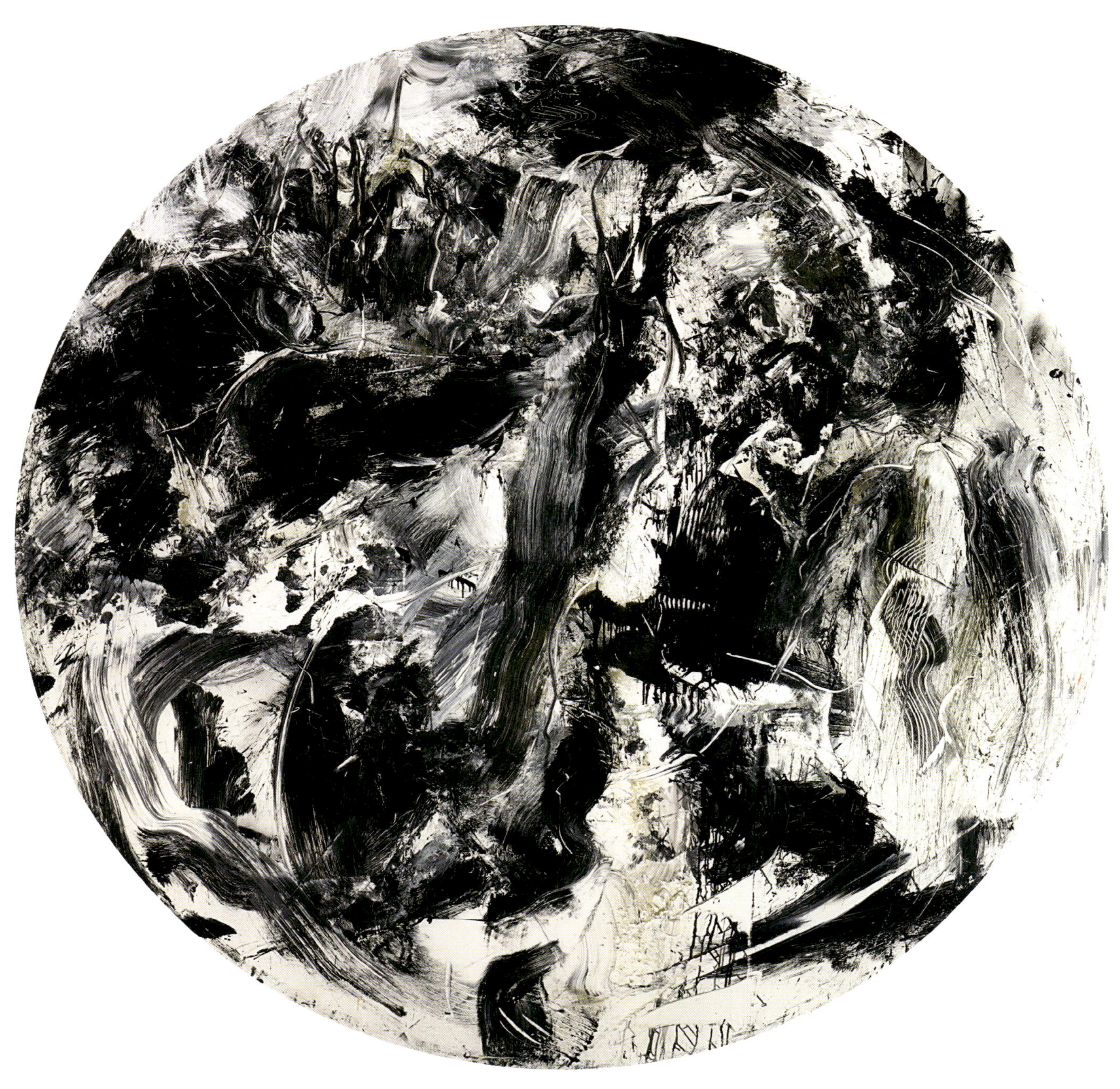

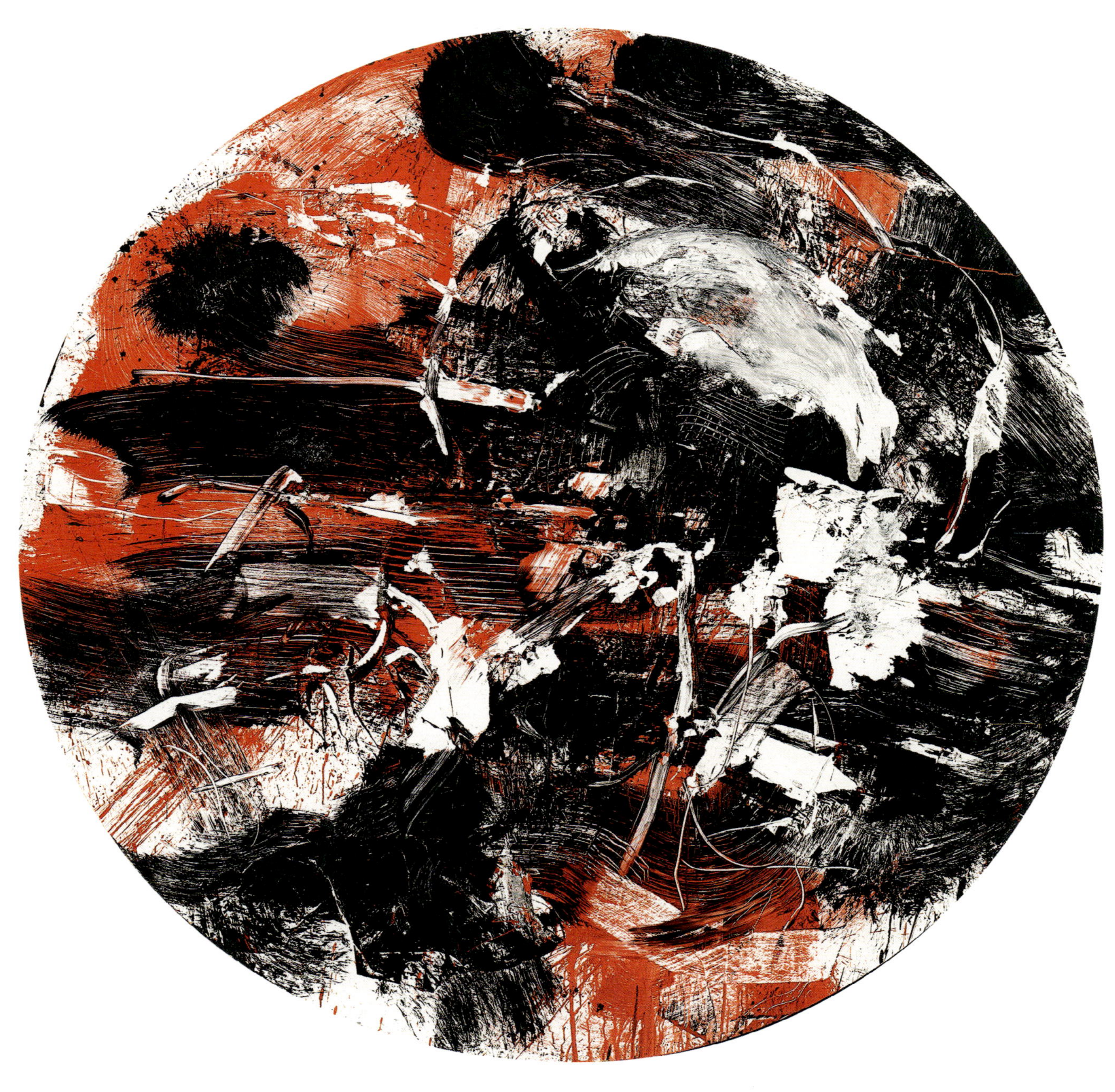

...DAGEGEN... 1987-'95 - 2 (OP. 3 E OP. 4)
1987-1995

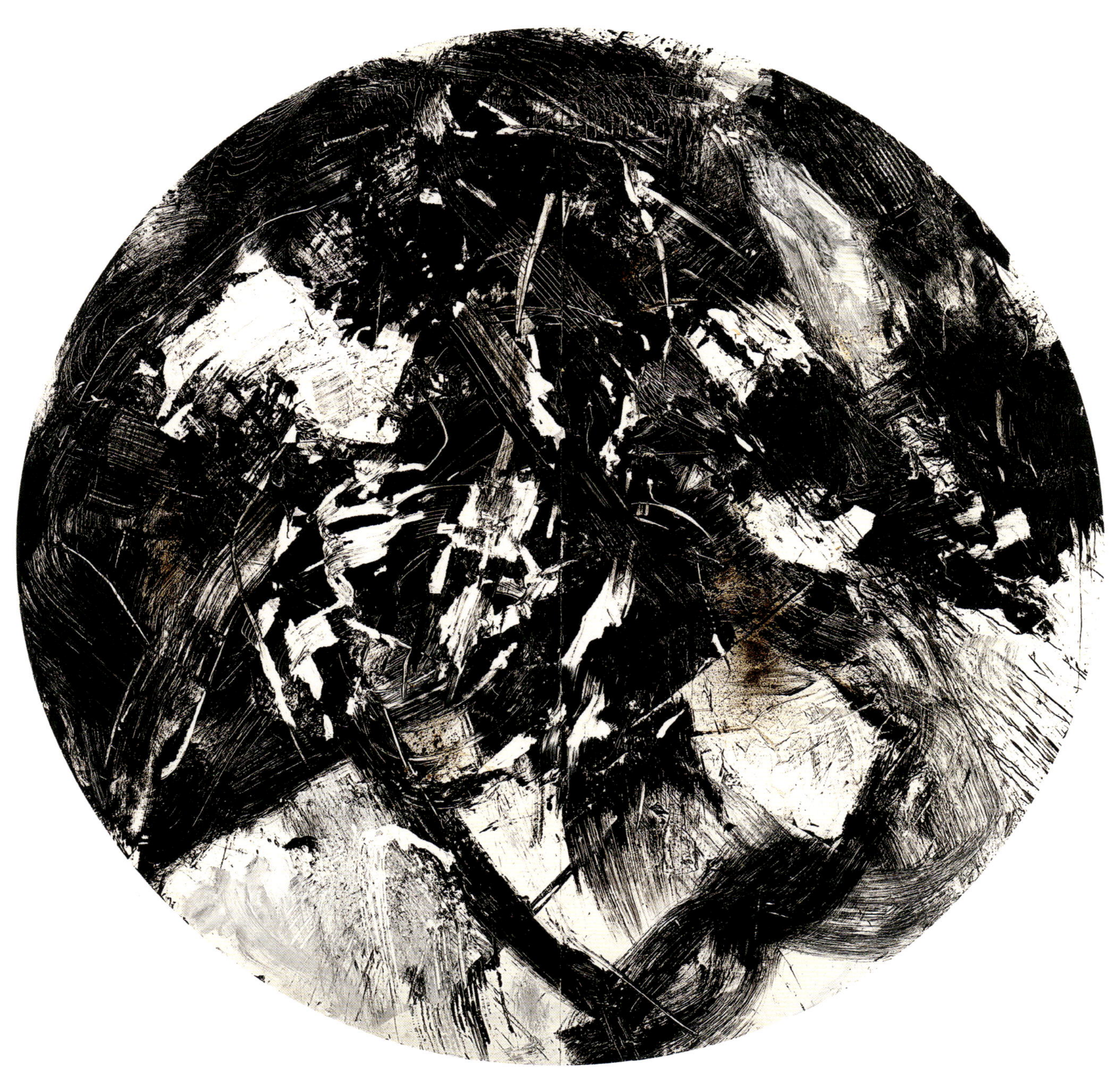

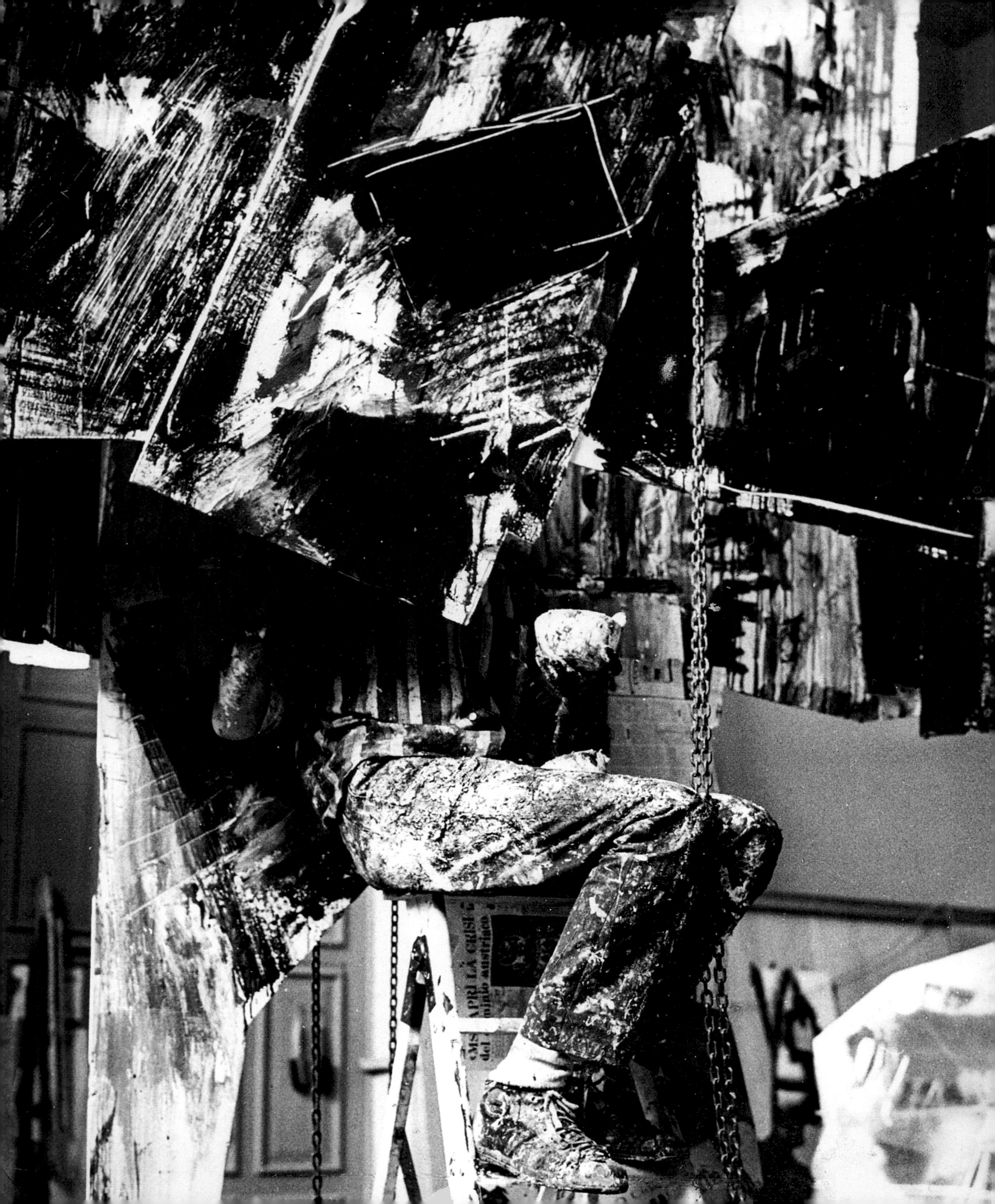
APRI LA CRISI
austriaco

VEDOVA DENTRO LA STORIA

VEDOVA INSIDE THE HISTORY

« IL RESOCONTO DELLA STORIA SI FA PROTAGONISTA CON UNA DECINA DI LAVORI DISPOSTI IN SEQUENZA CRONOLOGICA, TAPPE DI UNA *VIA CRUCIS* LAICA.
SONO OPERE NATE DALL'IMPELLENTE NECESSITÀ DI EMILIO VEDOVA DI DARE VOCE A QUEL "MALESSERE TRA L'ESSERE DENTRO QUESTA SOCIETÀ E IL VOLERNE UN'ALTRA" (VEDOVA, 1968). ESEMPI DI RESISTENZA E PROTESTA, ANCORA OGGI DI TRAGICA ATTUALITÀ, CHE FANNO COMPRENDERE L'IMPORTANZA DELL'ARTE NEL DIVENIRE DI UNA SOCIETÀ CIVILE PIÙ GIUSTA.
VEDOVA NON HA MAI SCRITTO MANIFESTI POLITICI, ANCHE SE NEI SUOI DIARI E NEI SUOI TESTI SI TROVANO MOLTE RIFLESSIONI CHE RIGUARDANO LA CONDANNA DI TUTTE LE VIOLENZE, UN SENTIMENTO PACIFISTA E UNA RICERCA DI GIUSTIZIA E UGUAGLIANZA; PER LUI LO STRUMENTO PIÙ EFFICACE PER "FARSI SENTIRE" È SEMPRE STATA LA PITTURA »

" THE HISTORICAL NARRATIVE IS CONVEYED THROUGH A DOZEN OR SO WORKS ARRANGED IN CHRONOLOGICAL ORDER, STATIONS ALONG A SECULAR *VIA CRUCIS*.
THEY ARE WORKS BORN OUT OF EMILIO VEDOVA'S URGENT NEED TO GIVE VOICE TO THAT 'DISTRESS AT BEING WITHIN THIS SOCIETY AND DESIRING ANOTHER' (VEDOVA, 1968). INSTANCES OF RESISTANCE AND PROTEST, STILL TRAGICALLY TOPICAL TODAY, WHICH HELP US TO UNDERSTAND THE IMPORTANCE OF ART IN BRINGING ABOUT A JUSTER SOCIETY.
VEDOVA NEVER WROTE POLITICAL MANIFESTOS, ALTHOUGH HIS DIARIES AND TEXTS CONTAIN MANY PASSAGES CONDEMNING VIOLENCE OF EVERY SORT, OR EXPRESSING PACIFIST SENTIMENTS AND THE SEARCH FOR JUSTICE AND EQUALITY; FOR HIM THE MOST EFFECTIVE MEANS OF 'MAKING HIMSELF HEARD' WAS ALWAYS PAINTING "

¶

1945

DIARIO PARTIGIANO

« ANCORA QUALCHE CENNO DI FIGURA, SINOPIE FLUTTUANTI SULLA SUPERFICIE O CHIUSE IN UN PERIMETRO, MEMORIA DELL'INFERMERIA O DEL BIVACCO, CORPI IN FUGA, TRADITI. PITTURE CHE SORPRENDONO PER LA CONCITAZIONE DEI SEGNI E LA SINTESI ESPRESSIVA: UNA GRAFIA DI INCHIOSTRO NERO, QUASI ASSORBITO DAI TONI CUPI DELL'ACQUERELLO, PER DESCRIVERE LA VIOLENZA DI UNA ESECUZIONE O DI UN AGGUATO »

" AND THEN HINTS OF FIGURES, PRELIMINARY SKETCHES FLOATING ON THE SURFACE OR ENCLOSED IN A PERIMETER, MEMORIES OF THE INFIRMARY OR BIVOUACS, BODIES FLEEING, AMBUSHED. PAINTINGS THAT SURPRISE FOR THE EXCITEMENT OF THEIR SIGNAGE AND EXPRESSIVE SYNTHESIS: BLACK-INK HANDWRITING, AT TIMES ALMOST ABSORBED BY THE DARK TONES OF THE WATERCOLOUR, CAPTURING THE VIOLENCE OF AN EXECUTION OR AN AMBUSH "

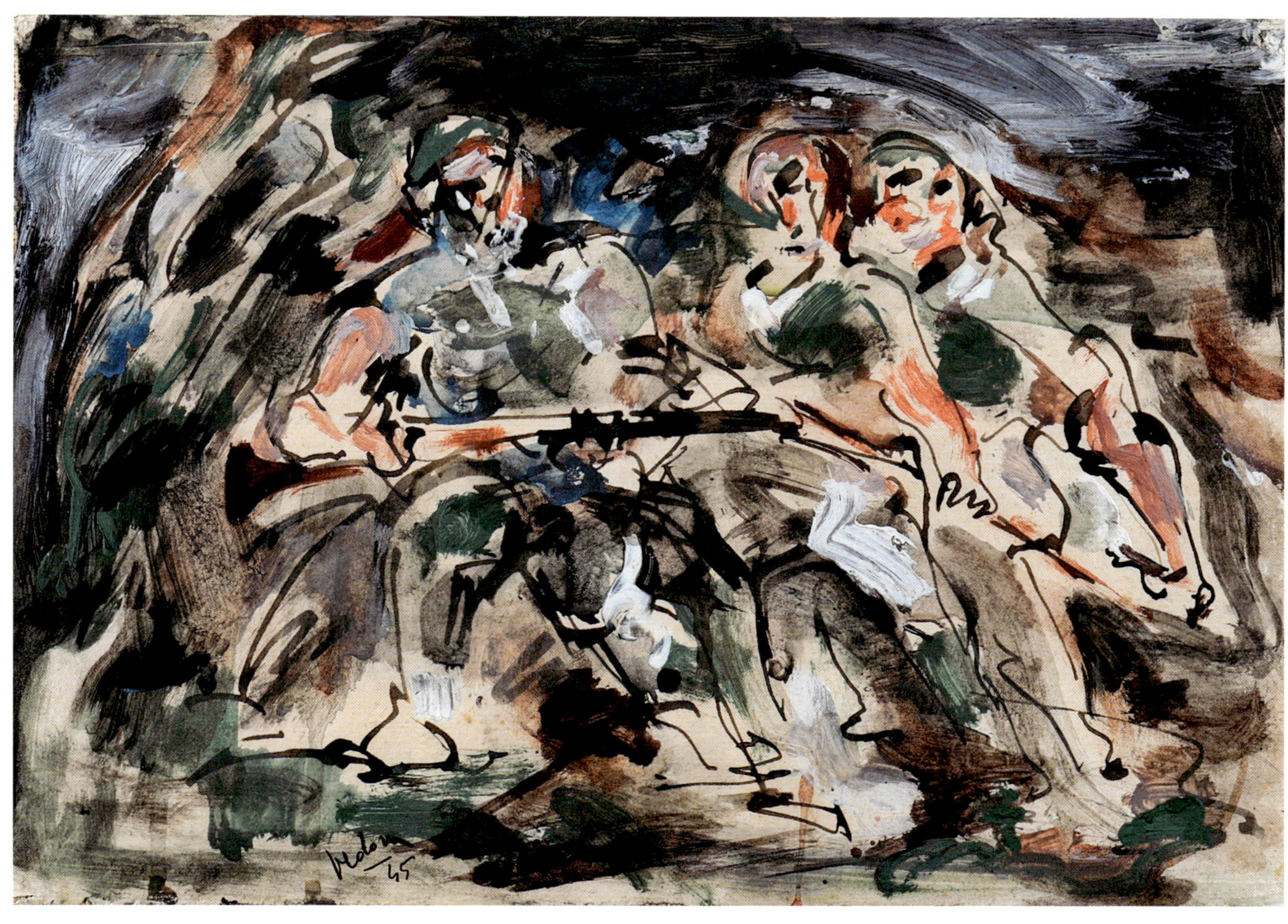

DIARIO PARTIGIANO 1945 - 2 (AGGUATO)
1945

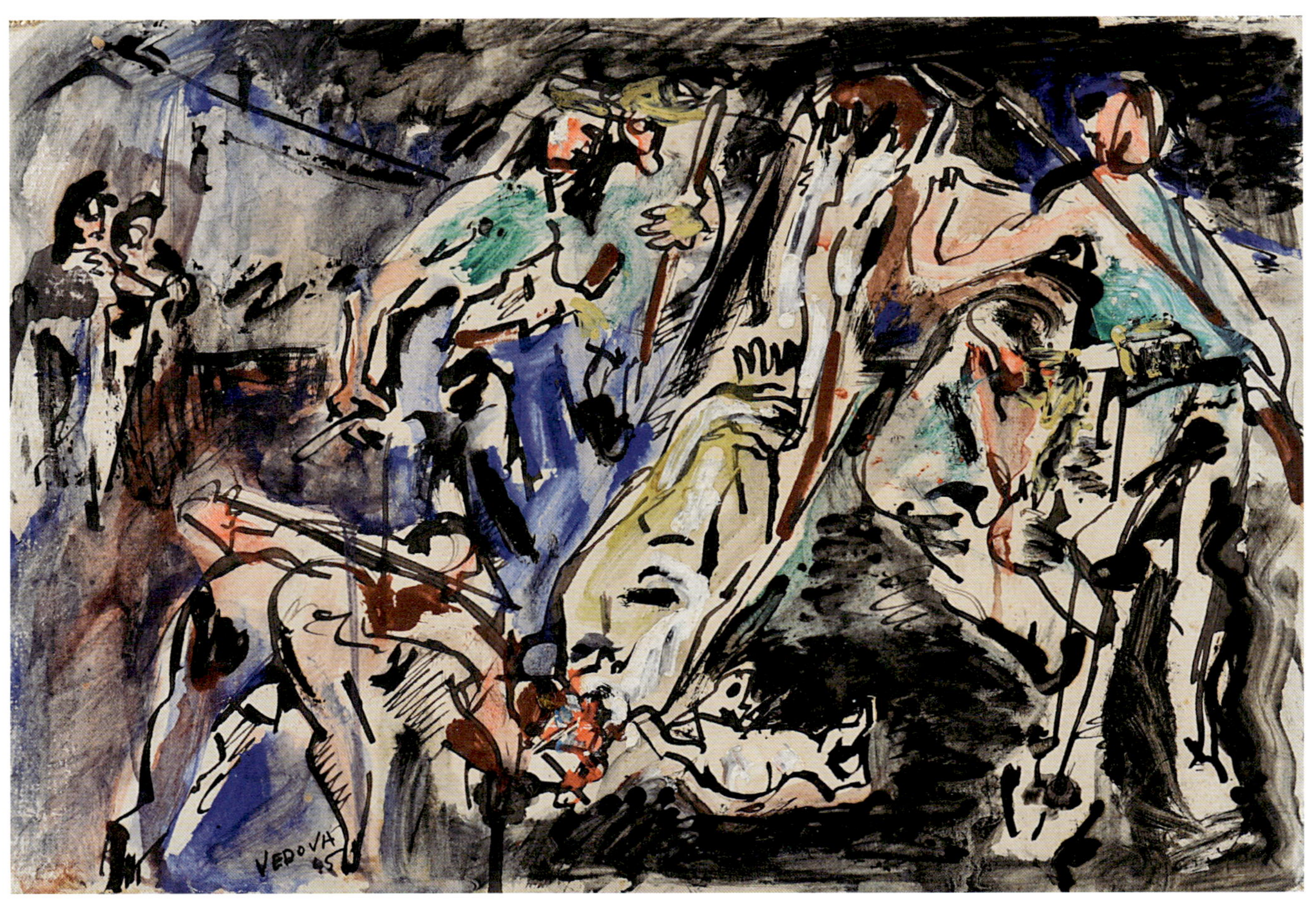

DIARIO PARTIGIANO 1945 - 3 (MORTE DI UN PARTIGIANO)
1945

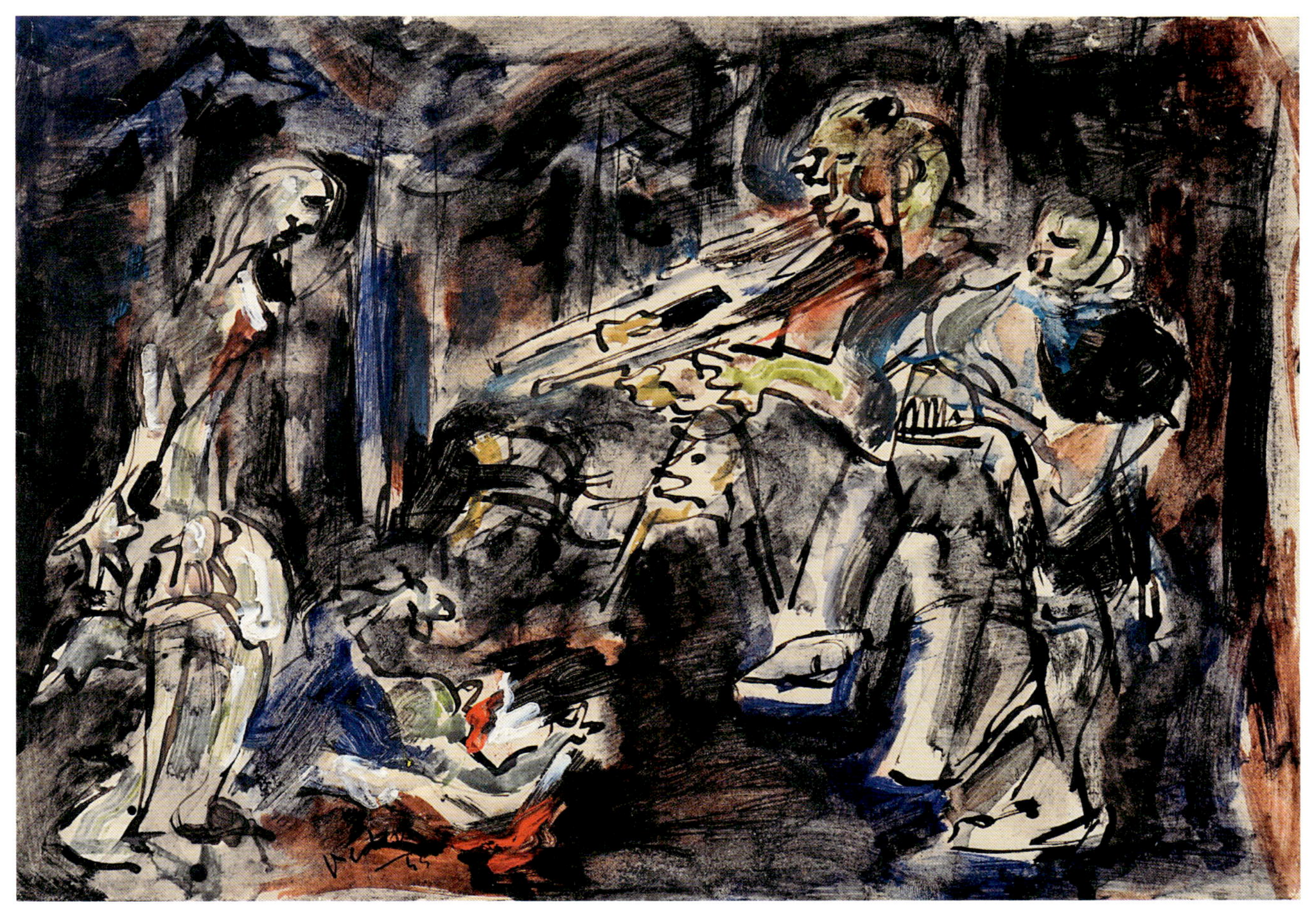

DIARIO PARTIGIANO 1945 - 5 (FUCILAZIONE)
1945

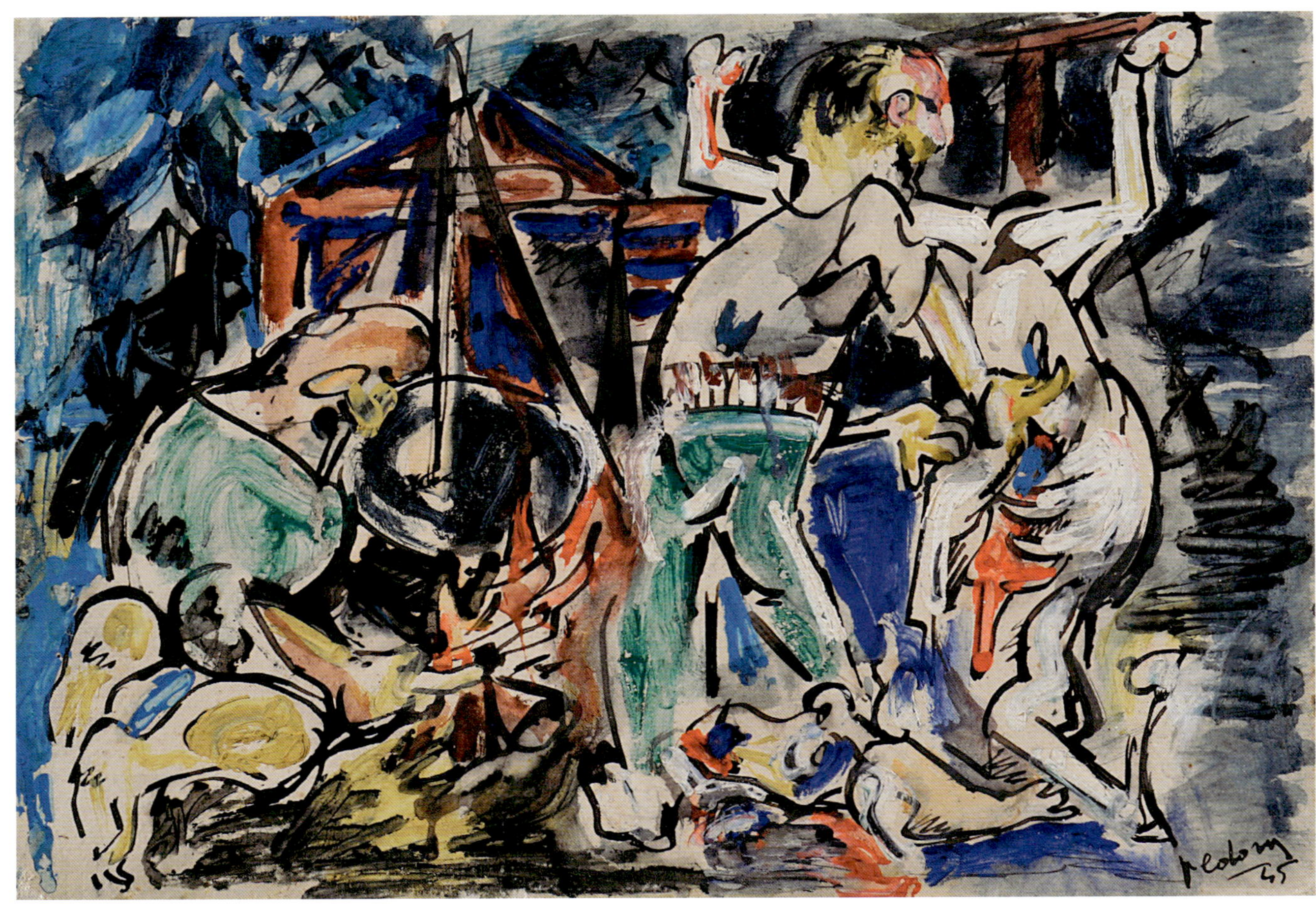

DIARIO PARTIGIANO 1945 - 6 (BIVACCO DI MONTAGNA)
1945

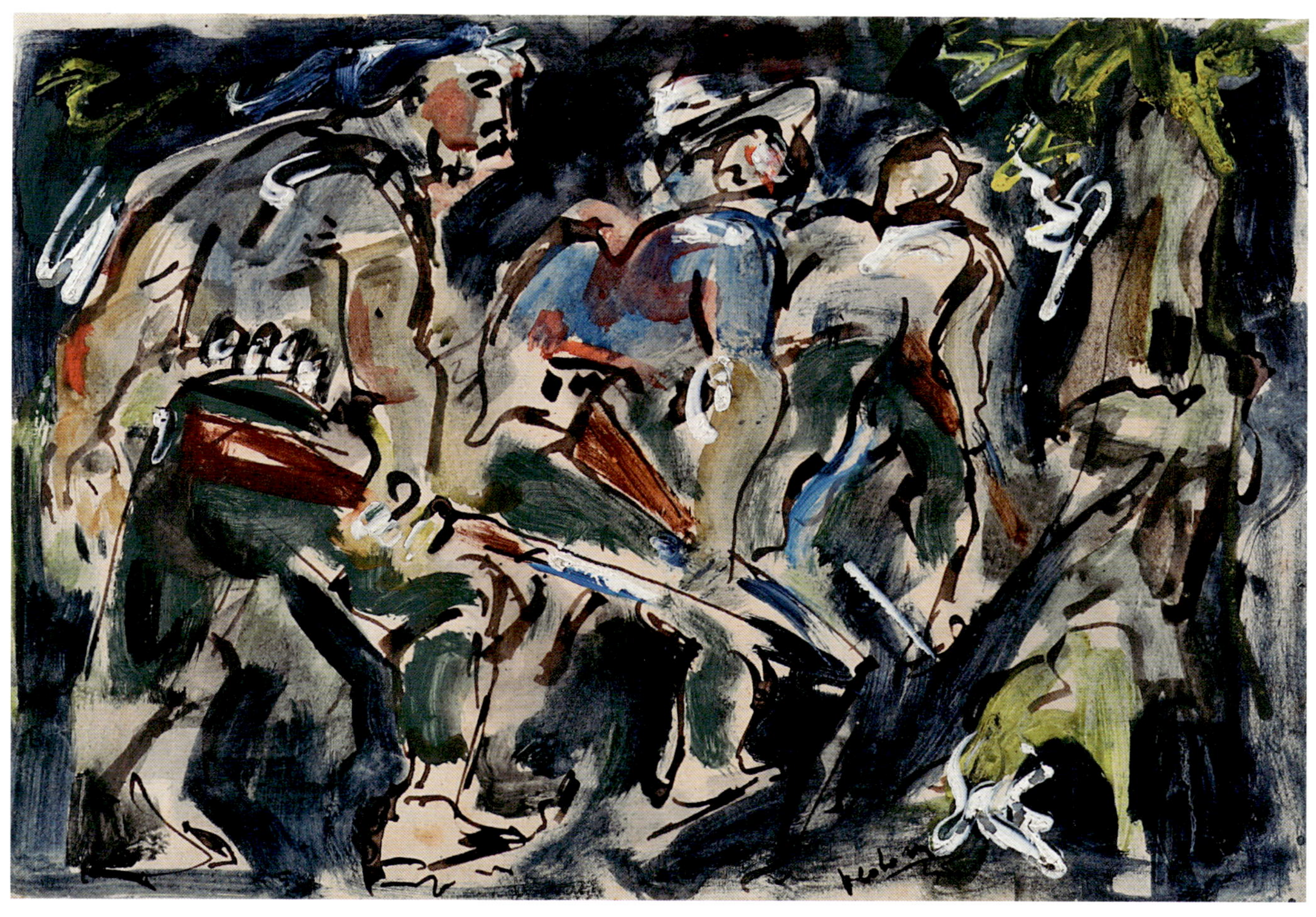

DIARIO PARTIGIANO 1945 - 8 (NEL BOSCO)
1945

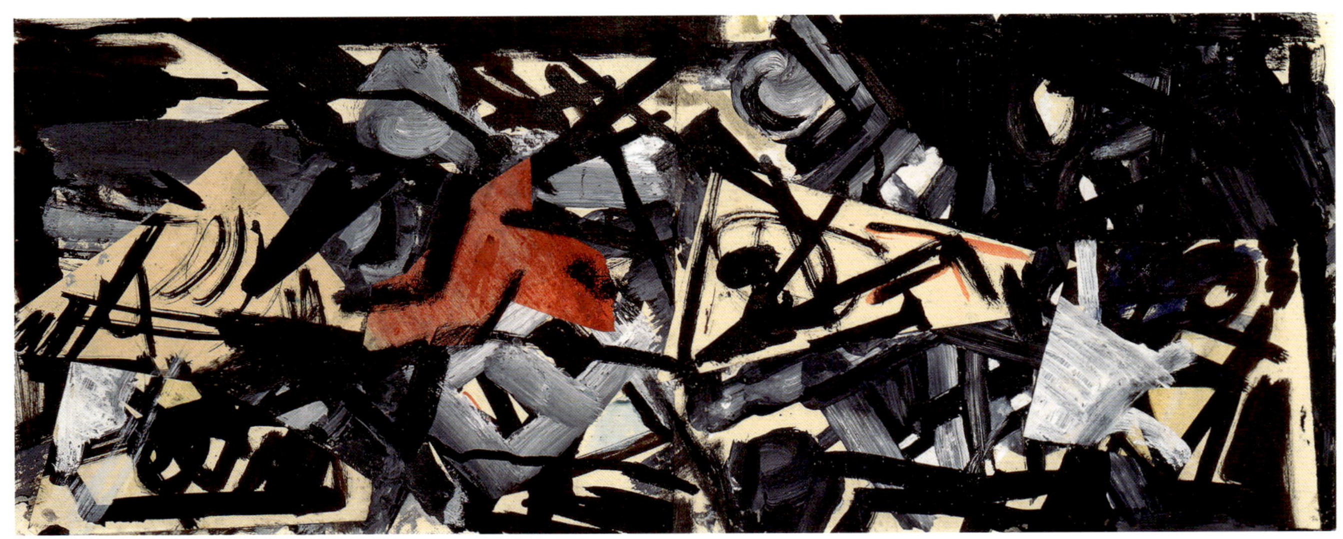

DIARIO DI COREA
1951

¶
1951

DIARIO DI COREA

« [...] OGNI SUSSULTO FIGURATIVO È ORMAI DISPERSO IN UN AVVICENDARSI DI PIANI INCLINATI, TAGLI NETTI DI INCHIOSTRO NERO, PATROCINATI DALL'USO DEL COLLAGE, UNA TECNICA CHE GLI OFFRE NUOVE OPPORTUNITÀ ESPRESSIVE, RECUPERANDO I "QUANTI" SOTTERRANEI DELLA SUA ESACERBATA SENSIBILITÀ »

" [...] EVERY FIGURATIVE HINT IS NOW DISPERSED IN A SUCCESSION OF INCLINED PLANES, SHARP SLASHES IN BLACK INK, BACKED UP WITH COLLAGE, A TECHNIQUE THAT WOULD OFFER HIM A NEW RANGE OF EXPRESSIVE OPPORTUITIES, EXPOSING THE SUBTERRANEAN 'QUANTA' OF HIS EXACERBATED SENSITIVITY "

¶
1960

VARSAVIA

« [...] VARSAVIA, CITTÀ DEL GHETTO E DEL PATTO (CHE MERITA UNA PITTURA PLUMBEA DI CONCITATE PENNELLATE) [...] »

“ [...] WARSAW, EARLIER CITY OF THE TRAGIC GHETTO AND NOW OF THE PACT — WHICH ELICITED A SOMBRE CANVAS OF FEVERED DARK BRUSHSTROKES — [...] ”

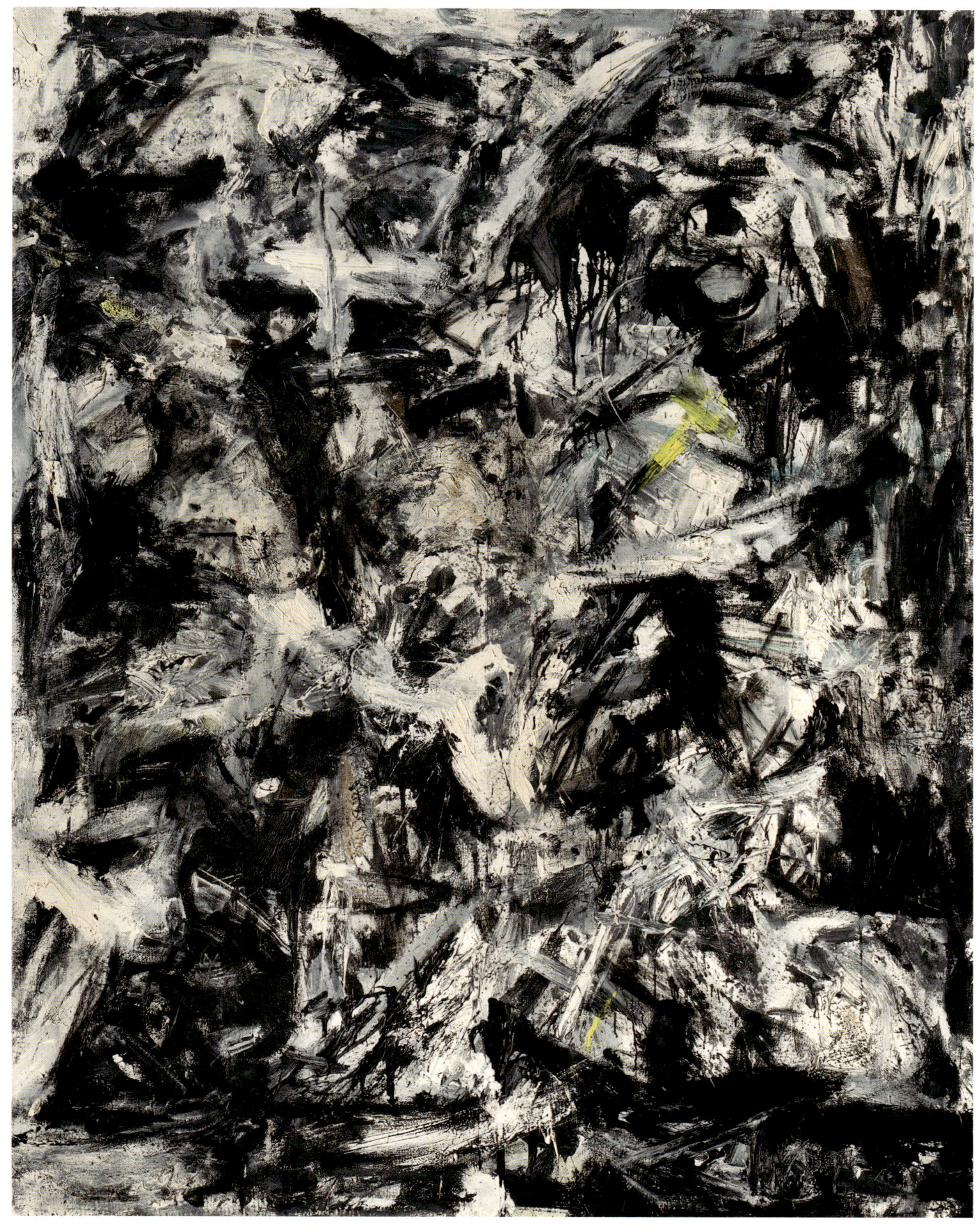

VARSAVIA 1960 - 2
1960

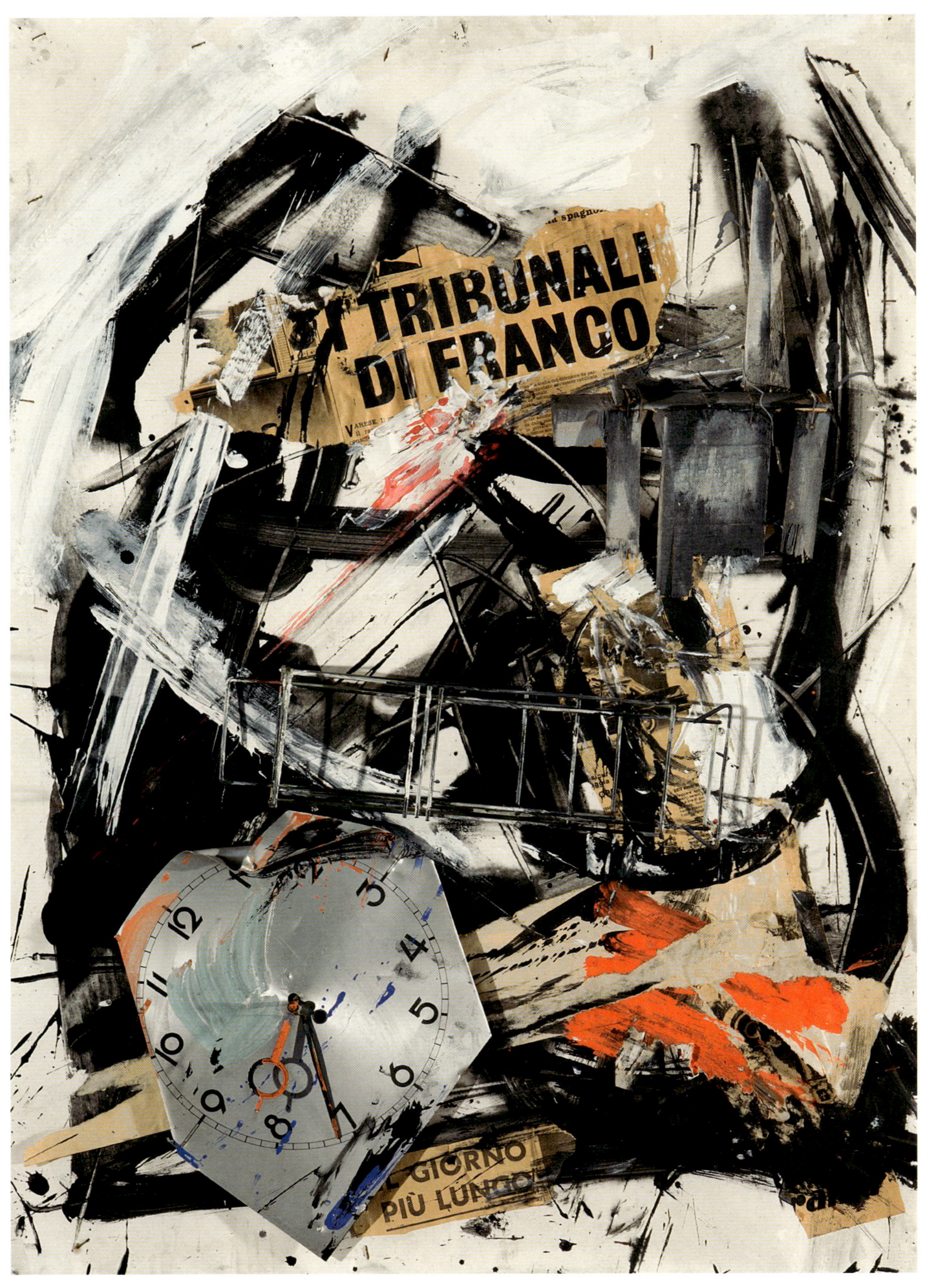

PER LA SPAGNA '61/'62 - 1/6
1961-1962

¶
1961-1962

PER LA SPAGNA '61/'62

« ASSEMBLAGE DI LEGNI, METALLI, COLLAGE DI CARTA STAMPATA, SOLCHI DI PITTURA E SEGNI DI UNA GRAFIA ARROVENTATA DA LETTERE SIMBOLO E DA PAROLE INEQUIVOCABILI: ...*LA STRAGE... I TRIBUNALI DI FRANCO... FORMIDABILE ATTO D'ACCUSA* »

" ASSEMBLAGES OF WOOD AND METAL, COLLAGES OF PRINTED PAPER, GROOVES OF THICK PAINT AND SEARING HANDWRITTEN MARKS WITH SYMBOLIC LETTERS AND UNEQUIVOCAL WORDS: ...*LA STRAGE... I TRIBUNALI DI FRANCO... FORMIDABILE ATTO D'ACCUSA* (...MASSACRE... FRANCO'S TRIBUNALS... TREMENDOUS INDICTMENT) "

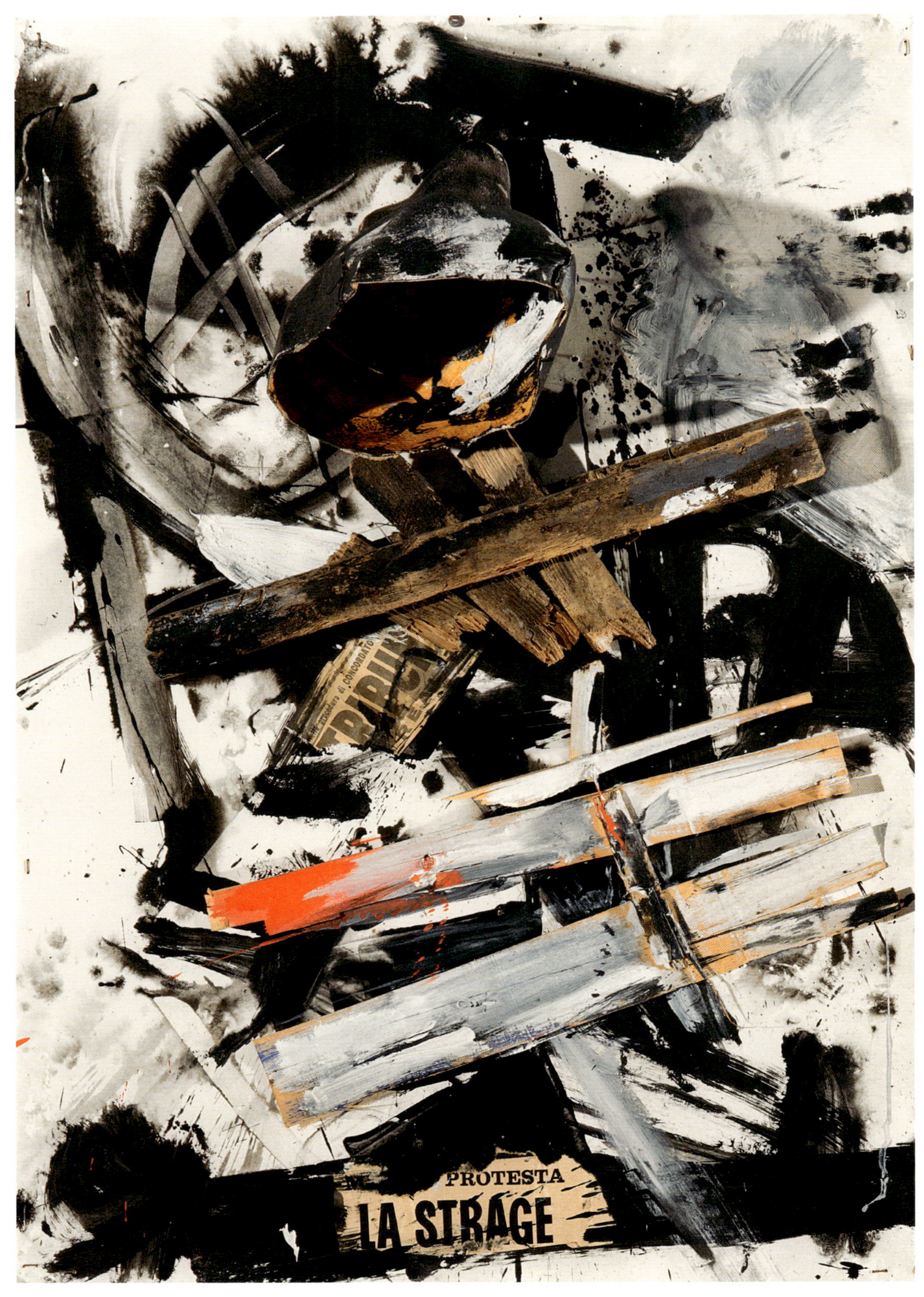

PER LA SPAGNA '61/'62 - 2/6 (MASCHERE COME GIUDICI)
1961-1962

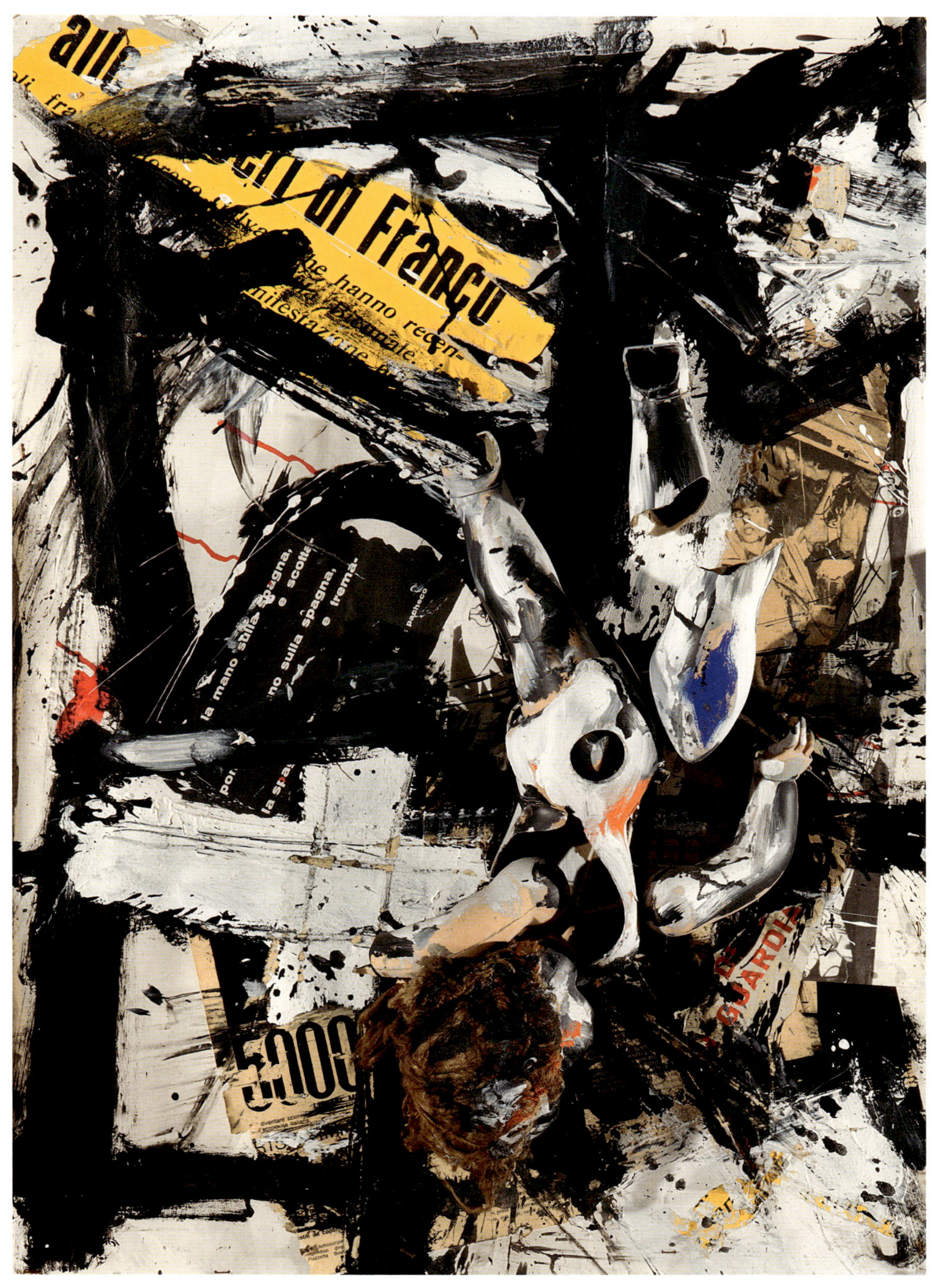

PER LA SPAGNA 1961/1962 - 5/6
1961-1962

¶
1964

BERLIN '64

« QUELLA SUA ATTITUDINE A MUOVERE LE SUPERFICI DEI QUADRI, PER ATTIVARE CORTOCIRCUITI TRA LA PITTURA, LE COSE/OGGETTO E LA PAROLA, PROCEDIMENTO CHE D'ORA IN POI GLI PERMETTERÀ DI TRASFERIRE [...] LA DENUNCIA DALL'*HORROR VACUI* DELLA MATERIA PITTORICA [...] VERSO UNA INEDITA DISSONANZA SENSORIALE, CHE SOLLECITA NUOVI, DIVERSI, SIMBOLISMI »

" HIS ABILITY TO MAKE THE SURFACES OF PAINTINGS MOVE, TO ACTIVATE SHORT CIRCUITS BETWEEN PAINTING AND THINGS, BETWEEN OBJECTS AND THE WORD, A PROCESS THAT FROM NOW ON WOULD ENABLE HIM TO TRANSFER [...] HIS DENUNCIATIONS FROM THE *HORROR VACUI* OF PICTORIAL MATTER [...] TOWARD AN UNPRECEDENTED SENSORY DISSONANCE, WHICH WOULD IN ITS TURN ELICIT NEW AND DIFFERENT SYMBOLISMS "

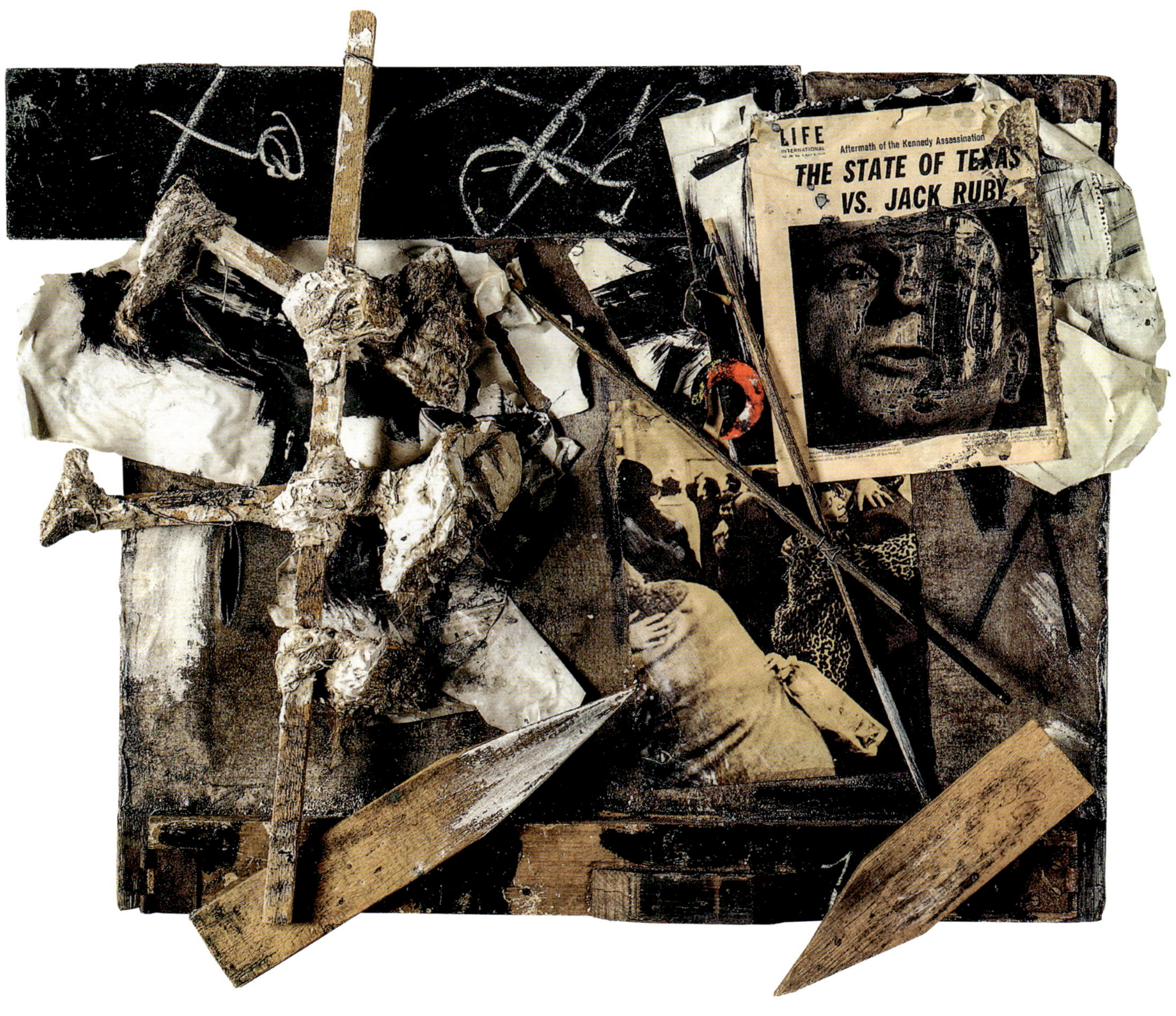

BERLIN '64
1964

¶
1968

PRAGA 1968

« [...] È UN ASSEMBLAGGIO DI MATRICI FOTOGRAFICHE, UN PUZZLE DI IMMAGINI SOVRAPPOSTE. IL RISULTATO È DI STRAORDINARIA URGENZA EMOTIVA: LE FOTOGRAFIE PRELEVATE DA DOCUMENTI APPARSI SU RIVISTE E GIORNALI, COMBINATE IN UNA SEQUENZA CAOTICA, ESALTANO LA VERITÀ DEL REALE CHE RAPPRESENTANO »

“ [...] IT IS AN ASSEMBLAGE OF JUMBLED PHOTOGRAPHS, A JIGSAW OF OVERLAPPING IMAGES. THE RESULT HAS EXTRAORDINARY EMOTIONAL URGENCY: PHOTOGRAPHS TAKEN FROM MAGAZINE AND NEWSPAPER ARTICLES, COMBINED IN A CHAOTIC SEQUENCE, INTENSIFY THE REALITY OF THE TRUTH THEY REPRESENT ”

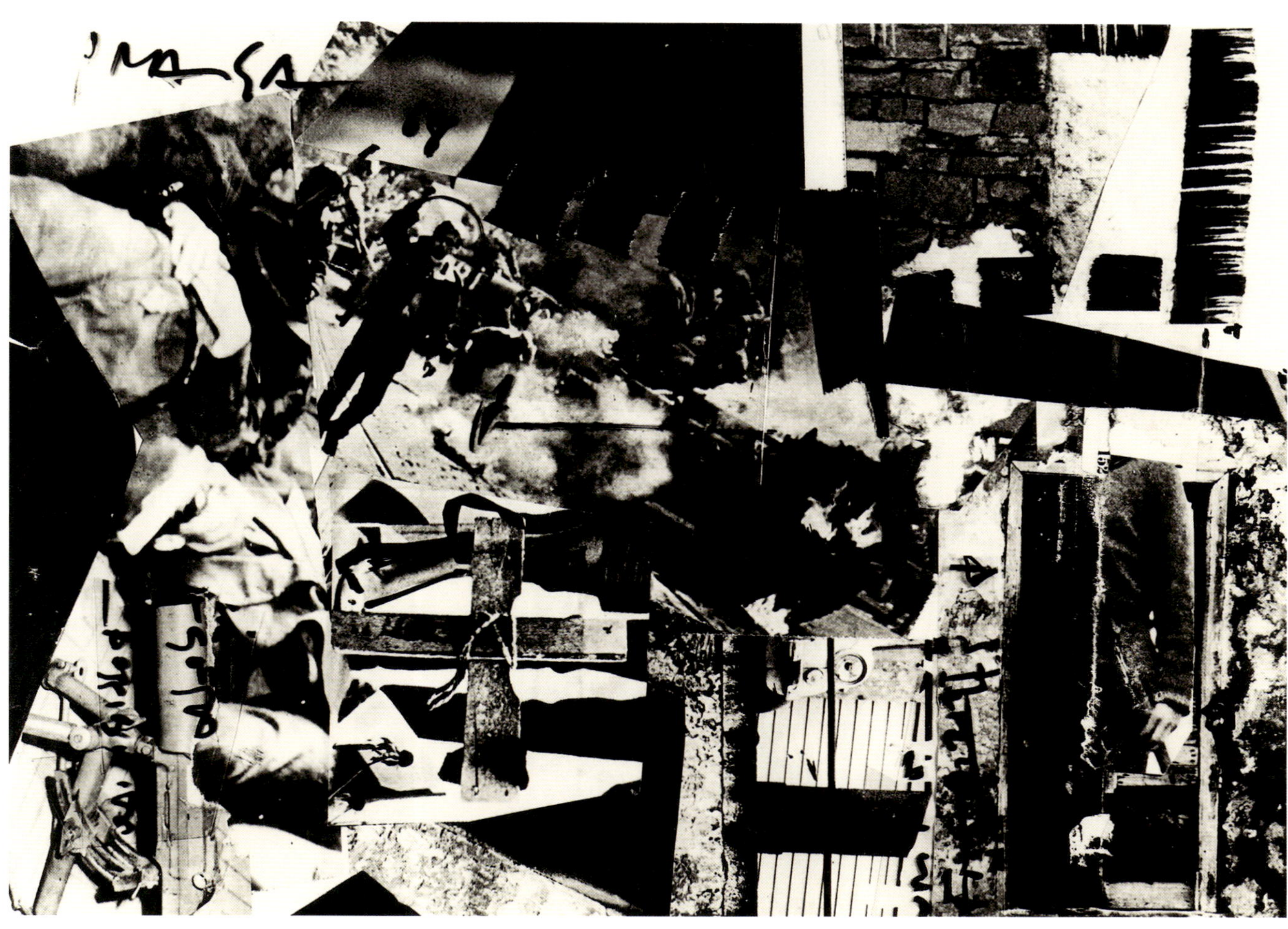

PRAGA 1968
1968

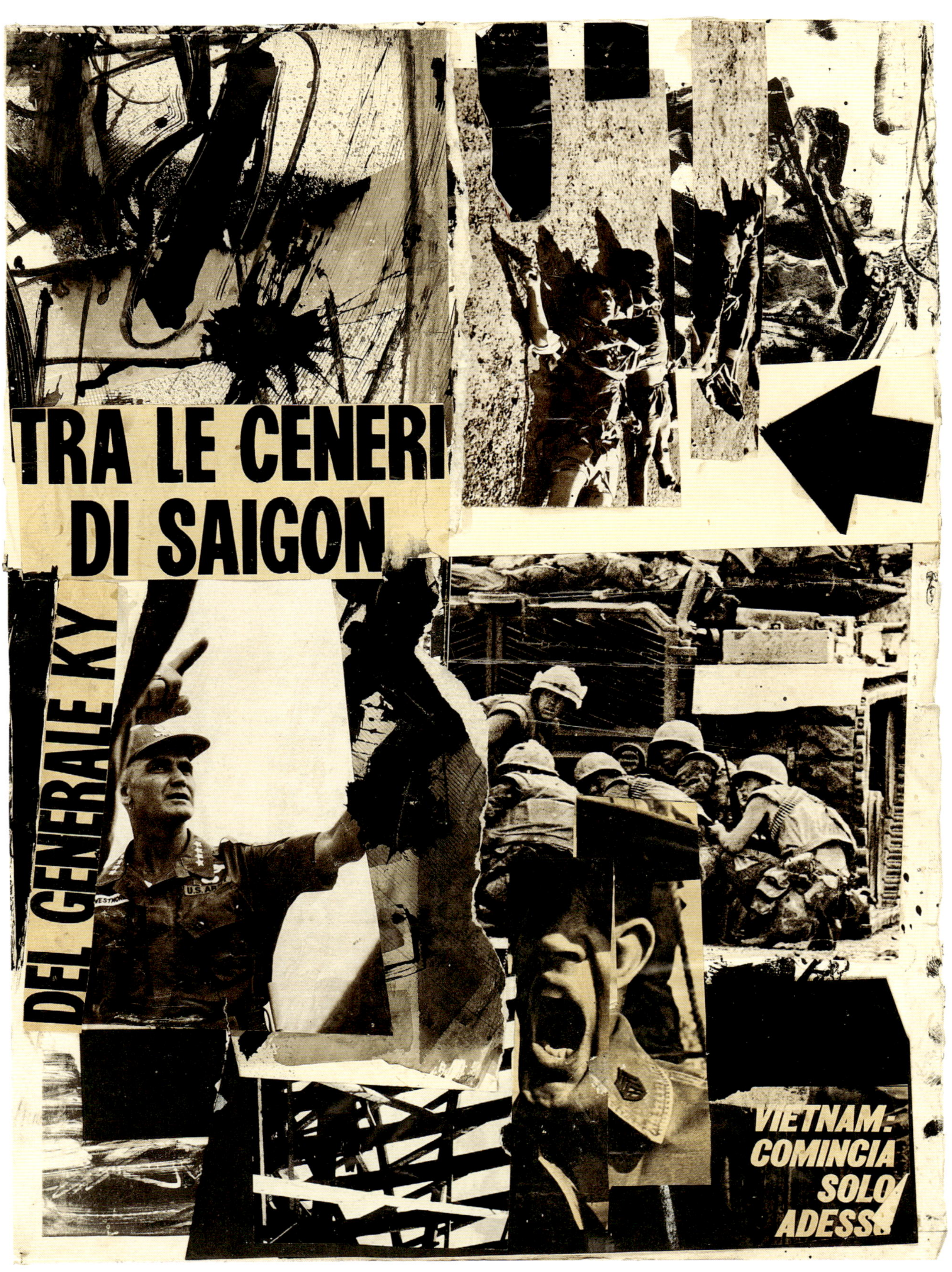
TRA LE CENERI
DI SAIGON
DEL GENERALE KY
U.S. ARMY
VIETNAM:
COMINCIA
SOLO
ADESSO

¶

1968

(TRA LE CENERI DI SAIGON)

« [...] NASCE COSÌ UNA CIFRA COMPOSITIVA CHE CARATTERIZZERÀ MOLTI LAVORI ESEGUITI IN QUESTO TORNO DI TEMPO, VIA VIA ARRICCHITI DA INNESTI FOTOGRAFICI, RITAGLI DI GIORNALE, COLLAGE, TITOLI DI ARTICOLI, IN UNA PIÙ CHE EVIDENTE CITAZIONE DADAISTA, FINO AD ARRIVARE ALL'ESCLUSIONE VERA E PROPRIA DELLA PITTURA »

“ [...] A COMPOSITIONAL VOCABULARY THAT WOULD CHARACTERISE MANY WORKS EXECUTED AT THAT TIME, INCREASINGLY ENRICHED WITH PHOTOGRAPHIC GRAFTINGS, NEWSPAPER CLIPPINGS, COLLAGES, HEADLINES, OF EVIDENT DADAIST INSPIRATION, TO THE POINT OF ALMOST ELIMINATING ACTUAL PAINTING ”

(TRA LE CENERI DI SAIGON)
1968

¶
1991

TONDO
(GOLFO, MAPPA DI GUERRA)

« È LA CONDANNA DELLA GEOPOLITICA CHE GOVERNA LA TERRA E MANOVRA I SISTEMI ECONOMICI E SOCIALI, NEL DISPREZZO DI OGNI UMANITÀ. TRA LE SCRITTE TRACCIATE IN ALTO SULLA SUPERFICIE LEGGIAMO DISTINTAMENTE DUE PAROLE, UNA PROFEZIA: *MONDO* E *REQUIEM* »

“ IT IS A WHOLESALE CONDEMNATION OF THE GEOPOLITICS THAT GOVERN THE EARTH AND MANOEUVRE ECONOMIC AND SOCIAL SYSTEMS, IN DISREGARD OF HUMANITY'S HUMANITY. AMONG THE INSCRIPTIONS ETCHED HIGH UP ON THE SURFACE WE READ DISTINCTLY TWO PROPHETIC WORDS: *MONDO* AND *REQUIEM* ”

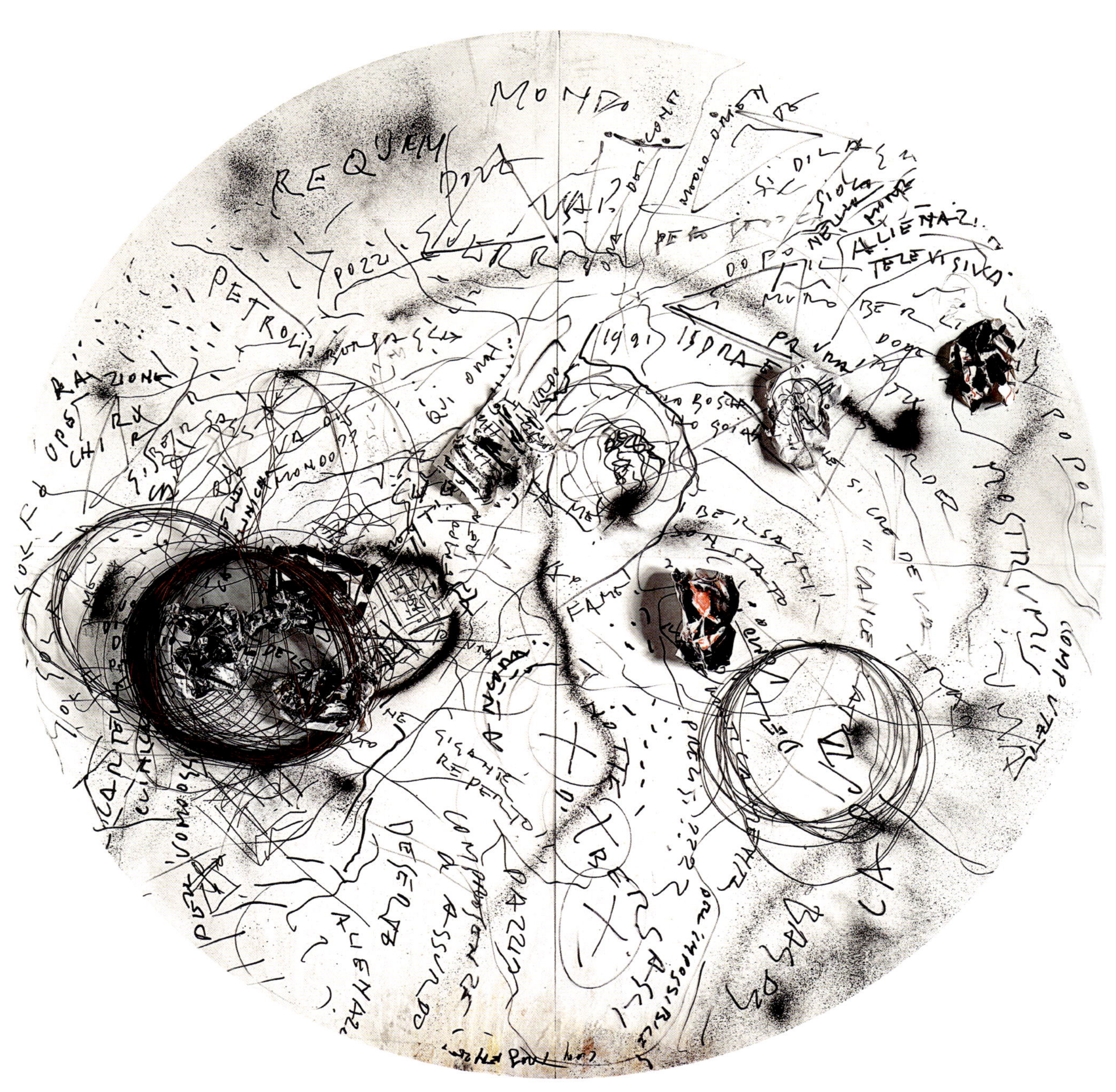

TONDO (GOLFO, MAPPA DI GUERRA)
1991

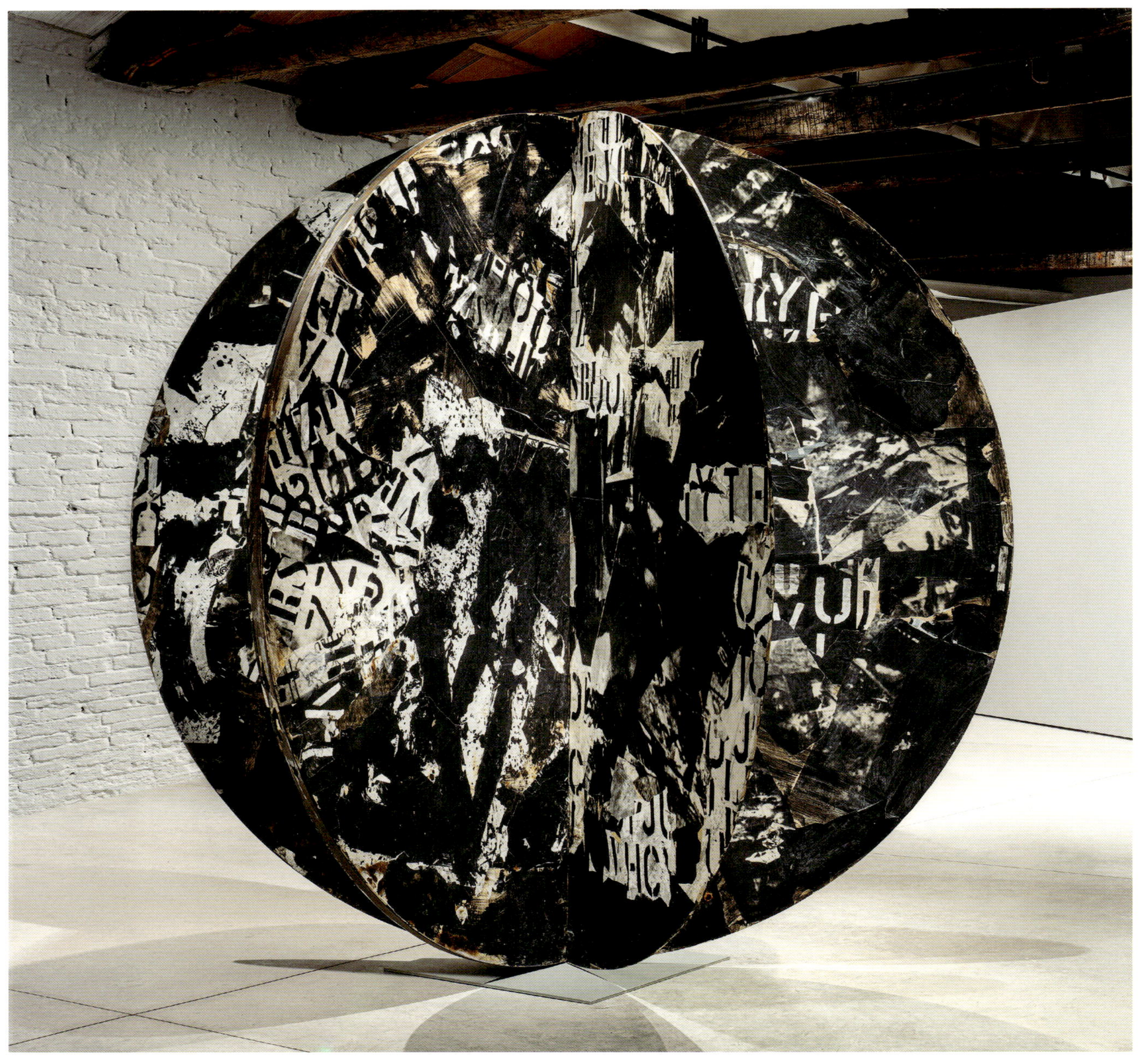

CHI BRUCIA UN LIBRO BRUCIA UN UOMO
1993

¶
1993

CHI BRUCIA UN LIBRO BRUCIA UN UOMO

« VEDOVA È IN PRIMA LINEA A DENUNCIARE UN CRIMINE CHE RIPORTA L'EUROPA AGLI ANNI BUI DEL NAZISMO. COME NON RICORDARE I FALÒ SULL'UNTER DEN LINDEN IN OBERNPLATZ A BERLINO? ANCORA UNA VOLTA L'INDIGNAZIONE SI FA RESPONSABILITÀ MORALE: NEL 1993 CREA UN *PLURIMO* [...] COSTRUITO CON TONDI INTERSECANTI, SUPERFICI DOVE INCOLLA CARTE, COLLAGE, AGGIUNGE SCRITTE E NUOVE MEMORIE »

" VEDOVA WAS AMONG THE FIRST TO DENOUNCE A CRIME THAT SEEMED TO BE TAKING EUROPE BACK TO THE DARK YEARS OF NAZISM. HOW COULD ONE NOT REMEMBER THE BONFIRES ON THE OPERNPLATZ OFF UNTER DEN LINDEN? ONCE AGAIN, LOUD INDIGNATION BECAME A MORAL RESPONSIBILITY: IN 1993 HE CREATED A *PLURIMO* [...] BUILT OUT OF INTERSECTING TONDI, SURFACES ON WHICH HE GLUED PAPERS, COLLAGES, ADDING INSCRIPTIONS AND NEW-MINTED MEMORIES "

RIVOLUZIONE VEDOVA

ALLESTIMENTO
INSTALLATION PLAN

Alvisi Kirimoto

Per la progettazione dell'allestimento siamo partiti dalla sala dell'M9, una sala asimmetrica, di oltre 1200 metri quadrati, potente e dalla luce straordinaria grazie alla copertura a *shed* tipica di un edificio industriale: il luogo perfetto per Vedova.
Per creare i tre ambiti richiesti dalla curatrice Gabriella Belli abbiamo immaginato un segno deciso che invade e divide la sala orientando il percorso espositivo.
Come una grande e irregolare "scheggia" la struttura centrale definisce i tre scenari legati ai cicli di opere esposti: *...in continuum, compenetrazioni/traslati '87/'88*, 1987-1988, *Absurdes Berliner Tagebuch '64*, 1964, *Dischi* e *Tondi*, 1985-1995; mentre le opere a parete, associate a particolari momenti storici del Novecento, sono intese come delle punteggiature, degli accenti, utili a raccontare i conflitti bellici rispetto ai quali Vedova partecipa con vigore.
La scheggia è pensata come una struttura composita, definita da tre fogli piegati di forma irregolare che scandiscono lo spazio e ne modellano anche il profilo. I lembi di questi fogli sono distaccati tra di loro in modo

Alvisi Kirimoto,
Modello "mattonella",
Modelab, Roma

Our installation plan started with the M9 exhibition space, an asymmetrical hall measuring over 1200 square metres, a powerful presence in itself and with extraordinary light thanks to the shed roof typical of an industrial building — the perfect setting for Vedova.
To create the three areas requested by the curator Gabriella Belli, we imagined a strong abstract form that invades and splits the room, directing the exhibition itinerary.
Like a large and irregular "shard", the central structure defines the three settings related to the cycles of works on display: *...in continuum, compenetrazioni/traslati '87/'88*, 1987–1988, *Absurdes Berliner Tagebuch '64*, 1964, *Dischi* and *Tondi*, 1985–1995; while the wall-hung pieces, linked with key twentieth-century historical moments, are intended as to set a seal on, to accent the works, and to narrate the wartime conflicts to which Vedova so vigorously responded.
The shard is conceived as a composite structure, defined by three irregularly shaped folded sheets that define each space and also shape its profile. The end-flaps of these

Alvisi Kirimoto,
"Mattonella" model,
Modelab, Rome

da poter guardare attraverso le giunzioni nei tre spigoli e leggere la struttura come un elemento articolato, un vero e proprio strumento di lavoro. La scheggia, quindi, rende separati e differenti l'uno dall'altro i tre ambiti per mostrare al meglio i cicli di opere esposti.
La sala dedicata alla mostra non è uno spazio neutro non solo per la sua conformazione planimetrica e per la luce naturale, ma anche per le grandi aperture direzionate verso la città che permettono di legare l'opera dell'artista alla natura urbana dell'installazione.
Entrando nell'ambiente ci si immerge totalmente nel mondo di Vedova con la dirompente opera *...in continuum, compenetrazioni/traslati '87/'88*, che, grazie alla sua forza espressiva e articolazione spaziale conquista completamente il visitatore con le sue centodue tele esposte in una stratificazione libera e senza un ordine particolare.
La seconda zona ospita i *Plurimi* del ciclo *Absurdes Berliner Tagebuch '64*, composto da sette elementi realizzati con strutture a cerniera, di cui due sospesi da terra, che invadono e articolano lo spazio.
Le due superfici della scheggia che definiscono quest'area sono anche inclinate verticalmente, in modo da ampliare l'ambito di riferimento, creare tensione spaziale e accogliere il dinamismo di queste opere così irregolari e piene di stratificazioni cromatiche.

sheets are detached from each other enabling the viewer to look through the joints in the three corners and read the structure as an articulated element, a practical working mechanism. The shard renders the three areas distinct from one other to best accentuate the individuality of the cycles on display.
The hall hosting the show is not a neutral space, not only because of its planimetric conformation and exceptional natural light, but also because of the large windows facing the city which permit the artist's work to connect to the urban nature of the installation.
Entering the exhibition space, you are totally immersed in the world of Vedova with the explosive *...in continuum, compenetrazioni/traslati '87/'88*, whose expressive power and spatial articulation, overwhelms the visitor with its 102 canvases apparently displayed helter-skelter and in no particular order.
The second area houses the *Plurimi* from the *Absurdes Berliner Tagebuch '64*, cycle, comprising 7 hinged structures, two of which are suspended above ground, invading and breaking up the space.
The two shard surfaces that define this area are also tilted vertically, so as to widen the scope of reference, create spatial tension and accommodate the dynamism of these startlingly irregular and chromatically layered works.
The third section, on the other hand, is punctuated by the

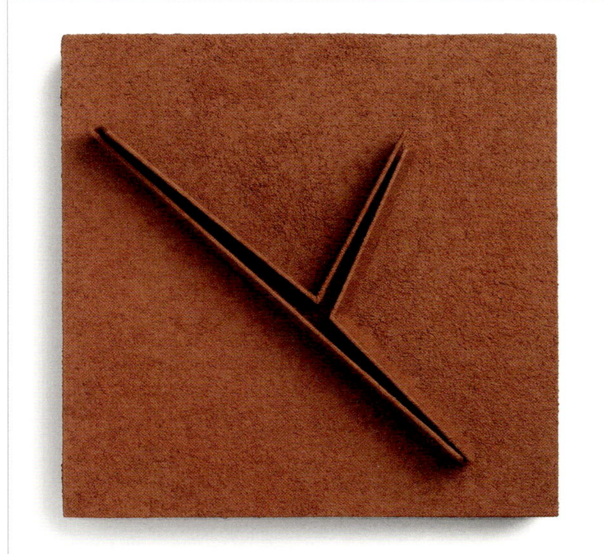

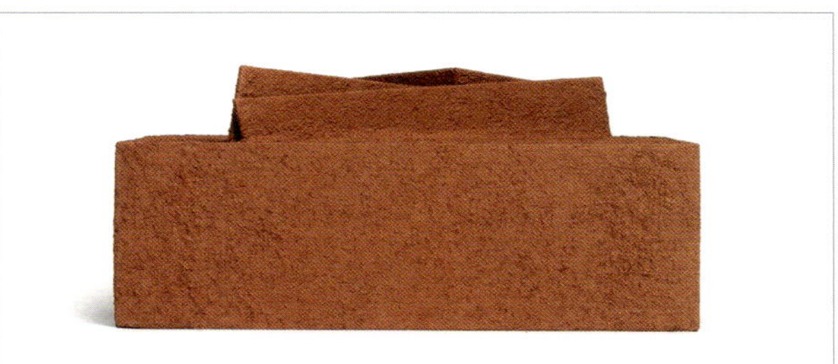

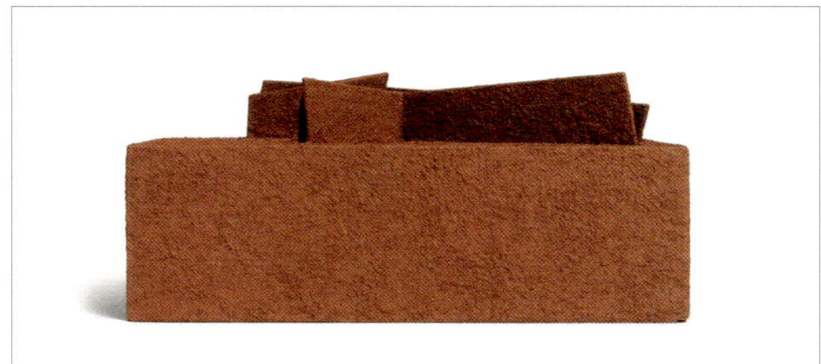

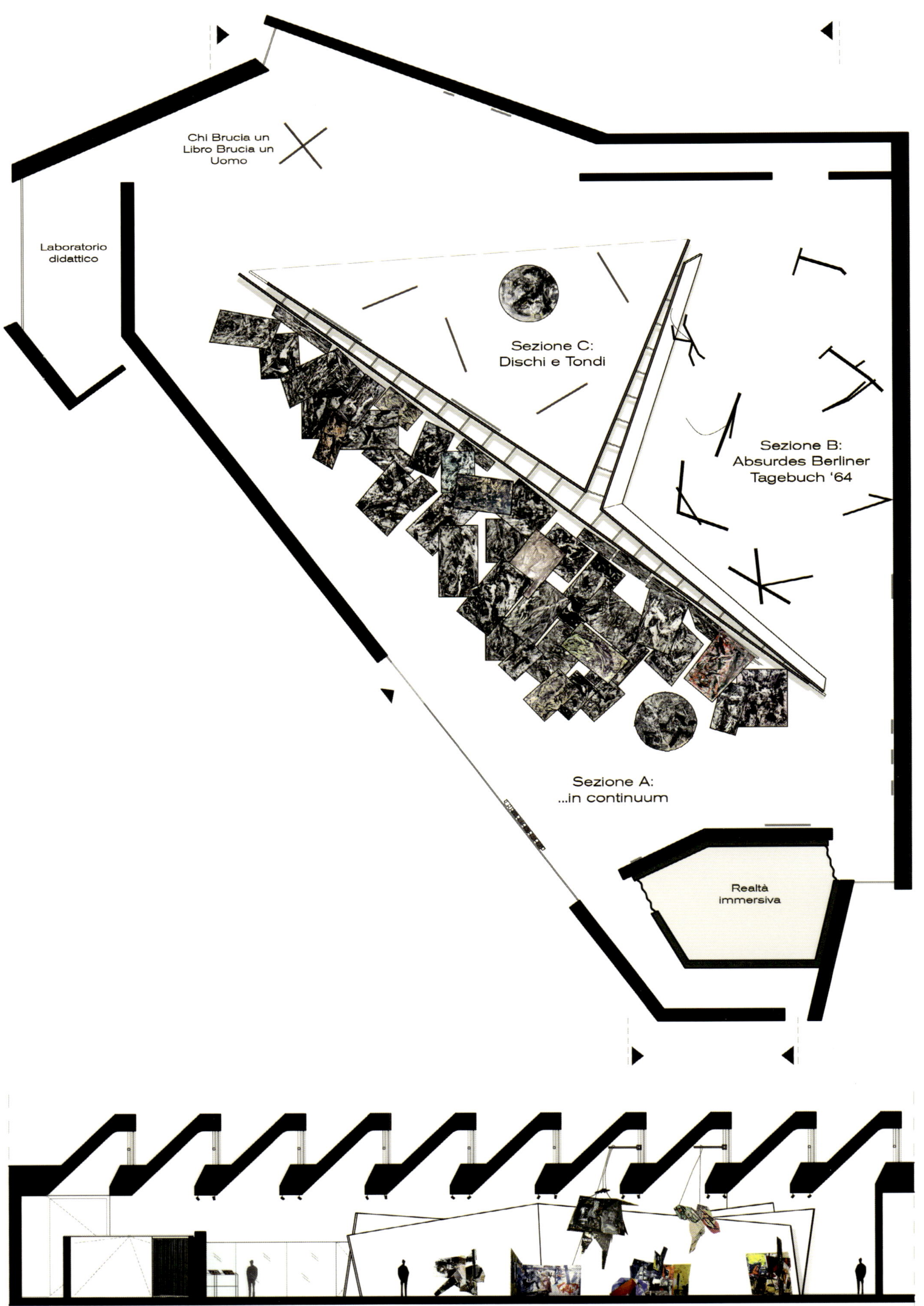
Chi Brucia un Libro Brucia un Uomo
Laboratorio didattico
Sezione C: Dischi e Tondi
Sezione B: Absurdes Berliner Tagebuch '64
Sezione A: ...in continuum
Realtà immersiva

La terza sezione, invece, è puntellata dalla presenza dei *Dischi* che fluttuano per lo spazio e dei *Tondi* adagiati a terra o appesi alla parete della scheggia. Grazie alle loro molteplici giaciture l'osservatore può addentrarsi nel percorso definito da queste grandi tele circolari. Alla fine del percorso quasi labirintico generato dalle opere si erge, leggermente distaccata dal resto, *Chi brucia un libro brucia un uomo* (1993), opera legata all'incendio della biblioteca di Sarajevo del 1992, di fortissimo valore simbolico.
Per introdurre l'esposizione il corridoio del secondo piano è stato pensato come uno spazio introduttivo in cui conoscere Emilio Vedova e contestualizzare la sua opera nel periodo storico in cui ha vissuto, costellato di eventi e nodi cruciali della storia del Novecento.

presence of *Dischi* floating in space and *Tondi* scattered on the ground or hanging on the shard wall. Thanks to their multiple locations, the viewer must embark along a route defined by these large circular canvases. At the end of the almost labyrinthine path generated by the works stands, slightly detached from the rest, *Chi brucia un libro brucia un uomo* (1993) [Whoever burns a book burns a man], a highly charged piece provoked by the Sarajevo Library fire of 1992.
Introducing the exhibition, the approach corridor on the second floor is designed as an introductory space in which to get to know Emilio Vedova and contextualise his work within the historical period in which he lived, highlighting crucial events and turning points in the history of the twentieth century.

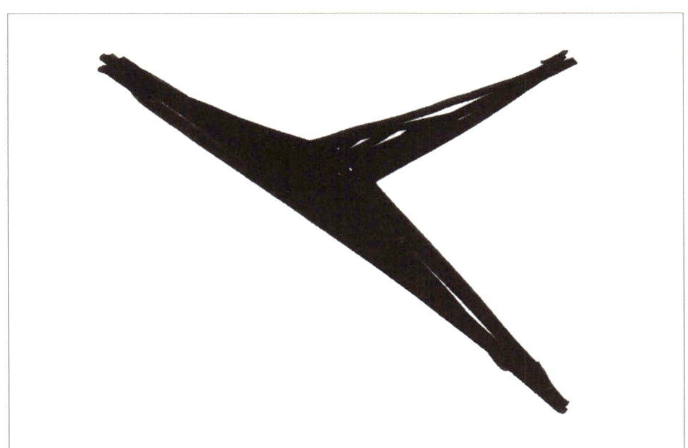

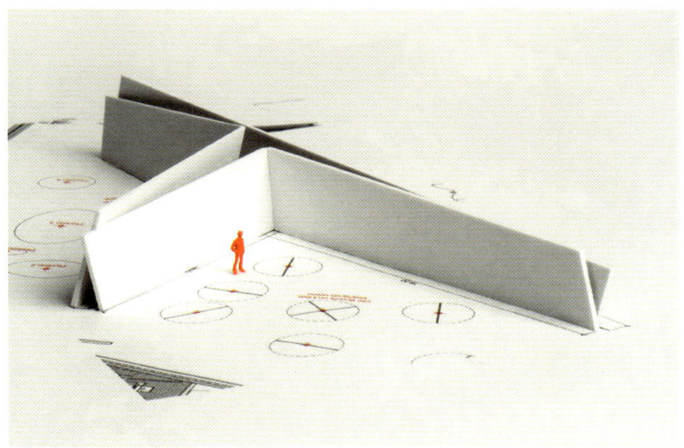

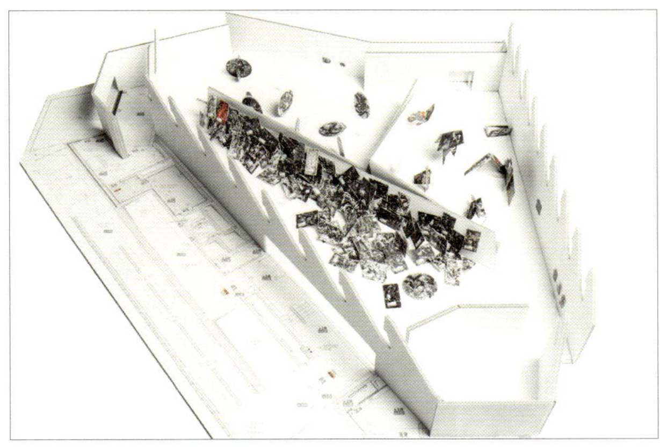

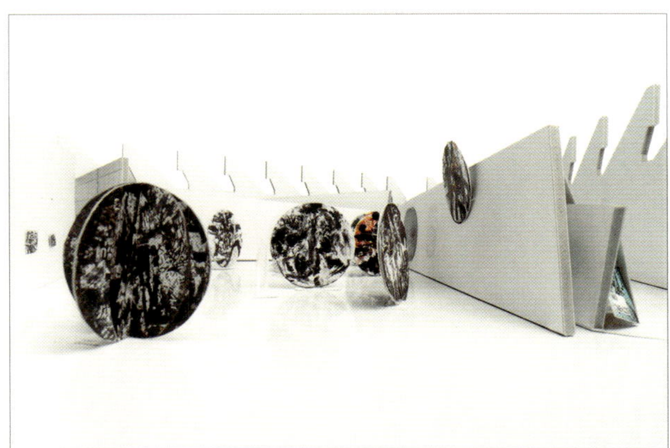

← Planimetria e sezione generale dell'allestimento

↑ Schizzo e modelli di studio dell'allestimento

← Floor plan and general section of the installation plan

↑ Sketch and study models of the installation plan

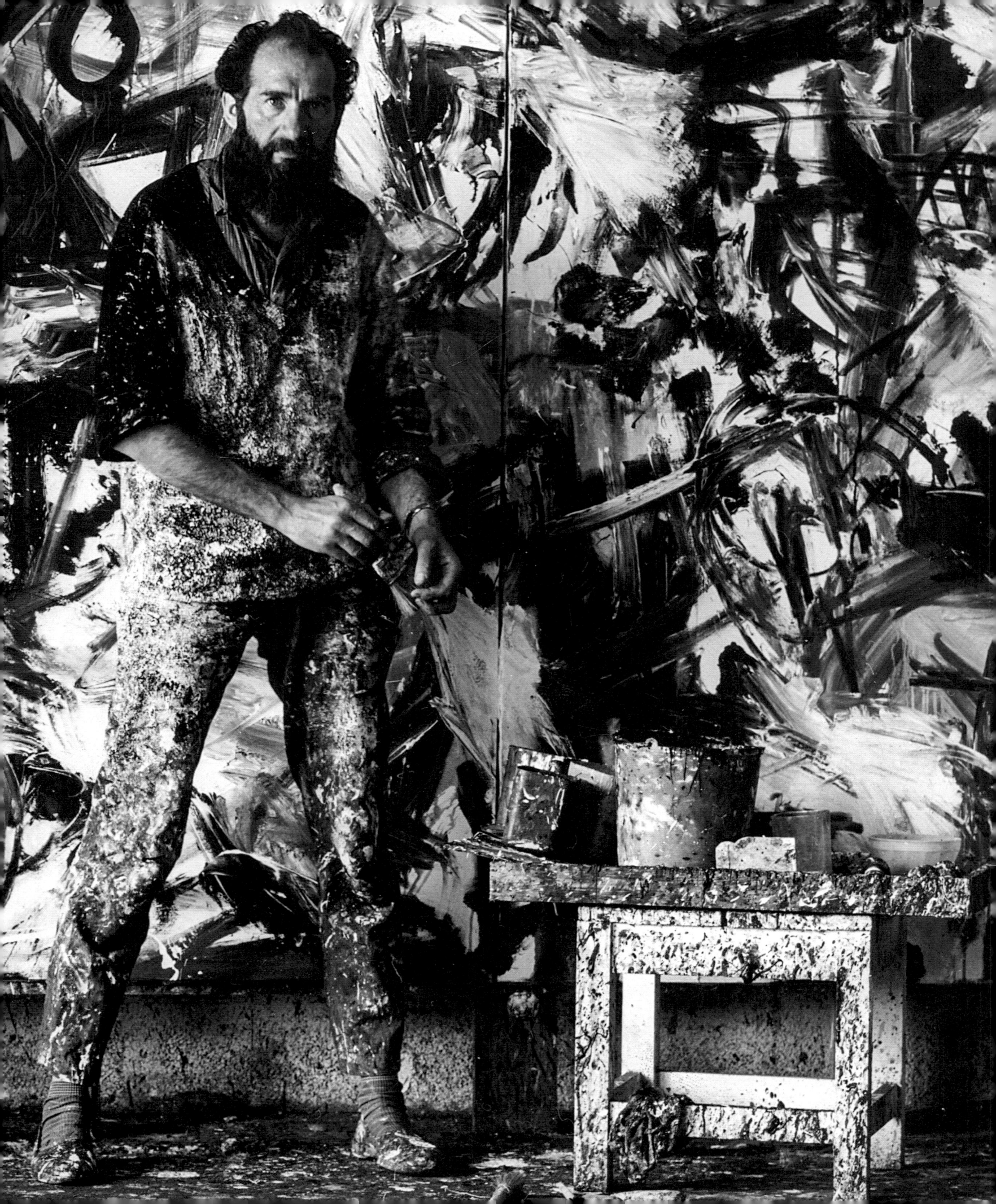

APPARATI

APPENDIX

ELENCO DELLE OPERE IN MOSTRA

LIST OF EXHIBITED WORKS

Le didascalie delle opere di Emilio Vedova sono composte come segue: titolo (redatto riportando l'iscrizione manoscritta presente sul retro dell'opera oppure, in assenza di indicazioni, la proposta di titolo dell'Archivio Fondazione Emilio e Annabianca Vedova entro parentesi in corsivo); anno di esecuzione; tecnica e misure; collocazione, omessa in caso le opere siano di Fondazione; sigla "AFV" seguita dal numero che identifica l'opera nell'Archivio Fondazione Emilio e Annabianca Vedova.

The captions for Emilio Vedova works of art contain: title (following the manuscript inscription on the back of the work or, where there is no such indication, a proposed title put forward by the Archivio Fondazione Emilio e Annabianca Vedova in brackets and in italic script); year of execution; technique and dimensions; collocation, omitted in case of works owned by Fondazione; the initialism AFV followed by the work's catalogue number in the Archivio Fondazione Emilio e Annabianca Vedova.

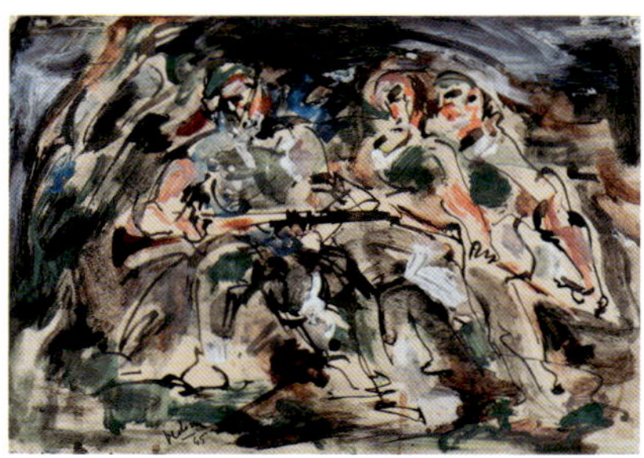

DIARIO PARTIGIANO 1945 - 2 (AGGUATO), 1945
25 × 35 cm
Pittura a tempera e inchiostro su carta intelata / Tempera and ink on canvas paper
AFV3639

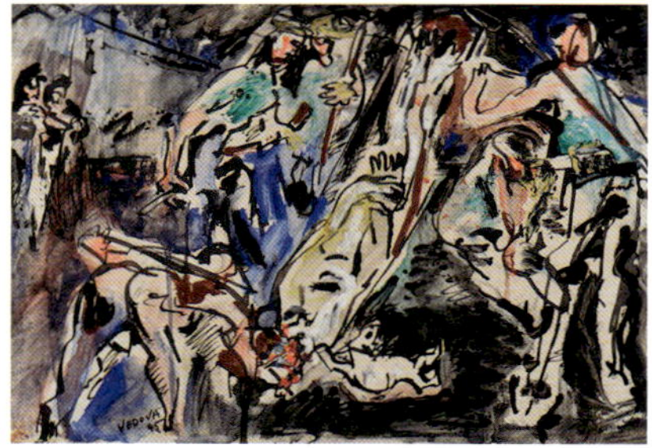

DIARIO PARTIGIANO 1945 - 3 (MORTE DI UN PARTIGIANO), 1945
25 × 35 cm
Pittura a tempera e inchiostro su carta intelata / Tempera and ink on canvas paper
AFV3640

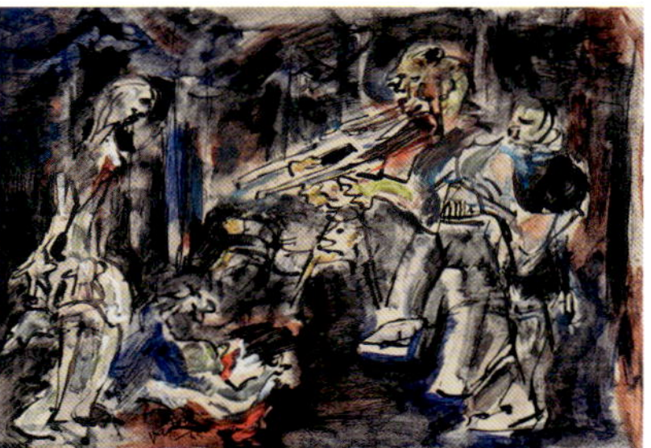

DIARIO PARTIGIANO 1945 - 5 (FUCILAZIONE), 1945
25 × 35 cm
Pittura a tempera e inchiostro su carta intelata / Tempera and ink on canvas paper
AFV3638

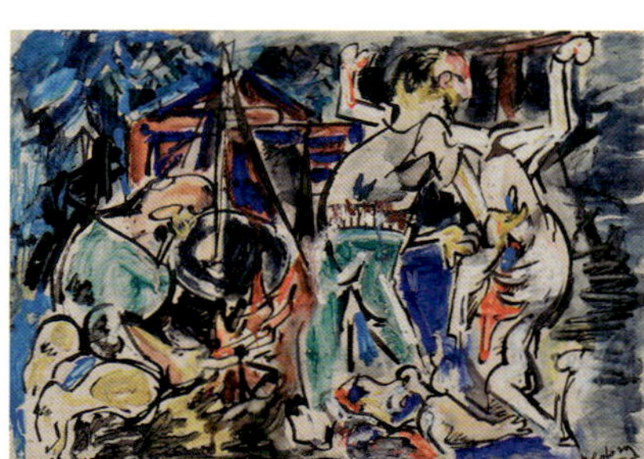

DIARIO PARTIGIANO 1945 - 6 (BIVACCO DI MONTAGNA), 1945
25 × 35 cm
Pittura a tempera e inchiostro su carta intelata / Tempera and ink on canvas paper
AFV3641

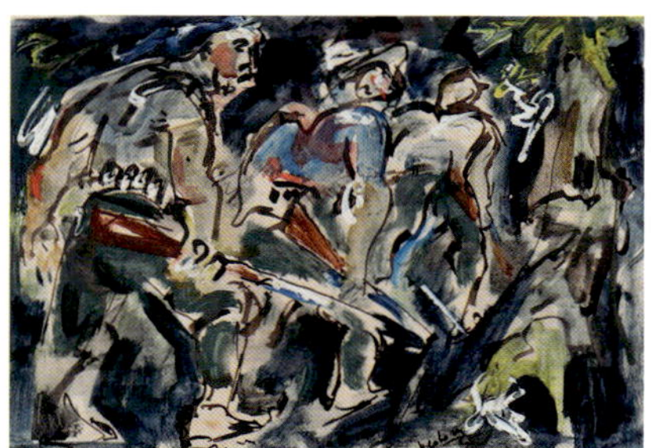

DIARIO PARTIGIANO 1945 - 8 (NEL BOSCO), 1945
25 × 35 cm
Pittura a tempera e inchiostro su carta intelata / Tempera and ink on canvas paper
AFV3083

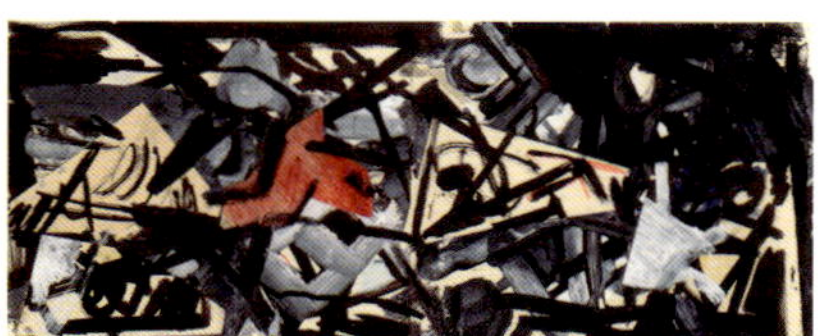

DIARIO DI COREA, 1951
23,5 × 57 cm
Pittura a tempera, inchiostro e carta su carta intelata / Tempera, ink and paper on canvas paper
Collezione privata, Torino / Private collection, Turin
AFV4120

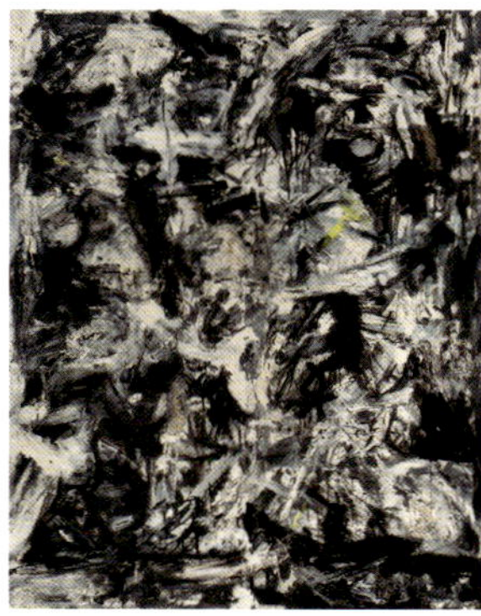

VARSAVIA 1960 - 2, 1960
274 × 218 cm
Pittura a tempera, carboncino e sabbia su tela / Tempera, charcoal and sand on canvas
Collezione della / Collection of Fondazione Cariverona, Verona
AFV2086

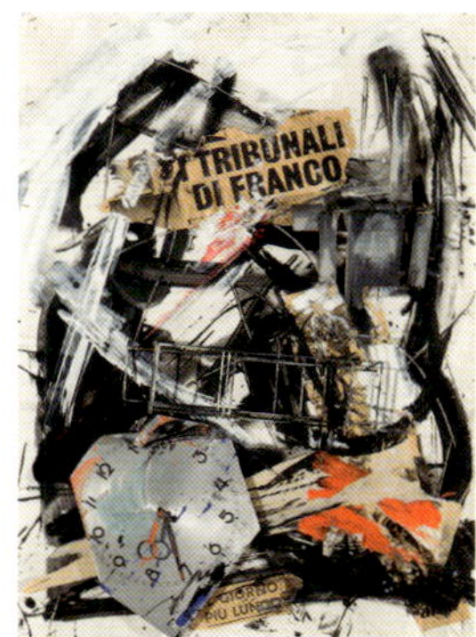

PER LA SPAGNA '61/'62 - 1/6, 1961-1962
100 × 70 × 9 cm
Pittura vinilica, pittura a tempera, inchiostro, carboncino, carta, legno, metallo, fil di ferro su cartoncino fissato su legno / Vinyl paint, tempera, ink, charcoal, paper, wood, metal, iron wire on cardboard fixed on wood
AFV1652

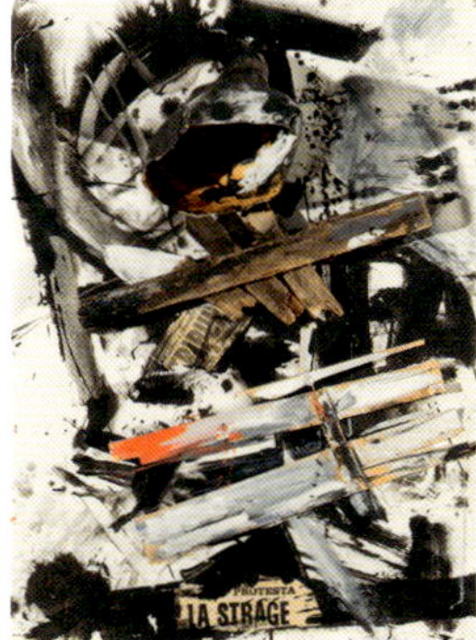

PER LA SPAGNA '61/'62 - 2/6 (MASCHERE COME GIUDICI), 1961-1962
100 × 70 × 24 cm
Pittura vinilica, pittura a tempera, inchiostro, carboncino, gesso, carta, ferro, legno su cartoncino fissato su legno / Vinyl paint, tempera, ink, charcoal, plaster, paper, iron, wood on cardboard fixed on wood
AFV4343

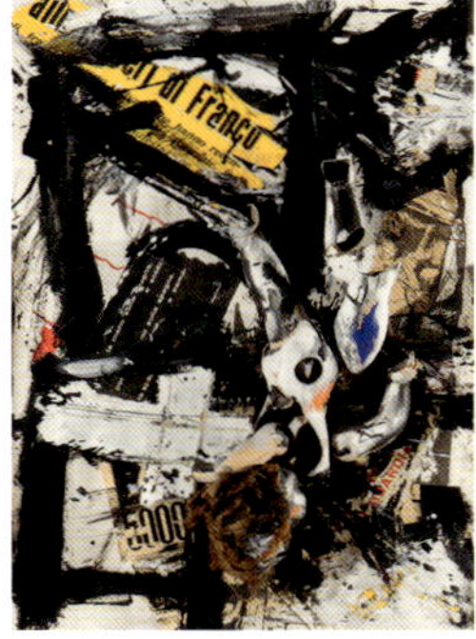

PER LA SPAGNA 1961/1962 - 5/6, 1961-1962
100 × 70 × 16 cm
Pittura vinilica, pittura a tempera, carboncino, carta, materiale plastico, fil di ferro, su cartoncino fissato su legno / Vinyl paint, tempera, charcoal, paper, plastic material, iron wire on cardboard fixed on wood
AFV891

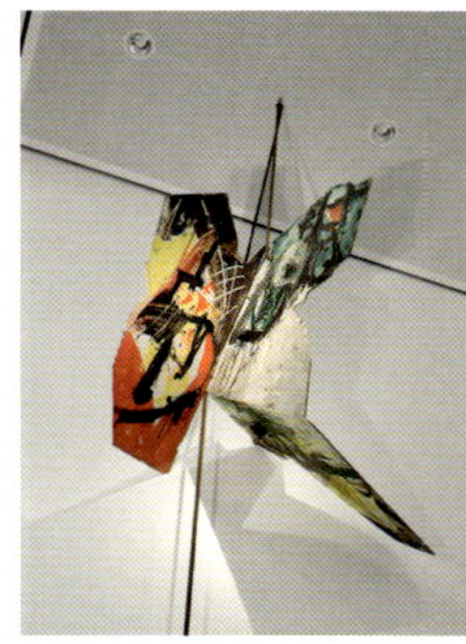

ABSURDES BERLINER TAGEBUCH '64
PLURIMO 1, 1964
260 × 160 × 160 cm
Pittura vinilica su elementi di legno polifrontali, cerniere in ferro e corda / Vinyl paint on multifaceted wooden elements, iron hinges and rope
Berlinische Galerie - Landesmuseum für Moderne Kunst, Fotografie und Architektur, Berlino / Berlin
AFV878

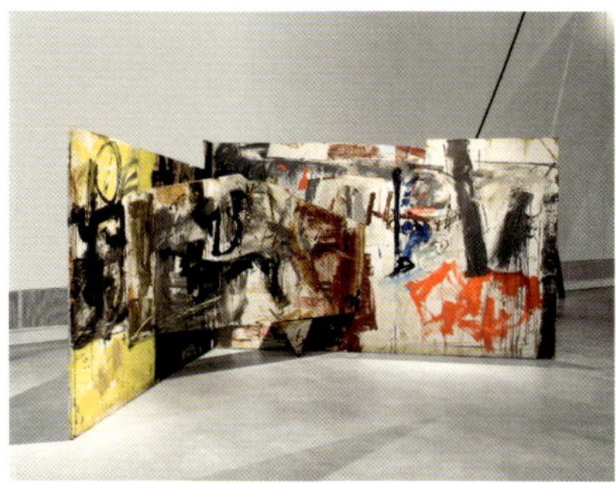

ABSURDES BERLINER TAGEBUCH '64
PLURIMO 2, 1964
235 × 350 × 265 cm
Pittura vinilica, carboncino, carta, pastello su elementi di legno polifrontali e cerniere in ferro / Vinyl paint, charcoal, paper, pastel on multifaceted wooden elements and iron hinges
Berlinische Galerie - Landesmuseum für Moderne Kunst, Fotografie und Architektur, Berlino / Berlin
AFV879

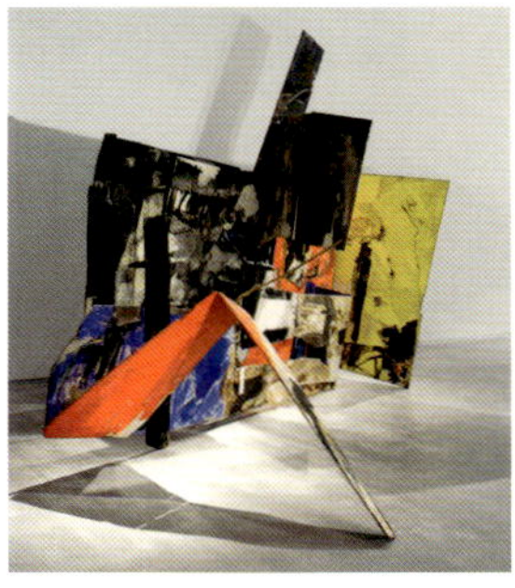

ABSURDES BERLINER TAGEBUCH '64
PLURIMO 3, 1964
365 × 540 × 380 cm
Pittura vinilica su elementi di legno polifrontali, corda e cerniere in ferro / Vinyl paint on multifaceted wooden elements, rope and iron hinges
Berlinische Galerie - Landesmuseum für Moderne Kunst, Fotografie und Architektur, Berlino / Berlin
AFV880

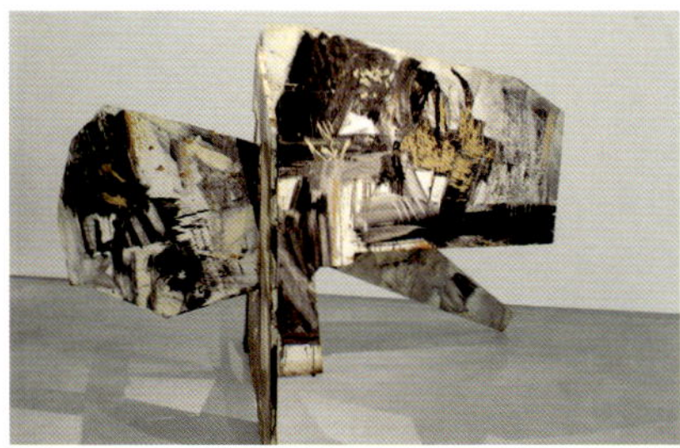

ABSURDES BERLINER TAGEBUCH '64
PLURIMO 4, 1964
241 × 255 × 400 cm
Pittura vinilica, carta su elementi di legno polifrontali e cerniere in ferro / Vinyl paint, paper on multifaceted wooden elements and iron hinges
Berlinische Galerie - Landesmuseum für Moderne Kunst, Fotografie und Architektur, Berlino / Berlin
AFV877

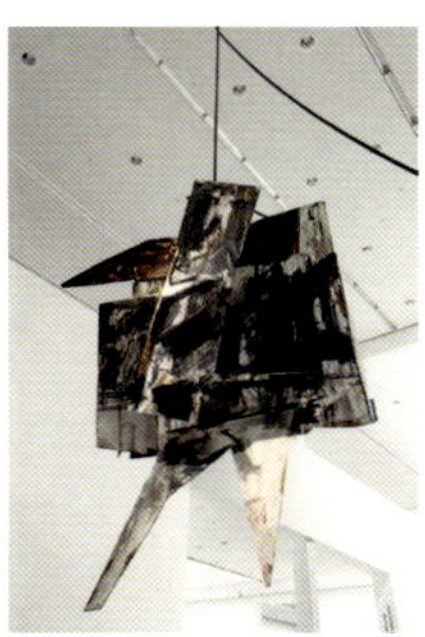

ABSURDES BERLINER TAGEBUCH '64
PLURIMO 5, 1964
384 × 260 × 90 cm
Pittura vinilica, carta su elementi di legno polifrontali e cerniere in ferro / Vinyl paint, paper on multifaceted wooden elements and iron hinges
Berlinische Galerie - Landesmuseum für Moderne Kunst, Fotografie und Architektur, Berlino / Berlin
AFV875

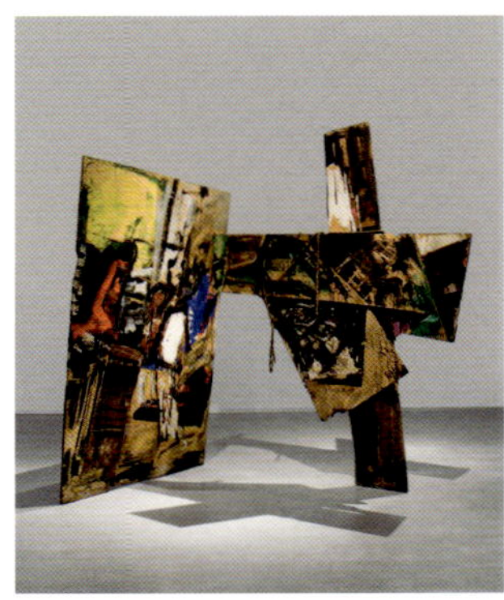

ABSURDES BERLINER TAGEBUCH '64
PLURIMO 6, 1964
272 × 200 × 180 cm
Pittura vinilica, carta, carboncino su elementi di legno polifrontali, corda e cerniere in ferro / Vinyl paint, paper, charcoal on multifaceted wooden elements, rope and iron hinges
Berlinische Galerie – Landesmuseum für Moderne Kunst, Fotografie und Architektur, Berlino / Berlin
AFV876

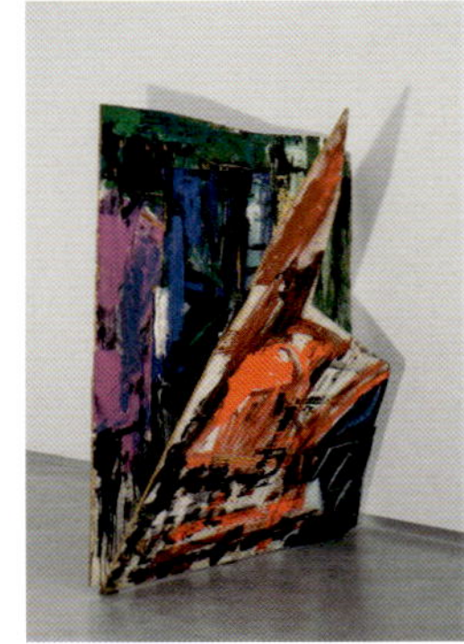

ABSURDES BERLINER TAGEBUCH '64
PLURIMO 7, 1964
220 × 200 × 130 cm
Pittura vinilica, carboncino su elementi di legno polifrontali e cerniere in ferro / Vinyl paint, charcoal on multifaceted wooden elements and iron hinges
Berlinische Galerie – Landesmuseum für Moderne Kunst, Fotografie und Architektur, Berlino / Berlin
AFV881

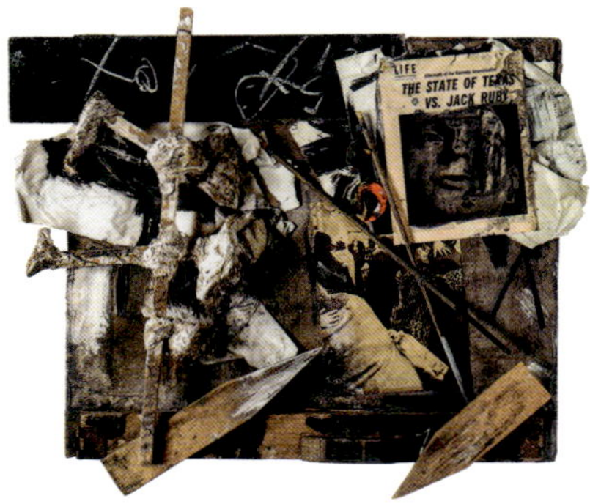

BERLIN '64, 1964
105 × 121 × 18 cm
Pittura acrilica vinilica, legno, gesso, carta, inchiostro, ferro, pastello su tela e legno / Acrylic vinyl paint, wood, plaster, paper, ink, iron and pastel on canvas and wood
AFV895

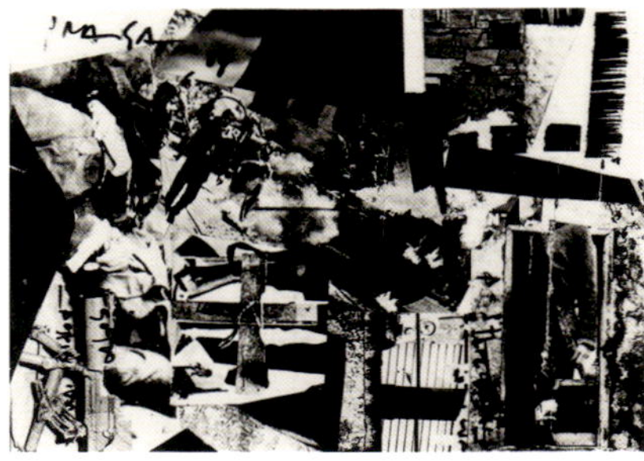

PRAGA 1968, 1968
70 × 100 cm
Fotocollage / Photocollage
AFV2017

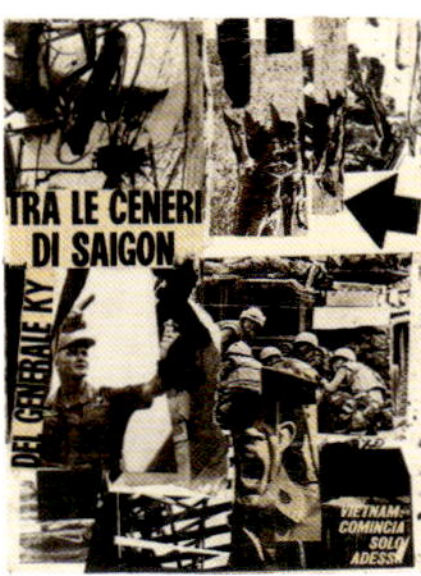

(TRA LE CENERI DI SAIGON)
1968
72,8 × 53,2 cm
Inchiostro e carta su cartoncino / Ink and paper on cardboard
AFV6886

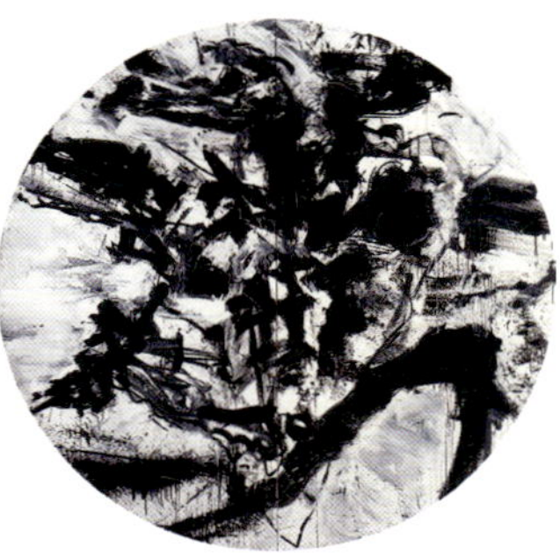

NON A CASO II - '85 (OP. 3), 1985
ø 280 cm
Pittura acrilica su legno / Acrylic paint on wood
AFV598

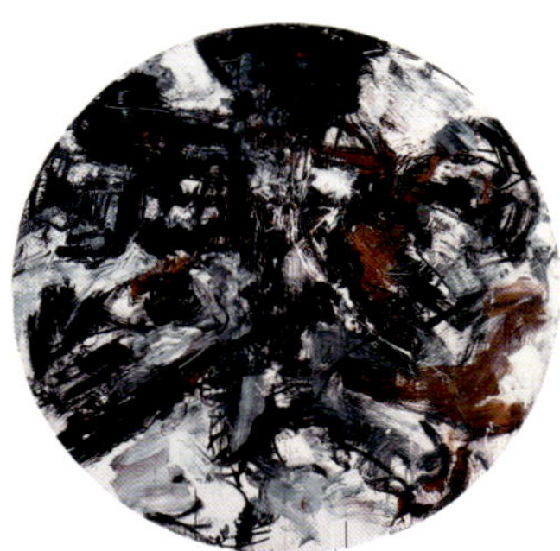

NON A CASO II - '85 (OP. 4), 1985
ø 280 cm
Pittura acrilica su legno / Acrylic paint on wood
AFV598

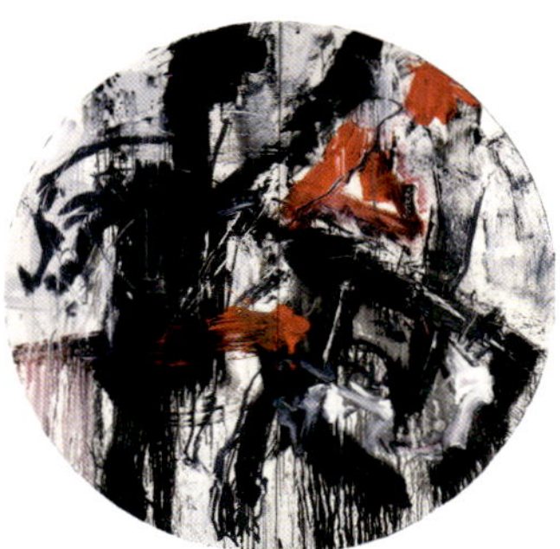

TONDO '85 – 2, 1985
ø 280 cm
Pittura acrilica, sabbia, nero ossido e pastello su tela / Acrylic paint, sand, black rust and pastel on canvas
AFV697

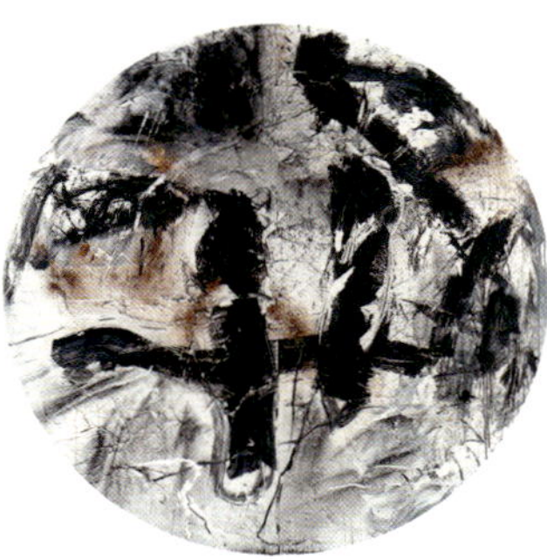

NON DOVE '86 - I (OP. 1) (23.1.86), 1986
ø 280 cm
Pittura acrilica, pittura alla nitro, pastello, nero ossido e sabbia su legno / Acrylic paint, nitro paint, pastel, black rust and sand on wood
AFV724

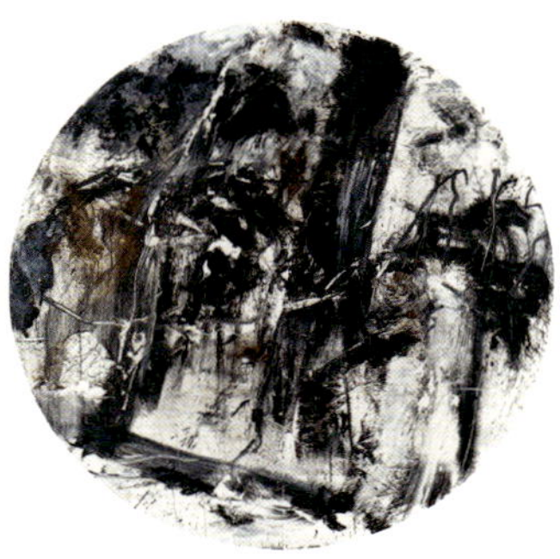

NON DOVE '86 - I (OP. 2) (23.1.86), 1986
ø 280 cm
Pittura acrilica, pittura alla nitro, pastello, nero ossido e sabbia su legno / Acrylic paint, nitro paint, pastel, black rust and sand on wood
AFV724

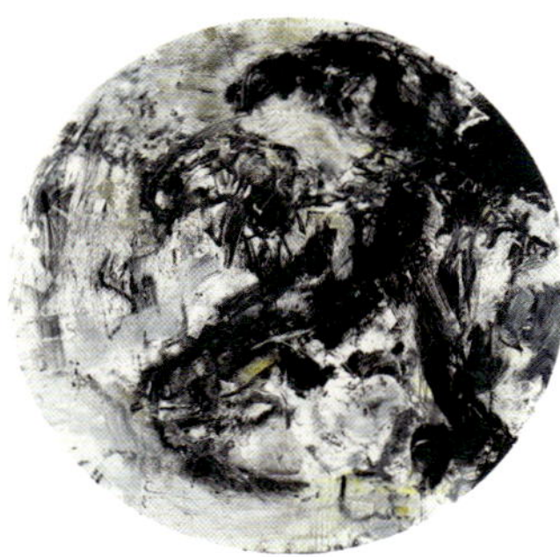

TONDO A TERRA '86 - I, 1986
ø 280 cm
Pittura acrilica, pastello, carboncino, cemento, sabbia e pittura alla nitro su legno / Acrylic paint, pastel, charcoal, cement, sand and nitro paint on wood
AFV731

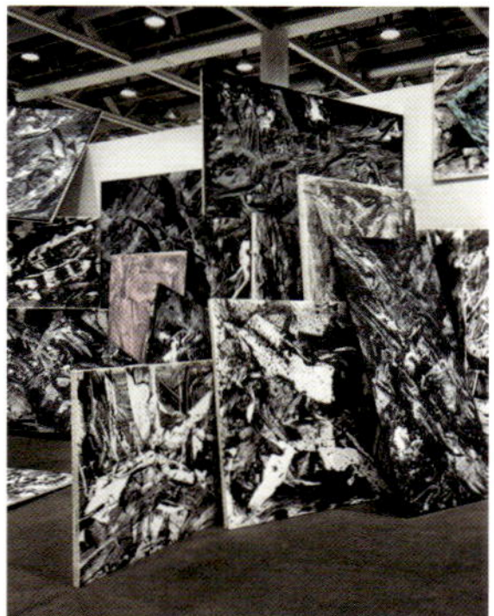

INSTALLAZIONE ...IN CONTINUUM, COMPENETRAZIONI/TRASLATI '87/'88, 1987-1988
Pittura acrilica su tela / Acrylic paint on canvas

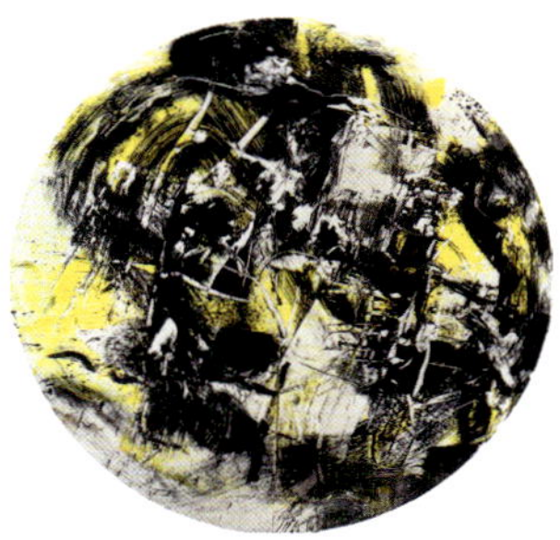

...DAGEGEN... 1987-'95 - 1 (OP. 1), 1987-1995
ø 280 cm
Pittura acrilica, pittura alla nitro e carta su legno / Acrylic paint, nitro paint and paper on wood
AFV735

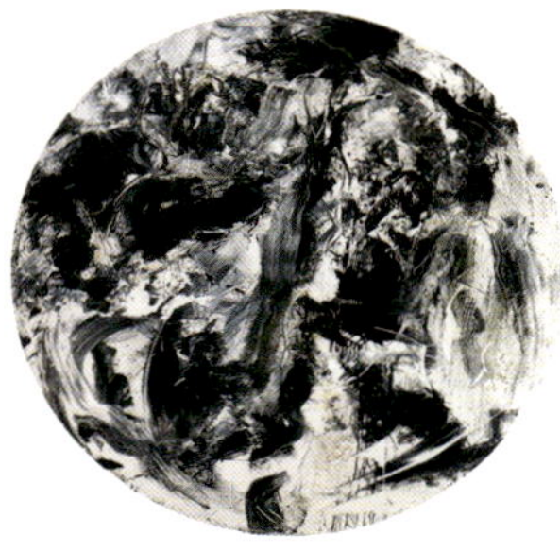

...DAGEGEN... 1987-'95 - 1 (OP. 2), 1987-1995
ø 280 cm
Pittura acrilica, pittura alla nitro e carta su legno / Acrylic paint, nitro paint and paper on wood
AFV735

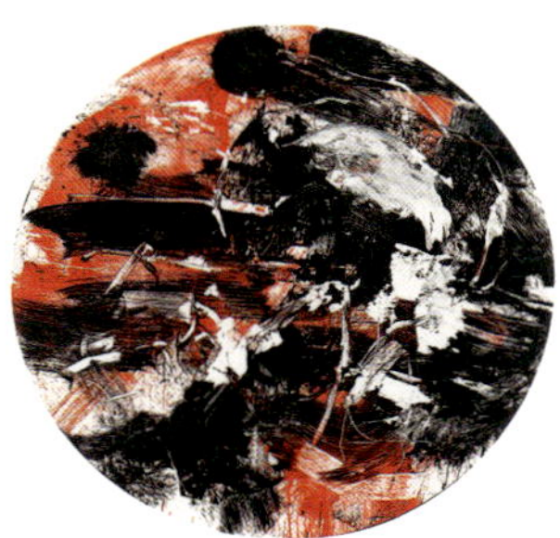

...DAGEGEN... 1987-'95 - 2 (OP. 3), 1987-1995
ø 280 cm
Pittura acrilica e carta su legno / Acrylic paint and paper on wood
AFV737

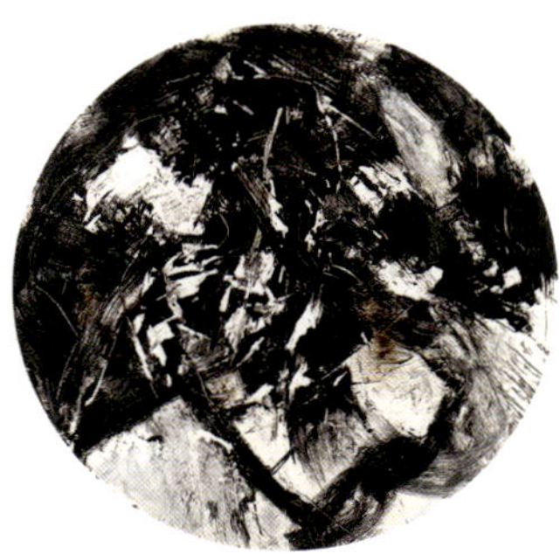

...DAGEGEN... 1987-'95 - 2 (OP. 4), 1987-1995
ø 280 cm
Pittura acrilica e carta su legno / Acrylic paint and paper on wood
AFV737

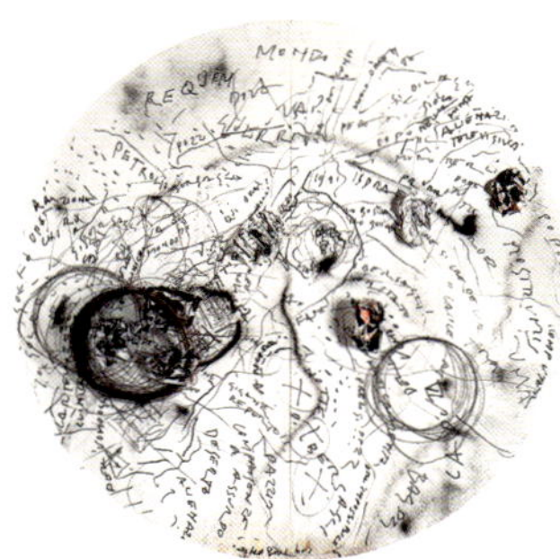

TONDO (GOLFO, MAPPA DI GUERRA), 1991
ø 280 cm
Nylon, inchiostro, carta, pittura alla nitro, pastello, ferro e lamierino metallico su legno / Nylon, ink, paper, nitro paint, pastel, iron and metal sheet on wood
AFV1096

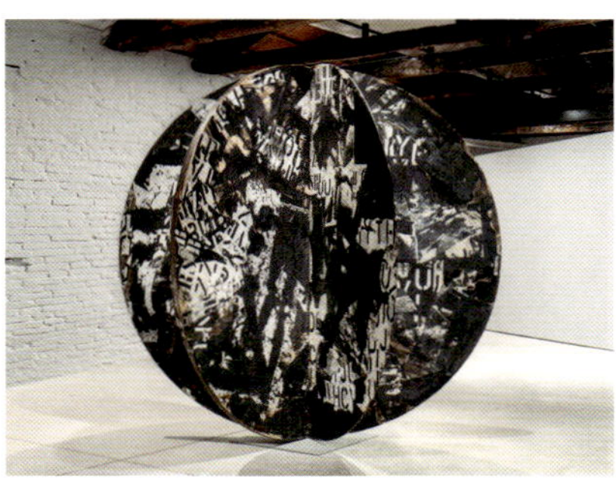

CHI BRUCIA UN LIBRO BRUCIA UN UOMO, 1993
ø 280 cm
Pittura acrilica, pittura alla nitro, carta su pannelli articolabili in legno e ferro, base in ferro / Acrylic paint, nitro paint, paper on articulated wooden and iron panels, iron base
AFV1057

BIOGRAFIA

BIOGRAPHY

1919-1943

- Emilio Vedova nasce il 9 agosto 1919, a Venezia, terzo di sette fratelli, da Giovanna Zamattio e Luigi Vedova, in una famiglia di artigiani e operai. A undici anni comincia a lavorare come garzone in una fabbrica di decorazioni a smalto cui seguono una serie di altri lavori; la necessità di disegnare e la spinta a studiare lo distraggono tanto da fargli perdere gli ingaggi.
- Tra il 1936 e il 1937 lo zio Alfredo Mancini, visti alcuni suoi disegni e inchiostri, lo ospita a Roma, affinché possa frequentare la Scuola libera del nudo all'Accademia di Belle Arti.
- Dopo un anno circa, torna a Venezia, dove continua a studiare frequentando le biblioteche Querini Stampalia e Marciana; conosce Herman Pircher, studente dell'Accademia di Belle Arti e insieme, a diciannove anni, si recano a Firenze, dove frequentano la Scuola libera di pittura ed entrano in contatto con ambienti antifascisti.
- Tra il 1939 e il 1940, Vedova viene riformato dalla leva e gli viene assegnato uno studio-soffitta a palazzo Carminati dalla Fondazione Bevilacqua La Masa. Nel 1940 espone alla Galleria Ongania a Trieste.
- Nel 1942 partecipa all'esposizione del "IV Premio Bergamo", dove condivide un clima di forte antifascismo con artisti e intellettuali quali Giuseppe Migneco, Renato Guttuso, Renato Birolli, Ernesto Treccani, Umbro Apollonio ed Elio Vittorini.
- Nel 1943 si unisce al gruppo di «Corrente» composto da Duilio Morosini, Raffaele De Grada, Mario De Micheli, Guttuso, Ennio Morlotti, coinvolti dal 1938 intorno alla rivista fondata da Treccani. Il gruppo elabora il Manifesto di pittori e scrittori, invitante all'assenteismo e alla rivolta, che avrebbe dovuto essere pubblicato da Quaderni Rossi editore; le bozze saranno, invece, distrutte quando l'OVRA si presenta alla Galleria della Spiga di Milano e chiude la mostra di alcune opere di Vedova, presentate da Morosini.
- Partecipa alla "IV Quadriennale d'Arte Nazionale", Palazzo delle Esposizioni, Roma.
- Vedova, insieme a Giulio Turcato, si unisce alla Resistenza, prima a Roma, poi nel Bellunese, tra Alpago e Cansiglio.

1944-1950

- Dopo un ricovero in ospedale, alla fine del 1945 lascia lo studio di palazzo Carminati e si sposta in fondamenta Bragadin, vicino alle Zattere, la zona dove avrà tutti i suoi successivi studi e l'abitazione.
- Nel febbraio 1946, Vedova sottoscrive il *Manifesto del realismo di pittori e scultori (Oltre Guernica)*, pubblicato sul secondo numero della rivista «Argine Numero».
- Partecipa alla costituzione della Nuova Secessione Italiana, in seguito Fronte Nuovo delle Arti. Il Manifesto, proclamato il 1° ottobre 1946 a Palazzo Grassi, Venezia, e redatto da Giuseppe Marchiori, è firmato da: Birolli, Bruno Cassinari, Guttuso, Carlo Levi, Leoncillo Leonardi, Morlotti, Armando Pizzinato, Giuseppe Santomaso, Turcato, Vedova e Alberto Viani.
- Vedova e Santomaso incontrano Guglielmo Achille Cavellini, che inaugurerà la sua attività di collezionista, invitandoli a organizzare una mostra nella sua casa di Brescia, con la presentazione di Marco Valsecchi. In quegli anni, frequenta il ristorante All'Angelo, dove Renato Carrain lasciava che gli artisti pagassero con i loro

1919–1943

- Emilio Vedova was born in Venice on 9th August 1919, the third of the seven children of Giovanna Zamattio and Luigi Vedova, into a family of artisans and manual workers. Aged eleven, he gets work as a general dogsbody in an enamel decoration factory. Other small jobs follow but his need to be always drawing and studying leads to his being repeatedly sacked.
- 1936–37: his uncle Alfredo Mancini, having seen Emilio's drawings, puts him up in Rome so he can attend the free nude figure drawing school at the Accademia di Belle Arti.
- After about a year he is back in Venice, where he continues his studies, haunting the Querini Stampalia and Marciana libraries. He meets Hermann Pircher, a student at the Accademia di Belle Arti and they set off together, nineteen-years-old, for Florence, where they frequent the free painting school, and make contact with anti-Fascist circles.
- 1939–1940: Vedova is excused military service and granted an attic studio in the Palazzo Carminati by the Fondazione Bevilacqua La Masa. In 1940 he exhibits at the Galleria Ongania in Trieste.
- 1942: he is included in the IV Premio Bergamo exhibition and mixes with a strongly anti-Fascist group of artists and intellectuals that includes Giuseppe Migneco, Renato Guttuso, Renato Birolli, Ernesto Treccani, Umbro Apollonio and Elio Vittorini.
- 1943: joins the Corrente group made up of Duilio Morosini, Raffaele De Grada, Mario De Micheli, Guttuso, Ennio Morlotti, involved since 1938 with the eponymous magazine founded by Ernesto Treccani. The group drafts a *Primo manifesto di pittori e scrittori*, promoting absenteeism and revolt, to have been published by Quaderni Rossi, but the drafts are destroyed when the OVRA appears at the Galleria della Spiga in Milan and shuts down an exhibition of works by Vedova, curated by Morosini.
- He participates in the IV Quadriennale d'Arte Nazionale at the Palazzo delle Esposizioni, Rome.
- Vedova, together with Giulio Turcato, joins the Resistance, first in Rome, then in the Belluno area, between Alpago and Cansiglio.

1944–1950

- After a spell in hospital in the last months of 1945, he leaves the Palazzo Carminati studio and moves to the Fondamenta Bragadin, off the Zattere, which will be the location of all his subsequent houses and studios.
- February 1946: signs the *Manifesto del Realismo di pittori e scultori* (*Oltre Guernica*) published in the second issue of the magazine *Argine Numero*.
- Participates in the founding of the Nuova Secessione Italiana, later the Fronte Nuovo delle Arti. The manifesto, announced on 1 October 1946 at the Palazzo Grassi, was drafted by Giuseppe Marchiori and signed by Birolli, Bruno Cassinari, Guttuso, Carlo Levi, Leoncillo Leonardi, Morlotti, Armando Pizzinato, Giuseppe Santomaso, Turcato, Vedova and Alberto Viani.
- Vedova and Giuseppe Santomaso meet Guglielmo Achille Cavellini, keen to inaugurate his career as a collector by inviting them to organise a show in his house in Brescia, curated by Marco Valsecchi. Emilio starts frequenting the All'Angelo restaurant, whose owner

quadri, divenuto punto di incontro con Marchiori, Santomaso, Pizzinato, Viani del Fronte Nuovo e con Leone Minassian. Qui si recherà Peggy Guggenheim per incontrare artisti moderni e saranno Vedova, Santomaso e Pizzinato ad assisterla nella ricerca di una residenza, quando acquista palazzo Venier dei Leoni.

- Nel maggio del 1948, partecipa alla "XXIV Esposizione Internazionale d'Arte", la prima del dopoguerra, esponendo cinque opere nel contesto della mostra dedicata al Fronte Nuovo delle Arti, presentata da Marchiori. A Bologna, in autunno, partecipa alla "Prima mostra nazionale d'arte contemporanea" del Fronte della Cultura; viene pubblicato, nella rivista «Rinascita», un articolo di Palmiro Togliatti, firmato con lo pseudonimo Roderigo di Castiglia, molto critico rispetto alla mostra. Vedova si scontra apertamente con Guttuso sul neorealismo e, infine, decide di non rinnovare l'iscrizione al Partito Comunista, cui aveva aderito nella primavera del 1948 per prendere posizione in vista delle elezioni.
- Il 3 marzo 1950 si scioglie il Fronte Nuovo delle Arti. Durante la "XXV Esposizione Internazionale d'Arte" di Venezia, gli artisti che ne facevano parte espongono in due gruppi distinti: i realisti e gli astrattisti, da cui successivamente nascerà il Gruppo degli Otto, tra cui Vedova, che espone tre opere.
- A settembre, a Venezia, nell'Ala Napoleonica – dove viene presentata la collezione Verzocchi, "Il lavoro nella pittura contemporanea", iniziativa cui Vedova partecipa con *Interno di fabbrica* (1949) –, si incontrano con Annabianca Manni; si sposeranno l'anno successivo.

1951-1955

- Realizza la sua prima mostra personale all'estero: Catherine Viviano Gallery di New York, presentato da Rodolfo Pallucchini. Rappresenta, insieme ad altri artisti, l'Italia alla "1ª Bienal de São Paulo", Brasile, dove partecipa con tre opere. Vince il Premio di viaggio istituito dalla Companhia City che gli garantisce la possibilità di andare in Brasile per la seconda edizione della manifestazione.
- Alla "XXVI Esposizione Internazionale d'Arte" di Venezia del 1952, dove Vedova ha una sala personale, viene presentato da Lionello Venturi il Gruppo degli Otto, cui Vedova aderisce insieme a Birolli, Antonio Corpora, Morlotti, Santomaso, Turcato, Afro Basaldella e Mattia Moreni.
- Nel 1953, il regista Catone Ramello gira il documentario *Un pittore della realtà - Emilio Vedova*, con il commento vocale di Marchiori; inizia a dipingere le grandi tele del *Ciclo della protesta '53* (1953) e del *Ciclo della natura '53* (1953).
- Si reca in Brasile per la "2ª Bienal de São Paulo" e le opere del 1953 che presenta gli valgono il premio della Fondazione Morganti, questo gli consente di fermarsi in Brasile per tre mesi visitando il Paese; viaggio testimoniato dal ciclo di opere intitolate *Dal diario del Brasile* (1954). Partecipa alla "XXVII Esposizione Internazionale d'Arte" di Venezia.
- Nel 1955, su iniziativa di Arnold Bode, viene organizzata a Kassel, "documenta 1"; Werner Haftmann, invita Vedova. Sarà questa l'occasione per il primo viaggio in Germania dell'artista. Partecipa al "1955 Pittsburgh International Exhibition of Contemporary Painting" e alla "VII Quadriennale d'Arte Nazionale" di Roma.

1956-1961

- Si stringono i contatti con Germania e Austria: nel 1956, tiene una mostra personale alla Galerie Günther Franke, Monaco, e di nuovo nel 1959; l'artista Fritz Wotruba lo invita a Vienna per esporre alla Galerie Würthle.
- Partecipa alla "XXVIII Esposizione Internazionale d'Arte" di Venezia e a novembre gli viene assegnato il Solomon R. Guggenheim Foundation Award for Italy. Nel 1957, a Berlino gli viene dedicata una personale alla Galerie Springer.
- Inizia a lavorare alla grafica. Nell'autunno del 1958 inaugura a

Renato Carrain lets artists pay with pictures and which becomes his meeting point with Marchiori, Santomaso, Pizzinato, Viani from Fronte Nuovo plus Leone Minassian. Peggy Guggenheim often drops by to meet contemporary artists and it will be Vedova, Santomaso and Pizzinato who help her to find a residence and buy the Palazzo Venier dei Leoni.

- 1948: in May he participates in the 24th Venice Biennale — the first postwar edition — showing five pictures in a Fronte Nuovo delle Arti group section, curated by Marchiori. That autumn he participates in the *Prima Mostra Nazionale d'Arte Contemporanea* put on by the Fronte della Cultura in Bologna. The Communist leader, Palmiro Togliatti, under the pseudonym "Roderigo di Castiglia" harshly criticises the exhibition in the house journal *Rinascita*. Vedova clashes openly with Guttuso over *neorealismo* and decides not to renew his Communist Party membership, taken out only that spring to declare a position with the elections looming.
- 1950: on 3 March, the Fronte Nuovo delle Arti disbands. During the 25th Venice Biennale its participating artists present their work in two distinct groups: realists and abstractionists — who will soon form the Gruppo degli Otto, among them Vedova, who shows three works.
- In September, at the Museo Correr in St Mark's Square, which is hosting the Verzocchi collection show *Il lavoro nella pittura contemporanea*, in which Vedova participates with *Interno di fabbrica* (1949), he meets Annabianca Manni. They marry the following year.

1951–1955

- 1951: the artist has his first one-man show abroad, at the Catherine Viviano Gallery in New York, curated by Rodolfo Pallucchini. Together with others, he represents Italy at Brazil's first Bienal de São Paulo in 1951, showing three works. He wins a travel prize offered by Companhia City which allows him to return to Brazil for the second edition of the Bienal in 1953.
- 1952: at the 26th Venice Biennale, where Vedova has a room to himself, the art critic Lionello Venturi presents the Gruppo degli Otto, of which Vedova is a member alongside Birolli, Antonio Corpora, Morlotti, Santomaso, Turcato, Afro Basaldella and Mattia Moreni.
- 1953: director Catone Ramello shoots the documentary *Un pittore della realtà - Emilio Vedova*, narrated by Marchiori. Vedova begins painting the large canvases of his *Ciclo della protesta '53* (1953) and *Ciclo della natura '53* (1953).
- He travels back to Brazil for the second edition of the Bienal de São Paulo. The works exhibited there win him the Morganti Foundation Prize, which enables him to remain in the country and travel around for three months, a journey which inspires his *Dal diario del Brasile* cycle (1954). In the same year he again exhibits at the Venice Biennale.
- 1955: documenta 1, the brainchild of Arnold Bode, is organised in Kassel. Werner Haftmann invites Vedova to participate, providing the occasion for his first visit to Germany. He also exhibits at the *Pittsburgh International Exhibition of Contemporary Painting* and the VII Quadriennale d'Arte Nazionale in Rome.

1956–1961

- Vedova forms close contacts in Germany and Austria.
- 1956: he holds a solo exhibition at the Galerie Günther Franke in Munich, and again in 1959. The artist Fritz Wotruba invites him to Vienna to exhibit at the Galerie Würthle.
- He exhibits again at the 28th Venice Biennale and in November receives the Solomon R. Guggenheim Foundation Award for Italy.
- 1957: Berlin's Galerie Springer also gives him a solo show.
- Starts working with prints.
- 1958: in the autumn, he inaugurates a retrospective at the Zachęta Narodowa Galeria Sztuki in Warsaw, that moves on to the Muzeum

Varsavia in autunno la mostra antologica alla Zachęta Narodowa Galeria Sztuki; itinerante: Poznań, Muzeum Narodowe. A partire da agosto 1959, espone diverse opere a "Vitalità nell'arte", Palazzo Grassi, Venezia, con allestimento di Carlo Scarpa; itinerante: Recklinghausen, Städtische Kunsthalle; Amsterdam, Stedelijk Museum. Ottiene l'XI Premio Lissone internazionale per la pittura e con la vincita trascorrerà due mesi in viaggio per la Spagna; vi tornerà sovente per periodi di lavoro a Ibiza e incontri con artisti e intellettuali. Invitato da Bode, allestisce una sala personale a "II. documenta" e torna anche a San Paolo in Brasile per la quinta "Bienal".

- Alla "XXX Esposizione Internazionale d'Arte" di Venezia, 1960, gli viene assegnato all'unanimità il Gran Premio per la pittura italiana.
- Luigi Nono crea la sua prima composizione elettronica per nastro magnetico intitolata *Omaggio a Emilio Vedova*. Lavorano insieme in vista della messa in scena di *Intolleranza 1960*; Vedova realizza bozzetti, disegni, costumi e scenografie (create attraverso proiezioni multiple, sincronizzate alla musica, di lastrine dipinte). La prima si terrà il 13 aprile 1961 al teatro La Fenice di Venezia, inserita nella programmazione del XXIV Festival Internazionale di Musica Contemporanea, organizzato dalla Biennale; dirige l'orchestra il maestro Bruno Maderna.
- Inaugura una mostra personale presso la Salas de Exposiciones dell'Ateneo Científico, Literario y Artístico di Madrid; itinerante Barcellona, Sala Gaspar. Molte delle opere esposte in Spagna saranno al Palazzo della Gran Guardia, Verona, dove la mostra viene ampliata da una selezione di trecentosessanta disegni, del periodo tra il 1935 e il 1950, scelti da Scarpa e da Licisco Magagnato. Partecipa anche alla "VI Tokyo Biennale 1961" in Giappone.

1962-1965

- Dopo i rilievi, i polimaterici, le sculture e diversi studi, Vedova realizza a Venezia i primi *Plurimi*.
- Dalla fine del novembre 1963 alla metà del maggio 1965, Vedova si trasferisce a Berlino, su invito del Berliner Kultursenat; paradossalmente gli viene messo a disposizione l'ex atelier dello scultore di stato nazista Arno Breker, situato nella foresta cittadina del Grunewald, dove ha spazio i sette *Plurimi Absurdes Berliner Tagebuch '64* (1964).
- Mostra personale alla Galleria Marlborough, a Roma, presentata da Giulio Carlo Argan, dove espone alcuni *Plurimi* e una selezione tra disegni e litografie. Partecipa alla "XXXII Esposizione Internazionale d'Arte" di Venezia.
- *Absurdes Berliner Tagebuch '64* viene esposto per la prima volta nel Museum Friedericianum, a Kassel, durante "documenta III", diretta da Bode e Haftmann.
- Alla Galerie Günther Franke espone i bozzetti e i *Plurimi* veneziani, presentato da Haftmann; partecipa alla "International Exhibition of Contemporary Painting", Carnegie Museum of Art, Pittsburgh, e gli viene dedicata una personale alla Staatliche Kunsthalle, Baden-Baden.
- Nel 1965, viene invitato al Kennedy Institute of Contemporary Art di Washington per una mostra di disegni, collage e grafica e per una conferenza che dà avvio a una serie di inviti in diversi istituti e università americani, offrendogli l'occasione di viaggiare per gli Stati Uniti in auto e di fermarsi tre mesi a New York.
- Viene chiamato a rinnovare l'Internationale Sommerakademie für Bildende Kunst Salzburg, dove incontra l'architetto Jacob Berend Bakema, con cui collaborano in laboratori coinvolgendo i giovani artisti dei loro corsi, e dove insegnerà per cinque anni.

1966-1970

- Per diversi mesi Vedova si dedica a un intenso lavoro sperimentale e tecnico, nella ex abbazia di San Gregorio a Venezia e nella fornace

Narodowe, Poznań. Since August 1959, he exhibits various works at Palazzo Grassi's *Vitalità nell'arte* exhibition mounted by Carlo Scarpa, a travelling exhibition visiting Recklinghausen, Städtische Kunsthalle; Amsterdam, Stedelijk Museum. Wins the XI Premio Lissone internazionale for painting and with the prize fund spends two months travelling in Spain. He will often return to Ibiza for periods of work and to meet fellow artists and intellectuals. On Bode's invitation mounts a solo show at II. documenta, before returning to Brazil for the fifth Bienal.

- 1960: at the 30th Venice Biennale he is unanimously awarded the Gran Premio per la pittura italiana.
- Luigi Nono composes his first electronic magnetic tape work entitled *Omaggio a Emilio Vedova*. They work together on the staging of *Intolleranza 1960*. Vedova produces sketches, drawings, costumes and stage sets (created through multiple projections on painted panels, synchronized with the music). The première, conducted by Bruno Maderna, is staged on 13 April 1961 at La Fenice in Venezia, as part of the XXIV International Festival of Contemporary Music.
- 1961: he inaugurates a solo show at the Salas de Exposiciones of the Ateneo Cientifico, Literario y Artístico of Madrid that moves on to the Sala Gaspar, Barcelona. Many of the works exhibited in Spain will be at the Palazzo della Gran Guardia, Verona, where the exhibition is augmented with a selection of three hundred and sixty drawings, from between 1935 and 1950, chosen by Scarpa and Licisco Magagnato. He also participates in the VI Tokyo Biennale 1961 in Japan.

1962–1965

- After experimenting with reliefs, multi-material pieces, sculpture and more, Vedova creates his first *Plurimi* in Venice.
- Late November 1963 until mid-March 1965: Vedova moves to Berlin, invited by the Berliner Kultursenat; disquietingly he is assigned the former studio of the Nazi sculptor Arno Breker, in the urban forest of Grunewald, where he has space to create the seven *Plurimi* constituting *Absurdes Berliner Tagebuch '64* (1964).
- He has a solo show at the Marlborough Gallery in Rome, curated by Giulio Carlo Argan, where he shows some *Plurimi* and a selection of drawings and lithographs. He takes part in the 32nd Venice Biennale.
- *Absurdes Berliner Tagebuch '64* is exhibited for the first time in the Museum Friedericianum in Kassel, during documenta III, curated by Bode and Haftmann.
- He exhibits preliminary sketches and the Venetian *Plurimi* at the Galerie Günther Franke, curated by Haftmann; participates in the *International Exhibition of Contemporary Painting*, at the Carnegie Museum of Art, Pittsburgh, and is given a solo show at the Staatliche Kunsthalle, Baden-Baden.
- 1965: he is invited to the Kennedy Institute of Contemporary Art in Washington to show drawings, collages and prints, and to deliver a lecture, which prompts a series of invitations to various American institutes and universities, giving him the opportunity to travel through the United States and stay three months in New York.
- He is invited to relaunch the Internationale Sommerakademie für Bildende Kunst in Salzburg, where he meets the architect Jacob Berend Bakema, with whom he holds joint laboratories involving young artists from their courses. He will return to teach there for the next five years.

1966–1970

- 1966: he embarks on several months of intense work and technical experimentation in the ex-abbey of San Gregorio in Venice and the Venini glassworks on Murano, preparing his *Percorso/Plurimo/*

di Venini a Murano per il *Percorso/Plurimo/Luce* (1967), la sua partecipazione al padiglione italiano in occasione dell'Expo '67 di Montréal. A San Gregorio costruisce un modello in scala 1:3 dello spazio di cui disporrà, oltre ad alcune pareti a dimensione reale, per testare i vari elementi del progetto. Durante la lavorazione, vengono eseguite le riprese per il documentario a colori *Incontro con Vedova*, a cura di Alfredo di Laura.

> Nel 1967, tiene, inoltre, un secondo ciclo di conferenze negli Stati Uniti, da Madison a Berkeley.

> Vedova lavora molto alla grafica, con litografie, calcografie e serigrafie. Solidale con il movimento studentesco, nel 1968 rifiuta l'invito alla Biennale, partecipa alle manifestazioni durante i giorni dell'inaugurazione e gli viene proposto da studenti e studiosi di tenere dei "controcorsi" all'Accademia di Belle Arti.

> Per "Vedova. Presenze 1935-1968" a Palazzo dei Diamanti - Galleria Civica d'Arte Moderna, Ferrara, installa, insieme ai suoi studenti, anche l'*Absurdes Berliner Tagebuch '64*.

> Prosegue la sperimentazione sulle opere multiple: lavora al tavolo luminoso con una tecnica inedita di montaggio e assemblaggio con ritagli di pellicole sviluppati in gigantografie.

> Viene invitato a Cuba per partecipare al "Salón 70", dove interverrà al convegno "Función del arte en la sociedad contemporánea".

1971-1975

> Vedova in questi anni lavora anche a costruzioni assemblate di piccole dimensioni, proseguendo nella ricerca sull'intervento nello spazio. Nell'ottobre del 1971, espone alla Galleria Forum, Zagabria.

> Di nuovo con gli studenti della Sommerakademie di Salisburgo, monta la mostra antologica di grafica e fotodocumentazioni al Centro Internazionale d'Arte Grafica di Saciletto (Udine). Vedova continua a lavorare anche al torchio a mano. In novembre, per la mostra internazionale "Tra rivolta e rivoluzione. Immagine e Progetto" a Bologna, Vedova insieme agli studenti prepara un allestimento dove vengono accostate grafiche, gigantografie, manifesti, fotodocumentazioni e pannelli didattici.

> Nel 1973, viene invitato alla Cooper Union di New York e da lì comincia un terzo ciclo di conferenze, che si conclude al Corning Museum of Glass, con una lezione sulle tecniche innovative impiegate per la creazione delle lastrine di vetro per Expo '67.

> Nel febbraio 1974, promuove una presa di coscienza cittadina e, subito nazionale e internazionale, per salvare i Magazzini del Sale, spazi che la giunta aveva deliberato di demolire per costruire delle piscine comunali.

> A partire dal 1975 e per una decina d'anni a seguire, insegna come docente di pittura all'Accademia di Belle Arti di Venezia. Realizza la gigantografia *Scontro di situazioni* per l'aula magna dell'Istituto Universitario di Architettura di Venezia (IUAV; allestimento di Scarpa).

> Inaugura "Emilio Vedova. Grafica e didattica", Tour Fromage e Teatro Romano, Aosta, a cura di Zeno Birolli.

1976-1980

> Inizia il lavoro al ciclo dei grandi teleri *De America* (1976-1977).

> Riceve il Gran Premio Internazionale alla "V Međunardodna Izložba Originalnog Crteža - Exposition internationale de dessins originaux", Moderna Galerija, Rijeka.

> Nel 1977 inizia il *Ciclo Lacerazione '77/'78, Plurimi/Binari* (1977-1978). Avvia, inoltre, il percorso sul ciclo *...Cosiddetti Carnevali...'77/'83* (1977-1983), che si concluderà nel 1983.

> Nel 1978, torna a partecipare alla "XXXVIII Esposizione Internazionale d'Arte".

> Comincia a lavorare al ciclo dei *Frammenti/Scheggia*, che porterà a termine nel 1980.

Luce — the artist's contribution to the Montreal Expo '67 Italian Pavilion.

› 1967: at San Gregorio he constructs a 1:3 scale model of the available space, plus a few actual-size walls to test the various elements of his project. While he works, Alfredo di Laura films the colour documentary *Incontro con Vedova*.

› Still in 1967, he delivers a second cycle of US lectures at Madison and Berkeley.

› 1968: Vedova works extensively on lithographs, copper plates and screen prints. In solidarity with the student movement, he refuses an invitation to the 1968 Biennale and joins the inauguration period demonstrations. He is asked by students to hold "counter-courses" at the Accademia di Belle Arti

› For *Vedova. Presenze 1935–1968* at Ferrara's Palazzo dei Diamanti – Galleria Civica d'Arte Moderna with the help of his students he mounts the *Absurdes Berliner Tagebuch '64*.

› He continues his experiments with multiples, and using a light table develops a novel technique of editing and assembling film clippings which he develops into outsize blow-ups.

› 1970: he is invited to Cuba to take part in *Salón 70*, and addresses a conference on "Función del arte en la sociedad contemporánea".

1971–1975

› In these years Vedova works with smaller-scale multi-part assemblages continuing his explorations of projection into space.

› October 1971: he exhibits at the Galerija Forum, Zagreb. In collaboration with his Salzburg Sommerakademie students, he mounts a retrospective at the Centro Internazionale d'Arte Grafica in Saciletto (Udine) and continues to work at his hand press. In November, again with his students, he prepares an installation for the international show *Tra rivolta e rivoluzione* in Bologna, juxtaposing graphic work, blow-ups, posters, photo-documentation and didactic panels.

› 1973: he is invited to the Cooper Union in New York, and from there embarks on a third lecture tour that culminates at the Corning Museum of Glass with a talk on the innovative techniques employed in creating his glass panels for the Montreal Expo.

› February 1974: he promotes a public awareness and protest campaign locally, nationally and internationally to save the Magazzini del Sale, which the city council of Venice plans to demolish to make way for public swimming pools.

› 1975: he begins teaching painting at the Accademia di Belle Arti in Venice, a post he will hold until 1986. He creates the huge blow-up *Scontro di situazioni* for the main auditorium of IUAV (Venice Architecture University) — overall design by Carlo Scarpa.

› He inaugurates *Emilio Vedova. Grafica e didattica* at the Tour Fromage and Roman Theatre in Aosta, curated by Zeno Birolli.

1976–1980

› Vedova starts work on his *De America* cycle of large canvases (1976–77).

› He receives the Grand International Prize at V Međunardodna Izložba Originalnog Crteža - Exposition Internationale de dessins originaux, Moderna Galerija, Rijeka (Croatia).

› 1977: he begins his *Ciclo Lacerazione '77/'78, Plurimi/Binari* (1977–78), also initiating his *...Cosiddetti Carnevali...'77/'83* (1977–1983) cycle which will conclude only in 1983.

› 1978: he returns to the fold for the 38th Venice Biennale.

› He starts work on his *Frammenti/Scheggia* cycle, which he will complete in 1980.

› He exhibits in numerous graphics exhibitions, as far afield as Australia.

- Si susseguono numerose mostre dedicate alla grafica, anche in Australia.
- Nel settembre 1980 viene invitato dalla Universidad Nacional Autónoma de México (UNAM) a Città del Messico per alcune conferenze e per allestire una mostra antologica al Museo de Arte Carrillo Gil. Dopo un viaggio durato tre mesi, l'influenza messicana si rifletterà nel passaggio dal bianco e nero del decennio precedente al colore, a partire dai pastelli *Diario de Mexico* (1980-1981) fino ai cicli di teleri degli anni ottanta.

1981-1986

- Nel 1981 "Das zeichnerische Frühwerk 1935-1950", a cura di Rolf Wedewer, mostra incentrata sui disegni di gioventù, Museum Schloss Morsbroich, Leverkusen; cui segue la grande antologica "Vedova - Compresenze 1946-1981", a cura di Argan e Maurizio Calvesi al Palazzo dei Congressi di San Marino. Nel 1982 partecipa alla "XL Esposizione Internazionale d'Arte" di Venezia con opere tutte di grande formato e a "documenta 7".
- Nel 1983, si dedica ai grandi cicli *...da dove...*, *...als ob...* e *Rosso*, inoltre conclude il ciclo *...Cosiddetti Carnevali...'77-'83*.
- Germano Celant cura la grande mostra antologica "Vedova 1935-1984" con due sedi veneziane: l'Ala Napoleonica del Museo Correr e i Magazzini del Sale.
- Vedova collabora con Massimo Cacciari e Nono per l'opera *Prometeo. Tragedia dell'ascolto*; prima rappresentazione nella chiesa di San Lorenzo a Venezia il 25 settembre 1984, dirige l'orchestra Claudio Abbado, allestimento "spazio musicale" progettato da Renzo Piano e interventi/luce di Vedova.
- Vedova comincia a lavorare ai *Dischi*; svilupperà la sua elaborazione sul cerchio anche nei cicli dei *Tondi*, degli *Oltre* e dei *Non dove*.
- Nel 1985 viene invitato a partecipare a "Italia Aperta", prima mostra nei nuovi ambienti della Fundación Caja de Pensiones a Madrid, curata da Maria Corral.
- Giuliano e Pina Gori gli propongono di partecipare alla loro collezione intervenendo negli spazi della Fattoria di Celle a Santomato (Pistoia). L'artista lavora anche in loco, creando le *Brecce*, dischi che irrompono nello spazio fuoriuscendo dalle pareti.
- Partecipa a "Die Kunst vom Stein", Albertina Museum, Vienna; itinerante: Monaco, Museum Villa Stuck.
- Nel 1986, antologica curata da Carla Schulz-Hoffmann, Bayerische Staatsgemäldesammlungen - Pinakothek der Moderne, Monaco; itinerante: Leverkusen, Städtisches Museum Schloss Morsbroich; Darmstadt, Kunsthalle.
- Espone alla "XI Quadriennale Nazionale d'Arte", EUR - Palazzo dei Congressi, Roma, e alla "XLII Esposizione Internazionale d'Arte" di Venezia; segue "Emilio Vedova. Malerei", Wiener Secession, Vienna.

1987-1990

- Nel 1987, inizia il grande ciclo di opere *... in continuum, compenetrazioni/traslati '87/'88* (1987-1988).
- Continua a elaborare sculture e rilievi di piccole dimensioni nel ciclo *Per uno spazio*.
- Viene invitato da Wieland Schmied per una retrospettiva dedicata alla relazione con Salisburgo, Salzburg Künstlerhaus, e a insegnare di nuovo alla Internationale Sommerakademie für Bildende Kunst, durante l'estate del 1988.
- Konrad Oberhuber cura "Vedovas 'Engel' und die visionäre Figurenwelt seiner frühen Zeichnungen" alla Graphische Sammlung Albertina, Vienna; itinerante: Francoforte, Frankfurter Kunstverein; Ludwigsburg, Kunstverein Ludwisburg; Berlino, Neuer Berliner Kunstverein.
- Nell'autunno del 1989, a Santa Barbara e nuovamente nel 1990 a New York, invitato da Garner Tullis, lavora ai monotipi, esposti

- September 1980: he is invited to Mexico City by the Universidad Nacional Autónoma de México (UNAM) to lecture and mount a retrospective at the Museo de Arte Carrillo Gil. After a three-month journey Mexican influences will condition a move from the pure black-and-white of the preceding decade to colour, beginning with the pastels of his *Diario de Mexico* (1980–81) and continuing through to the large-canvas cycles of the 1980s.

1981–1986

- 1981: *Das zeichnerische Frühwerk 1935–1950*, curated by Rolf Wedewer, an exhibition focusing on his early youthful drawings, Museum Schloss Morsbroich, Leverkusen; followed by the large retrospective show *Vedova - Compresenze 1946–1981*, curated by Argan and Maurizio Calvesi at the Palazzo dei Congressi in San Marino.
- 1982: he is at the 50th Venice Biennale with exclusively large-format works, and at documenta 7.
- 1983: he concentrates on the great cycles *...da dove...*, *...als ob...* and *Rosso* and brings his *...Cosiddetti Carnevali... '77–'83* to a conclusion.
- 1984: Germano Celant curates the grand retrospective *Vedova 1935–1984* split between two Venetian venues: the Museo Correr and the Magazzini del Sale.
- Vedova collaborates with Massimo Cacciari and Nono on the latter's *Prometeo. Tragedia dell'ascolto*, premiered in the church of San Lorenzo in Venezia on 25 September, Claudio Abbado conducting, for which a unique "musical space" is designed by Renzo Piano with an accompanying light project by Vedova.
- He begins work on his *Dischi*; he will develop his elaborations on the circle theme in the *Tondi*, *Oltre* and *Non dove* cycles.
- 1985: he is invited to participate in the *Italia Aperta* exhibition inaugurating the new Fundación Caja de Pensiones space in Madrid, curated by Maria Corral.
- In the same year, Giuliano and Pina Gori propose that he mount work within their existing collection in the ample spaces of the Fattoria di Celle at Santomato (Pistoia). The artist works also onsite, creating the *Brecce* (1988) — discs that appear to burst from breaches in the walls.
- He participates in the itinerant *Die Kunst vom Stein*, Albertina Museum, Vienna, moving on to Munich's Villa Stuck Museum.
- 1986: a retrospective curated by Carla Schulz-Hoffmann, Bayerische Staatsgemäldesammlungen - Pinakothek der Moderne, Munich, moving on to Leverkusen, Städtisches Museum Schloss Morsbroich and Darmstadt, Kunsthalle.
- He exhibits at the XI Quadriennale Nazionale d'Arte, EUR - Palazzo dei Congressi, Rome and at the 42nd Venice Biennale; and later: *Emilio Vedova. Malerei*, Wiener Secession, Vienna.

1987–1990

- 1987: Vedova begins his great cycle *...in continuum, compenetrazioni/traslati '87/'88* (1987–1988).
- He continues to produce smaller reliefs and sculptures for his *Per uno spazio* cycle.
- 1988: invited by Wieland Schmied for a retrospective devoted to his relationship with Salzburg at that city's Künstlerhaus, and again to teach at the Internationale Sommerakademie für Bildende Kunst during the summer.
- 1989: Konrad Oberhuber curates *Vedovas "Engel" und die visionäre Figurenwelt seiner frühen Zeichnungen* at the Albertina Graphische Sammlung in Vienna; the show moving on to Frankfurt am Main, Frankfurter Kunstverein; Ludwigsburg, Kunstverein Ludwisburg; finally, Berlin's Neuer Berliner Kunstverein.
- In the autumn of 1989, he is in Santa Barbara and again in 1990 in New York, invited by Garner Tullis, in order to work on mono-

per "Art Cologne", Köln; itinerante: New York, Pamela Auchincloss Gallery. Su invito di Harvey Littleton si reca, poi, nel North Carolina, per sperimentare con la vetrografia.

- Nel 1990, inaugurano "Vedova. Grafika 1958-90", Istituto Italiano di Cultura di Vienna; itinerante: Muzeum Sztuki, Łódź, e "Emilio Vedova. Arbeiten auf Papier 1950-1990", Galerie Ulysses, Vienna.
- Nel Padiglione Italia della "XLIV Esposizione Internazionale d'Arte" di Venezia, viene organizzata la mostra "Ambiente Berlin", il cui percorso è aperto da *Absurdes Berliner Tagebuch '64*; l'installazione è dedicata a Luigi Nono, appena scomparso.

1991-1996

- Nel maggio 1991, inaugura "Vedova ...continuum...", PAC - Padiglione di Arte Contemporanea, Milano, dove vengono allestite in loco dall'artista le tele dell'omonimo ciclo.
- Nella sala personale a Palazzo Ducale, Genova, espone *Trittico "Oltre"* (1987-1992) insieme a *Partiture '91/'92* (1991-1992), che presenterà anche alla "XLV Esposizione Internazionale d'Arte" di Venezia.
- Nel 1994, "The Italian Metamorphosis, 1943-1968" curata da Celant al Solomon R. Guggenheim Museum, New York; itinerante: Wolfsburg, Kunstmuseum.
- L'anno seguente 1995, Rudy Fuchs lo invita ad allestire due grandi sale personali alla mostra "Couplet 5 – Dansende Meisjes", Stedelijk Museum, Amsterdam.
- Nel 1996, personale alla Galleria Civica d'Arte Contemporanea, Trento.

1997-2002

- Nel 1997, gli viene conferito il Leone d'oro alla carriera alla "XLVII Esposizione Internazionale d'Arte" di Venezia, edizione curata da Celant.
- Nell'autunno 1998, antologica al Castello di Rivoli, Museo d'Arte Contemporanea, a cura di Ida Giannelli, dove espone per la prima volta il disco-plurimo *Chi brucia un libro brucia un uomo* (1993).
- Viene invitato per "À rebours. La rebellion informalista (1939-1968)", a cura di Dore Ashton, Centro Atlántico de Arte Moderno, Gran Canaria; itinerante: Madrid, Centro de Arte Reina Sofia.
- Espone alla Galleria Salvatore + Caroline Ala, Milano, nel 1999 e di nuovo nel 2001.
- Nel 2000Calvesi lo invita a "Novecento. Arte e Storia in Italia", Scuderie del Quirinale, Roma.
- Nel 2002, riceve dalla Facoltà di Design e Arti dell'Università IUAV di Venezia la laurea *ad honorem* in Progettazione e Produzione delle Arti Visive.

2003-2006

- Partecipa al "Berlin-Moskau, Moskau-Berlin 1950-2000. Kunst aus fünf Jahrzehnten", Gosudarstvennaja Tretjakovskaja Galerja, Mosca; itinerante: Martin-Gropius Bau, Berlino.
- Il 22 ottobre 2004 inaugura la Berlinische Galerie con l'installazione permanente di *Absurdes Berliner Tagebuch '64*, che Vedova aveva donato alla città nel 2002.
- Nel 2005 Sandro Rumney, pronipote di Peggy Guggenheim, gli propone di lavorare di nuovo ai monotipi, inizia il ciclo *Spazio Opposto* (2006).
- Tra il 2005 e il 2006 varie le partecipazioni a mostre collettive e le mostre personali a lui dedicate.
- 25 ottobre, muore Emilio Vedova; Annabianca lo aveva preceduto di poco più di un mese, il 21 settembre.

types, shown at *Art Cologne*, Cologne; and later at New York's Pamela Auchincloss Gallery. Invited by Harvey Littleton he then travels to North Carolina, to experiment with vitreography.

- Also in 1990 he inaugurates *Vedova. Grafika 1958–90* at the Istituto Italiano di Cultura in Vienna, which moves on to Muzeum Sztuki, Łódź, and later *Emilio Vedova. Arbeiten auf Papier 1950–1990*, Galerie Ulysses, Vienna.
- The Italian pavilion at the 44th Venice Biennale features a show entitled *Ambiente Berlin*, the itinerary opening with *Absurdes Berliner Tagebuch '64*; the installation is dedicated to the recently deceased Luigi Nono.

1991–1996

- May 1991: he inaugurates *Vedova ...continuum...*, Milan, PAC (Contemporary Art Pavilion), where the artist constructs the eponymous cycle onsite.
- 1992: in a dedicated solo room at Genoa's Palazzo Ducale he exhibits his *Trittico "Oltre"* (1987–1992) alongside *Partiture '91/'92* (1991–92), which he will also show at the 45th Venice Biennale.
- 1994: Germano Celant curates *The Italian Metamorphosis, 1943–1968* at the Solomon R. Guggenheim Museum, New York, which moves on to the Kunstmuseum, Wolfsburg.
- 1995: Rudy Fuchs invites him to mount two large solo rooms at the *Couplet 5 — Dansende Meisjes* exhibition, Stedelijk Museum, Amsterdam.
- 1996: a solo show at the Galleria Civica d'Arte Contemporanea, Trento.

1997–2002

- 1997: Vedova is awarded a Golden Lion prize at the 47th Venice Biennale — an edition curated by Celant.
- Autumn of 1998: he has a retrospective at the Museo d'Arte Contemporanea, Castello di Rivoli, curated by Ida Giannelli, where he exhibits the "disco-plurimo" *Chi brucia un libro brucia un uomo* (1993) for the first time.
- 1999: he is invited to *À rebours: la rebelión informalista (1939–1968)*, curated by Dore Ashton, Centro Atlántico de Arte Moderno, Gran Canaria, the show moving on to the Reina Sofia in Madrid.
- He exhibits at the Galleria Salvatore + Caroline Ala, Milan, in 1999 and again in 2001.
- 2000: Maurizio Calvesi invites him to show at *Novecento. Arte e Storia in Italia*, Scuderie del Quirinale, Rome.
- 2002: he receives an honorary degree in "Design and Production in the Visual Arts" from IUAV (Venice Architecture University).

2003–2006

- 2003: he takes part in *Berlin-Moskau, Moskau-Berlin 1950–2000. Kunst aus fünf Jahrzehnten*, State Tretyakov Gallery, Moscow; show moves on to Martin-Gropius Bau, Berlin.
- 22 October 2004: he christens the new Berlinische Galerie with a permanent installation of *Absurdes Berliner Tagebuch '64*, which he had donated to the city in 2002.
- 2005: Peggy Guggenheim's grandson Sandro Rumney commissions new monotypes and he begins his *Spazio Opposto* cycle (2006).
- 2005 and 2006: he participates in various group shows and has several solo exhibitions.
- Emilio Vedova dies on 25 October 2006. Annabianca had preceded him by little more than a month, on 21 September.

BIBLIOGRAFIA SELEZIONATA

SELECTED BIBLIOGRAPHY

Viene presentata una bibliografia selezionata sulle pubblicazioni ritenute di maggior rilievo per questo volume. L'ordine cronologico include sia pubblicazioni in quotidiani e periodici che saggi e cataloghi. Per quanto concerne le rassegne, come ad esempio l'Esposizione Internazionale d'Arte di Venezia, vengono riportati solamente i cataloghi delle edizioni in cui Vedova ha vinto premi o esponeva in sala personale; sono stati omessi i volumi relativi all'opera grafica, come anche i cataloghi delle numerose rassegne di grafica cui Vedova ha partecipato. Sono, inoltre, stati esclusi tutti i testi di storia dell'arte del XX secolo.
Per i cataloghi delle mostre itineranti vengono espressi la città e il luogo di esposizione della prima sede, cui segue l'indicazione "itinerante".

The catalogue contains a selected bibliography of relevant publications. The listing in chronological order includes articles in newspapers and periodicals as well as essays and catalogues. Where exhibitions, such as the series of Venice Biennales, are concerned — only the catalogues of the editions in which Vedova won prizes or exhibited in a solo room are listed. Volumes relating to his graphic work have been omitted, as well as the catalogues of the numerous graphic exhibitions in which Vedova participated. Furthermore, all general texts on the history of twentieth century art have been excluded. For the catalogues of travelling shows, the location (city, gallery) of the first exhibition venue is given, followed by "itinerant".

1937

G. Guida, *Un artista di sedici anni: Emilio Vedova*, in «L'illustrazione vaticana», Città del Vaticano, 16-31 agosto/August 1937.

1943

Disegni di Emilio Vedova, testo di/text by D. Morosini, brochure (Milano, Galleria della Spiga e Corrente), Milano, 1943.
O.A., *Cronache. Milano: Disegni di Emilio Vedova alla Spiga*, in «Emporium», vol. XCVIII, n. 584, Bergamo, agosto/August, 1943.

1945

Emilio Vedova, testo/text by B. Morucchio, cat. (Venezia, Galleria Venezia), Venezia, 1945.
Stefano [Armando Pizzinato], *Mostra di Vedova. Scene partigiane*, in «La voce del Popolo», Fiume, 15 settembre/September 1945.

1946

Emilio Vedova, testo di/text by B. Morucchio, cat. (Torino, Galleria Libreria del Bosco), Venezia, 1946.
G. Rizzardini, *La mostra per la lotta della libertà organizzata dall'A.N.P.I. e dall'Arco*, in «Vento di Montagna», 16 maggio/May 1946.
Emilio Vedova, testo di/text by E. Vedova, cat. (Venezia, Piccola Galleria), Venezia, 1946.

1947

R. Birolli, *Tempere di Vedova*, in «Michelangelo», Firenze, 31 gennaio/January 1947.
B. Morucchio, *I secessionisti veneziani all'Arco*, in «Il mondo Europeo», Roma, giugno/June 1947.
Prima mostra del Fronte Nuovo delle Arti, testo di/text by G. Marchiori, cat. (Milano, Galleria della Spiga e Corrente), Milano, 1947.
M. Valsecchi, *Arte: La secessione*, in «Oggi», 24 giugno/June 1947.
G. Marchiori, *Visita a Vedova*, in «Mattino del popolo», Venezia, 26 giugno/June 1947.
Vedova. Diario di Burano, testo di/text by G. Marchiori, brochure (Venezia, Galleria Sandri), Venezia, 1947.
G. Marchiori, *Arte moderna all'Angelo*, Neri Pozza, Venezia 1947.

1948

J. Fleming, *Renaissance in Venice: Santomaso, Vedova, Pizzinato, Viani, Guidi, De Pisis*, in «Vogue», n. 1729, London, marzo/March, 1948.
XXIV Esposizione Internazionale d'Arte, cat. (Venezia, Biennale - Giardini di Castello e Arsenale), Edizioni Serenissima, Venezia, 1948.
P. Descargues, *Les Peintres vénitiens à l'heure de l'apéritif: Vedova, Santomaso, Pizzinato*, in «Arts», Paris, 22 ottobre/October 1948.
Roderigo di Castiglia (pseudonimo di Palmiro Togliatti), *Segnalazioni*, in «Rinascita», Roma-Napoli, novembre/November, 1948.
P. Consagra, R. Guttuso, A. Natilli, P. Ricci, M. Mafai, G. Turcato, N. Franchina, L. Leonardi, M. Penelope, S. Mirabella, G.V. Parisi, G. Mazzullo, C. Maugeri, P. Bracaglia Morante, *Per una nostra Segnalazione*, in «Rinascita», Roma, dicembre/December, 1948.

1949

I. Eichemann, *Letter from Italy: the Fronte Nuovo*, in «Magazine of Art», vol. 42, n. 2, New York, febbraio/February 1949.
G. Ghiringhelli, *Pittura moderna italiana*, Orengo Turati, Torino, 1949.
s.a., *Italian Painters: Gallery Catherine Viviano*, in «Art News», New York, 18 febbraio/February 1949.
U. Apollonio, *Pittura moderna italiana*, Neri Pozza, Venezia, 1949.

1951

B. Holliday, *Reviews and Previews. Vedova*, in «Art news», vol. XLIX, n. 10, New York, febbraio/February, 1951.
Vedova, a cura di/edited by G. Marchiori, cat. (New York, Catherine Viviano Gallery), Ed. Arti, Venezia, 1951.
G. Marchiori, *Nuove note su Emilio Vedova*, in «Arti», a. 2, n. 2, Venezia, marzo/March - aprile/April, 1951.
Artistas italianos de hoje. Na primiera bienal do museo de arte moderna de São Paulo Brasil, testo di/text by R. Pallucchini, cat. (Brasile, São Paulo, Museu de Arte Moderna), São Paulo, 1951.

1952

XXVI Esposizione Internazionale d'Arte, cat. (Venezia, Biennale - Giardini di Castello e Arsenale, sala personale), Alfieri Editore, Venezia, 1952.

R. De Grada, *Il movimento di Corrente*, Edizioni del Milione, Milano, 1952.
L. Venturi, *Otto pittori italiani. Afro, Birolli, Corpora, Moreni, Morlotti, Santomaso, Turcato, Vedova*, De Luca editori d'Arte, Roma, 1952.

1953
An exhibition of Italian painters: Afro, Birolli, Cremonini, Morlotti, Vedova, cat. (Chicago, The Arts Club), Chicago, 1953.
Acht italienische Maler. Afro, Birolli, Corpora, Moreni, Morlotti, Santomaso, Turcato, Vedova, testo di/text by W. Grohmann, cat. (Hannover, Kestner-Gesellschaft; itinerante/itinerant), Köln, 1953.
U. Apollonio, *Emilio Vedova. Peintres italiens d'aujourd'hui*, in «Cahiers d'art», Paris, giugno/June, 1953.
G. Marchiori, *Vedova, oggi*, in «Numero», a. V, nn. 4-5, Firenze, luglio/July - ottobre/October, 1953.
R. Derouille, *Prix Dufy de la XXVI Biennale*, in «L'actualité artistique internationale», n. 72, Paris, novembre/November - dicembre/December, 1953.
II Bienal. Futuristas e Artistas Italianos de Hoje, cat. (Brasile, São Paulo, Museu de Arte Moderna), São Paulo, 1953.

1954
Modernos italianos. Afro, Santomaso, Vedova, testo di/text by U. Apollonio, cat. (Rio de Janeiro, Museu de Arte Moderna), Rio de Janeiro, 1954.
G. Marchiori, *Vedova*, in «Arti visive», s. I, nn. 8-9, Roma, primavera/Spring, 1954.
U. Apollonio, *Emilio Vedova*, in «Le Arti», a. V, nn. 5-6, Milano, maggio/May - giugno/June, 1954.
U. Apollonio, *Passioni dell'uomo d'oggi. Vedova e l'arte astratta*, in «La fiera letteraria», Roma, 27 giugno/June 1954.
C. Cederna, *Dove vai? Le son cipolle*, in «L'Europeo», n. 458, Milano, 25 luglio/July 1954.
G.C. Argan, *Incontro Arte figurativa. Arte astratta*, in «I 4 soli», I, n. 6, Alba, novembre/November, 1954.

1955
N. Festa, *La pagina del collezionista*, in «I 4 soli», a. II, n. 1, Alba, gennaio/January - febbraio/February, 1955.
G.A. Cavellini, *La pagina del collezionista*, in «I 4 soli», a. II, n. 1, Alba, maggio/May - giugno/June, 1955.
documenta I. Kunst des XX. Jahrhunderts, a cura di/edited by A. Bode, cat. (Kassel, Museum Fridericianum), Prestel Verlag, München, 1955.
G. Mazzariol, *Appunti sulla Poetica di Emilio Vedova*, in «I 4 soli», a. II, n. 6, Alba, novembre/November - dicembre/December, 1955.

1956
L. Venturi, *Emilio Vedova*, in «Commentari», a. VII, fasc. 1, Roma, gennaio/January - marzo/March, 1956, pp. 53-59.
Emilio Vedova, testo di/text by G.C. Argan, cat. (München, Galerie Günther Franke), München, 1956.
Italian Art of the 20th century, cat. (Perth, Art Gallery of Western Australia; itinerante/itinerant), McLaren & Co, Melbourne, 1956.
Emilio Vedova, testo di/text by G.C. Argan, cat. (Wien, Galerie Würthle), Wien, 1956.
XXVIII Esposizione Internazionale d'Arte, cat. (Venezia, Biennale - Giardini di Castello e Arsenale), Alfieri Editore, Venezia, 1956.
M. Brion, *Art abstrait*, Albin Michel, Paris, 1956.

1957
G.C. Argan, *Emilio Vedova*, in «I 4 soli», a. IV, n. 1, Alba, gennaio/January - febbraio/February 1957, pp. 13-14.
L. Venturi, *La Collezione Cavellini*, in «I 4 soli», a. IV, n. 3, Alba, maggio/May - giugno/June, 1957, p. 3.
P. Bucarelli, *La Collezione Cavellini*, in «I 4 soli», a. IV, n. 3, Alba, maggio/May - giugno/June, 1957, pp. 4-11.
E. Crispolti, *I manifesti universali di Vedova*, in «Civiltà delle macchine», a. V, n. 4, Roma, luglio/July - agosto/August, 1957.
N. Ponente, *Emilio Vedova*, in «Letteratura», Roma, settembre/September - ottobre/October, 1957, pp. 87-92.
Italienische Kunst im XX. Jahrhundert, testi di/text by H. Scharoun, cat. (Berlin, Akademie der Künste Hochschule für Bildende Künste), E. Estorick, Berlin, 1957.
Emilio Vedova, testo di/text by W. Haftmann, cat. (Berlin, Galerie Springer), Berlin, 1957.
W. Haftmann, *Emilio Vedova*, in «I 4 soli», a. IV, n. 6, Alba, novembre/November - dicembre/December, 1957, pp. 14-15.
G. Mazzariol, *Cronaca di un linguaggio. Emilio Vedova*, in «Quadrum», n. 4, Bruxelles, 1957, pp. 61-72.

1958
G.C. Argan, *L'arte non figurativa*, in «Il Punto», Roma, 11 gennaio/January 1958.
L. Venturi, *L'espressione immediata e la pittura*, in «Il Punto», Roma, 22 febbraio/February, 1958.
Moderne Italiensk Maleri, testo di/text by P. Bucarelli, cat. (København, Palazzo Charlottenborg), København, 1958.
Emilio Vedova. Malarz z Wenecji, testi di/texts by Starzyńsky, G. Marchiori, G.C. Argan, cat. (Warsaw, Palazzo Zachęta), Centralne Biuro Wystaw Artystycznych, Warsaw, 1958.
Emilio Vedova. Malarz z Wenecji, a cura di/edited by Z. Kepinski, cat. (Poznań, Muzeum Narodowe), Poznań, 1958.
G. Panza di Biumo, *Écrits d'amateurs d'art*, in «Revue de l'art actuel», n. 2, Paris, dicembre/December, 1958, pp. 30-36.
G.A. Cavellini, *Arte astratta*, Edizioni della Conchiglia, Milano, 1958.

1959
J. Starzynski, *Prima mostra personale del dopoguerra di un pittore non figurativo in Polonia*, in «I 4 soli», a. VI, n. 1, Alba, gennaio/January - febbraio/February, 1959.
U. Apollonio, *Emilio Vedova*, in «Blätter + Bilder», n. 2, Würzburg, maggio/May - giugno/June, 1959, p. 24.
G.C. Argan, *XI Premio Lissone*, in «I 4 soli», a. VI, n. 4, Alba, luglio/July - agosto/August, 1959, p. 4.
Emilio Vedova, testo di/text by W. Haftmann, cat. (München, Galerie Günther Franke), München, 1959.
II. documenta. Kunst nach 1945, cat. (Kassel, Museum Fridericianum), Dumont Schauberg Verlag, Köln, 1959.
Vitalità nell'arte, cat. (Venezia, Palazzo Grassi; itinerante/itinerant), Venezia, 1959.
Artistas italianos de hoje. Na 5a Bienal do museo de Arte Moderna de São Paulo, cat. (Brasile, São Paulo, Museu de Arte Moderna), São Paulo, 1959.
European Art Today. 35 Painters and Sculptors, a cura di/edited by S. Hunter, L. Alloway, cat. (Minneapolis, Institute of Art; itinerante/itinerant), Minneapolis Society of Fine Arts, Minneapolis, 1959.
Emilio Vedova, testo di/text by L. Venturi, cat. (Berlin, Galerie Springer), Berlin, 1959.
G. Marchiori, *Vedova ieri e oggi*, in «Art International», vol. III, n.8, 1959.
U. Apollonio, *Mostra di Emilio Vedova in Polonia*, in «Art International», vol. III, n. 8, Zürich, 1959, pp. 47-53.
W. Haftmann, *On the content of Contemporary Art*, in «Quadrum», n. 7, Bruxelles, 1959.
F. Bayl, *Bilder unserer Tage*, DuMont Schauberg, Köln, 1959.
L'arte dopo il 1945, a cura di W. Grohmann, Il Saggiatore, Milano, 1959; ed. originale/original ed. *Neue Kunst Nach*, Dumont Schauberg, Köln, 1959.
H. Platschek, *Neue Figurationen. Aus der Werkstatt der heutigen Malerei*, Piper, München, 1959.

1960
G. Marchiori *Emilio Vedova*, in «Le Arti», a. XI, nn. 3-4, Milano, marzo/March - aprile/April, 1960, p. 20.
M. Pedrosa, *Vedova*, in «Le Arti», a. XI, nn. 5-6, Milano, maggio/May - giugno/June, 1960, p. 15.
Arte italiana del XX secolo da collezioni americane, cat. (Milano, Palazzo Reale;

itinerante/itinerant), Silvana editoriale d'arte, Milano, 1960.
XXX Esposizione Internazionale d'Arte, cat. (Venezia, Biennale - Giardini di Castello e Arsenale), Stamperia di Venezia, Venezia, 1960.
M. De Oliveira, *Encontro com o pintor Emilio Vedova em Venezia*, in «Diário de Noticias», Lisbona, 6 ottobre/October 1960.
F. Bayl, *Emilio Vedova*, in «Goya», n. 35, Madrid, 1960.
P. Guggenheim, *Confessions of an Art Addict*, MacMillan, New York, 1960.
G. Marchiori, *Arte e artisti d'avanguardia in Italia 1910-1950*, Edizioni di Comunità, Milano, 1960.
M. Tapié, *Morphologie autre*, Fratelli Pozzo, Torino, 1960.

1961
Alcune opere di Emilio Vedova, 1942-1950, testo di/text by F. Russoli, cat. (Milano, Galleria dell'Annunciata), Milano, 1961.
N. Ponente, *L'immagine del tempo nella pittura di Emilio Vedova,* in «Civiltà delle macchine», a. IX, n.2, Roma, marzo/March - aprile/April, 1961.
Intolleranza '60, cat. (Venezia, Teatro La Fenice), in occasione di/on the occasion of La Biennale di Venezia, XXIV Festival di musica contemporanea, Venezia, 1961.
Vedova, testi di/texts by G.C. Argan, V. Aguilera Cerni, cat. (Madrid, Ateneo; itinerante/itinerant), Editora Nacional, Madrid, 1961.
V. Aguilera Cerni, *La obra de Vedova, Gran Premio de la Bienal de Venecia 1960, por primera vez en España,* in «El Alcazar», Madrid, 19 maggio/May 1961.
G.C. Argan, *Salvezza e caduta nell'arte moderna,* in «Il Verri», a. V, n. 3, Milano, giugno/June, 1961.
G. Dorfles, *Pittura, architettura e disegno industriale di fronte all'Informale,* in «Il Verri», a. V, n. 3, Milano, giugno/June, 1961.
N. Ponente, *Intolleranza 1960*, in «Arte Oggi», a. III, n. 11, Roma, 5 giugno/June 1961, pp. 18-22.
V. Aguilera Cerni, *Vedova in Spagna,* in «Avanti!», Roma, 28 giugno/June 1961, p. 3.
M. Messinis, *Intolleranza '60,* in «Sipario», n. 183, Milano, luglio/July, 1961, pp. 27-28.
Disegni di Vedova 1935-1950, a cura di/edited by L. Magagnato, cat. (Verona, Galleria Civica d'Arte Moderna), Milano, 1961.
Emilio Vedova, testi di/texts by M. Calvesi, M. Bergomi, A. Busignani cat. (Firenze, Galleria Quadrante), Firenze, 1961.
G. Dorfles, *Ultime tendenze nell'arte oggi*, Feltrinelli, Milano, 1961.

1962
Emilio Vedova, testo di/text by F. Bayl, cat. (Friburg, Kunstverein), 1962.
Vedova, testo di/text by G. Marchiori, cat. (Trieste, Galleria La Cavana), Trieste, 1962.
Papeles de son armadans, numero dedicato a/issue dedicated to Emilio Vedova, a. VII, vol. XXVII, n. LXXX-I, Madrid - Palma de Mallorca, novembre/November - dicembre/December, 1962.
Vedova, testo di/text by G.C. Argan, cat. (København, Erling Haghfelt Galleri; itinerante/itinerant), København, 1962.
H. Platschek, *Bilder als Fragezeichen. Versuche zur modernen Malerei*, Piper, München, 1962.

1963
E. Treccani, *Anche l'arte alza la bandiera*, in «Vie nuove», Roma, 28 febbraio/February, 1963.
N. Ponente, *L'immagine del tempo nella pittura di Emilio Vedova,* in «Civiltà delle macchine», a. XI, n.2, Roma, marzo/March - aprile/April, 1963.
B. Zevi, *Quadri che esplodono sotto i piedi,* in «L'Espresso», Roma, 22 dicembre/December, 1963.
R. Wedewer, *Bildbegriffe. Anmerkungen zur Theorie der neuen Malerei*, Kohlhammer, Stuttgart, 1963.
Vedova, testo di/text by G.C. Argan, cat. (Roma, Galleria Malborough), Roma, 1963.

1964
C. Brandi, *La nuova strada di Vedova*, in «Il punto», n. 18, Roma, 19 gennaio/January 1964.
documenta III, a cura di/edited by A. Bode, cat. (Kassel, Museum Fridericianum), Dumont Schauberg Verlag, Köln, 1964.
W. Schmied, *Malerei ist keine Einbahnstrasse*, in «Die Zeit», Hamburg, 17 luglio/July 1964.
Vedova Plurimi, testo di/text by W. Haftmann, cat. (München, Galerie Günther Franke), München, 1964.
G.C. Argan, *Salvezza e caduta dell'arte moderna*, Mondadori, Milano, 1964.
Vedova, testo di/text by D. Mahlow, cat. (Baden-Baden, Staatliche Kunstalle), Baden-Baden, 1964.

1965
P. Restany, *I "plurimi" di Emilio Vedova*, in «Domus», n. 424, Milano, marzo/March, 1965, p. 46.
E. Stevens, *No "Plurimi" but Vedova Art is Exciting*, in «The Washington Post», Washington, 22 maggio/May 1965.
Arte oggi, a cura di/edited by E. Crispolti, Armando Curcio, Roma, 1965.

1966
M. Calvesi, *Le due avanguardie*, Lerici Editore, Milano, 1966.
M. Fagiolo dell'Arco, *Rapporto '60. Le arti oggi in Italia*, Bulzoni, Roma, 1966.

1967
Y. Robillard, *Emilio Vedova et le pavillon italien à l'Expo universelle*, in «La Presse», Montreal, 7 gennaio/January 1967, p. 5.
F. Abbiati, *I quadri che inghiottono i visitatori dell'Expo,* in «Panorama», a. V, n. 58, Milano, 25 maggio/May 1967.
G.C. Argan, *Spazio/Plurimo/Luce,* in «L'architettura», n. 141, Milano, luglio/July, 1967.
B. Zevi, *L'Italia all'Expo universale 1967 di Montréal,* in «L'architettura», n. 141, Milano, luglio/July, 1967.
A. Di Laura, *Dipinge con una lanterna magica,* in «Radiocorriere», Torino, 2-8 luglio/July 1967.
L'Italie par elle-même. A self portrait of Italy. Autoritratto dell'Italia, prefazione di/foreword by U. Eco, Valentino Bompiani Editore, Milano, 1967.

1968
Vedova. Presenze 1935-1968, cat. (Ferrara, Palazzo dei Diamanti Galleria Civica d'Arte Moderna), Ferrara, 1968.
E. Crispolti, *Ricerche dopo l'informale*, Officina Edizioni, Roma, 1968.

1970
Kunst und Politik, a cura di/edited by G. Bussmann, cat. (Karlsruhe, Badischer Kunstverein; itinerante/itinerant), C.F. Müller Verlag, Karlsruhe, 1970.

1971
E. Crispolti, *Aspetti dell'informale*, in «NAC Notiziario arte contemporanea», Milano, marzo/March, 1971.

1972
Tra rivolta e rivoluzione. Immagine e progetto, a cura di/edited by C. Pozzati, cat. (Bologna, Museo Civico), Grafis Edizioni d'Arte, Bologna, 1972.

1973
Thema Informel. Teil I, Zur Struktur einer ‚anderen' Zeit, a cura di/edited by R. Wedewer, T. Kempas, cat. (Leverkusen, Städtisches Museum; itinerante/itinerant), Leverkusen, Berlin, 1973.
Intervista di/Interview by A. Dragone, *Fantasia e alchimia di Emilio Vedova*, in «Arti visive», a. I, n. 1, Torino, aprile/April 1973.

1975
Emilio Vedova. Grafica e didattica, cat. (Aosta, Tour Fromage Teatro Romano), Toso, Torino, 1975.
F. Menna, *La linea analitica dell'arte moderna: le figure e le icone*, Einaudi, Torino, 1975.

1976
T. Toniato, *Emilio Vedova,* in «España libre», a. IV, n. 1, Venezia, gennaio/January 1976, pp. 32-34.
C. Brandi, *Scritti sull'arte contemporanea*, Einaudi, Torino, 1976.
E. Lucie-Smith, *Arte oggi. Dall'espressionismo astratto all'iperrealismo*, Mondadori, Milano, 1976.

1977
G.C. Argan, *Il discorso politico di Vedova*, in «Lo Spazio», Napoli, numero speciale/special issue, dicembre/December, 1977, pp. 1, 3.
L. Vinca Masini, *Astrazione vitalistica di Vedova*, in «Lo Spazio», Napoli, numero speciale/special issue, dicembre/December, 1977, p. 9.
G.C. Argan, *Scontro di situazioni*, in «Lo Spazio», Napoli, numero speciale/special issue, dicembre/December, 1977, pp. 17, 22.
Intervista di Gerardo De Simone con Emilio Vedova, in «Lo Spazio», Napoli, numero speciale/special issue, dicembre/December, 1977, p. 20.
F. Arcangeli, *Dal romanticismo all'informale*, Einaudi, Torino, 1977.
G. Marchiori, *Interventi sull'arte figurativa contemporanea*, Marsilio, Venezia, 1977.

1978
Venerezia-Revenice. Ambienti sperimentali, a cura di/edited by P. Restany, cat. (Venezia, Palazzo Grassi), Cittadella (PD), 1978.

1979
G.C. Argan, *Salvezza e caduta nell'arte moderna*, in «Iterarte», n. V, Bologna, marzo/March, 1979.
Emilio Vedova. Zeichnungen 1935-1950. Graphik 1962-1979, Photodumentationen 1960-1979, cat. (Innsbruck, Galerie im Taxispalais; itinerante/itinerant), Innsbruck, 1979.
P. Restany, *L'altra faccia dell'arte*, Editoriale Domus, Milano, 1979.

1980
Vedova, testo di/text by P. Restany, cat. (Trieste, Galleria il Planetario), Trieste, 1980.

1981
Emilio Vedova, Das zeichnerische Frühwerk 1935-1950, a cura di/edited by R. Wedewer, cat. (Leverkusen, Städtisches Museum Schloss Morsbroich), Leverkusen, 1981.
Vedova. Compresenze 1946-1981, testi di/text by G.C. Argan, M. Calvesi, cat. (San Marino, Palazzo dei Congressi), Electa, Milano, 1981.
A. Sofri, *Il mondo riemerso di Emilio Vedova,* in «Lotta continua», Milano, 20 ottobre/October 1981, p. 9.
A. Bonito Oliva, *Il primato della pittura*, in «Lotta continua», Milano, 20 ottobre/October 1981, p. 9.
M. Penelope, *Compresenze di Vedova,* in «Questarte», n. 35, Roma, 1 novembre/November 1981, pp. 64-68.
Emilio Vedova, a cura di/edited by J. Schilling, cat. (Braunschweig, Kunstverein), Braunschweig, 1981.
A. Bonito Oliva, *Il sogno dell'arte*, Spirali, Milano, 1981.

1982
Vedova, a cura di/edited by R. Fuchs, cat. (Eindhoven, Stedelijk van Abbemuseum), Eindhoven, 1982.
H. Platschek, *Der Maler Emilio Vedova: Gefeiert, vergessen, wiederentdeckt. Saison in der Hölle. Ein Besusch bei einem mißtrauisch gewordenen Menschen,* in «Die Zeit», Hamburg, 30 aprile/April 1982.
XL Esposizione Biennale Internazionale d'Arte, cat. (Venezia, Biennale - Giardini di Castello e Arsenale), Electa, Milano, 1982.
documenta 7, a cura di/edited by R. Fuchs, cat. (Kassel, Museum Fridericianum), Paul Dierichs Ed., Kassel, 1982.
L. Cherubini, *Avanguardia-Transavanguardia,* in «Segno», Pescara, luglio/July - agosto/August, 1982.

1983
E. Della Noce, *Emilio Vedova, l'espressionista*, in «Il Sole 24 ore», Milano, 9 ottobre/October 1983.
M. Cacciari, *Specchi, a Emilio 'di' Emilio,* in «Tema Celeste», Siracusa, novembre/November, 1983.
A. Bonito Oliva, *Le complesse stratificazioni di Emilio Vedova,* in «Flash Art», a. XVI, n. 116, Milano, novembre/November 1983.

1984
Emilio Vedova 1935-1984, a cura di/edited by G. Celant, cat. (Venezia, Museo Correr, Ala Napoleonica e/and Magazzini del Sale), Electa, Milano, 1984.
B. Maestri, *Emilio Vedova. Studio Marconi*, in «Artforum», vol. 22, n. 9, New York, maggio/May, 1984.
Verso Prometeo, a cura di/edited by M. Cacciari, cat. (Venezia, chiesa di San Lorenzo), Venezia, 1984.
Ouverture, a cura di/edited by R. Fuchs, cat. (Torino, Castello di Rivoli), Allemandi, Torino, 1984.
Von Kageneck, *Emilio Vedova,* in «Das Kunstwerk», n. 37, Stüttgart, ottobre/October, 1984.

1985
G. Celant, *Gli artisti nel loro studio: Emilio Vedova*, in «Vogue Italia», n. 10, Milano, marzo/March 1985, pp. 638-643.
M.T. Roberto, *Emilio Vedova*, in «Flash Art», Milano, marzo/March, 1985.
Italia Aperta. De Maria, LeWitt, Nagasawa, Paolini, Twombly, Vedova, a cura di/edited by A. Garcia, cat. (Madrid, Fundación Caja de Pensiones), Madrid, 1985.
H. Platschek, *Heftiger als alle Heftigen,* in «Art-Das Kunstmagazin», Hamburg, luglio/July, 1985.
G. Celant, *On location,* in «Artforum», vol. XXIV, n. 1, New York, settembre/September, 1985.
M. Cacciari, *L'ubiquità del centro. Emilio Vedova*, in «Tema Celeste», n. 7, Siracusa, novembre/November, 1985, pp. 9-12.
J. Gachnang, *Reisebilder. Berichte zur zeitgenössischen Kunst*, Sonderzahl, Wien, 1985.

1986
C. Schulz-Hoffmann, *Tondo Vedova. Das rundbild als ideales Aktionsfeld,* in «Nike. New Art in Europe», München, marzo/March - aprile/April, 1986.
Emilio Vedova, a cura di/edited by C. Schultz-Hoffmann, cat. (München, Bayerische Staatsgemäldesammlungen Staatsgalerie moderner Kunst; itinerante/itinerant), Immer Verlag, München, 1986.
T. Dreher, *Emilio Vedova*, in «Das Kunstwerk», Stüttgart, giugno/June, 1986.
Emilio Vedova. Malerei, a cura di/edited by E. Köb, cat. (Wien, Wiener Secession), Wien, 1986.

1987
Italie hors d'italie, a cura di/edited by J. Gachnang, cat. (Nîmes, Musée d'Art Contemporain), Nîmes, 1987.
Berlinart 1961-1987, a cura di/edited by K. McShine, cat. (New York, Museum of Modern Art; itinerante/itinerant), Prestel Verlag, München, 1987.
M. Cacciari, *Proteo e il cerchio,* in «Eidos», Asolo, ottobre/October, 1987.

1988
Mythos Italien Wintermärchen Deutschland. Die italienische Moderne und ihr Dialog mit Deutschland, a cura di/edited by C. Schulz Hoffmann, cat. (München, Bayerische Staatsgemälde sammlungen, Haus der Kunst), Prestel Verlag, München, 1988.
Les Années 50, a cura di/edited by J. Demarcq, cat. (Paris, Centre Georges Pompidou), 2 voll., Paris, 1988.
Emilio Vedova und Salzburg, a cura di/edited by W. Schmied, cat. (Salzburg, Salzburger Künstlerhaus), Salzburg, 1988.
Stationen der Moderne. Die bedeutenden Kunstausstellungen des 20. Jahrhunderts, a cura di/edited by J. Merkert, cat. (Berlin, Berlinische Galerie, Museum für moderne

Kunst, Photographie und Architektur im Martin-Gropius-Bau), Nicolai Verlag, Berlin, 1988.
E. Crispolti, *Europäische Avantgarde von Jean Dubuffet bis Emilio Vedova*, Fabbri Editore, Milano - Manfred Pawlack, Herrsching, 1988.

1989
Arte italiana. Presenze 1900-1945, a cura di/edited by P. Hultén, G. Celant, cat. (Venezia, Palazzo Grassi,), Milano, 1989.
Vedovas Engel und die visionäre Figurenwelt seiner frühen Zeichnungen, testo di/text by K. Oberhuber, cat. (Wien, Graphische Sammlung Albertina; itinerante/itinerant), Klagenfurt, 1989.

1990
W. Schmied, *Ist die moderne Kunst zu smart für Religiöses?*, in «Die Welt», Hamburg, 27 marzo/March 1990.
Ambiente Berlin, XLIV Esposizione Biennale Internazionale d'Arte, a cura di/edited by J. Merkert, U. Prinz, (Venezia, Padiglione Italia; itinerante/itinerant), Edizioni La Biennale, Venezia - Fabbri, Milano, 1990.
Memoria del Futuro. Arte Italiano desde las primeras vanguardias a la posguerra, a cura di/edited by G. Celant, I. Gianelli, cat. (Madrid, Centro de Arte Reina Sofia), Bompiani, Milano, 1990.

1991
Vedova ...continuum..., a cura di/edited by M. Garberi, cat. (Milano, Padiglione d'Arte Contemporanea), Milano, 1991.
E. dalla Noce, *Sperimentazione totale. Un collage infinito*, in «Italia oggi», Milano, 16 maggio/May 1991.
S. dell'Orso, *Vedova compenetra il Pac*, in «Il Giornale dell'arte», a. VIII, Torino, giugno/June, 1991.
S. Castano, *Vedova, la totalité en noir et blanc*, in «Liberation», Paris, 13 giugno/June 1991, p. 42.
M. Vescovo, *Rabbiosa poesia di Vedova*, in «Il Tempo», Roma, 13 giugno/June 1991
F. Bellocchio, *Emilio Vedova*, in «Flash Art», a. XXIV, n. 163, Milano, estate, 1991, p. 132.
D. Paparoni, *Vedova consegna il reperto*, in «Arte e arte», Firenze, giugno/June - luglio/July, 1991.
L.L.P. [L. Licitra Ponti], *1991: Vedova consegna i reperti*, in «Domus», n. 729, Milano, luglio/July - agosto/August, 1991.
V. Palazzo, *La pittura è comunque: Emilio Vedova al PAC di Milano*, in «Prospettive d'Arte», a. XVII, n. 104, Milano, ottobre/October, 1991, pp. 36-39.

1992
K. Ruhrberg, *Die Malerei in Europa und America 1945-1960. Die zweite Moderne*, DuMont, Köln, 1992.

1993
45. Esposizione Internazionale d'Arte, cat. (Venezia, Biennale - Giardini di Castello e Arsenale), Marsilio, Venezia, 1993.
Emilio Vedova, a cura di/edited by R. Chiappini, cat. (Lugano, Villa Malpensata, Museo d'arte moderna), Electa, Milano, 1993.
C. Benincasa, *Tapies e Vedova coscienze del nostro tempo*, in «Arte», n. 245, Milano, novembre/November, 1993, p. 53.
Arte Ambientale. La Collezione Gori nella Fattoria di Celle, a cura di/edited by R. Barilli, Allemandi, Torino, 1993.

1994
The Italian Metamorphosis 1943-1968, a cura di/edited by G. Celant, cat. (New York, Solomon R. Guggenheim Museum; itinerante/itinerant), Bentell Werd Verlag, New York, 1994.

1995
A. Marino, *The Italian Metamorphosis 1943-1968*, in «Segno», a. XX, n. 138, Pescara, gennaio/January - febbraio/February, 1995, p. 21.

1996
Emilio Vedova, cura di/edited by D. Eccher, cat. (Trento, Galleria Civica d'Arte Contemporanea), Hopefullmonster, Trento, 1996.
D. Paparoni, *Emilio Vedova*, in «Tema Celeste», a. XIII, n. 57, Siracusa, estate/summer, 1996, p. 69.
L. Meneghelli, *Emilio Vedova*, in «Flash Art», a. XIX, n. 198, Milano, giugno/June - luglio/July, 1996, p. 118.
Face à l'Histoire 1933-1996. L'Artiste Moderne devant l'événement historique, a cura di/edited by Jean-Paul Ameline, cat. (Paris, Centre Georges Pompidou), Paris, 1996.

1997
A. Masoero, *Sempre Vedova in bianco e nero*, in «Il Sole 24 Ore», Milano, 23 febbraio/February 1997.
D. Courir, *La pittura di Vedova per Luigi Nono*, in «Amadeus», maggio/May, Milano, 1997.
BV97. La Biennale di Venezia. XLVII Esposizione Internazionale d'Arte. Futuro Presente Passato, G. Celant a cura di/edited by, cat. (Venezia, Biennale - Giardini di Castello e Arsenale), Milano, Electa, 1997.
F. Sirmans, *Emilio Vedova*, in «Flash Art», Milano, giugno/June - luglio/July, 1997.
G. Celant, *Declaration of Germano Celant*, in «Segno», a. XXII, n. 156, Pescara, giugno/June - luglio/July, 1997, pp. 8-9.
H. Kimpel, *Documenta. Mithos und Wirklichkeit*, DuMont, Köln, 1997.

1998
G.S. Brizio, *Emilio Vedova*, in «Arte e critica», Roma, settembre/September - dicembre/December, 1998.
Emilio Vedova, a cura di/edited by I. Giannelli, cat. (Rivoli, Castello di Rivoli, Museo d'Arte Contemporanea), Charta, Milano, 1998.
M. Bandini, *Il «furor» di Vedova*, in «Il Segno», a. XXIII, n. 164, Pescara, ottobre/October, 1998.
A. Vettese, *Vedova di pura energia*, in «Il Sole 24 Ore», Milano, 18 ottobre/October 1998.
T. Conti, *Emilio Vedova*, in «Tema Celeste», n. 71, Siracusa, ottobre/October - dicembre/December, 1998.

1999
T. Polastro, *Etica e morale in Emilio Vedova*, in «Iride», Bologna, gennaio/January, 1999.
A. Minola, *Emilio Vedova Torino*, in «Il Terzo Occhio», Bologna, marzo/March, 1999.
À rebours, la rebellion informalista (1939-1968), a cura di/edited by D. Ashton, cat. (Gran Canaria, Centro Atlántico de Arte Moderno; itinerante/itinerant), Madrid, 1999.

2000
F. Poli, *Emilio Vedova*, in «Tema Celeste», Siracusa, gennaio/January - febbraio/February, 2000.
La pittura italiana, a cura di C. Pirovano, Mondadori Electa, Milano, 2000.
Novecento. Arte e Storia in Italia, a cura di/edited by M. Calvesi, P. Ginsborg, cat. (Roma, Scuderie del Quirinale), Skira, Genève/Milano, 2000.

2001
S. Grasso, *Emilio spadaccino in bianco e nero*, in «Corriere della Sera», Milano, 26 febbraio/February, 2001.
Da Kandinsky a Pollock. La vertigine della non-forma, a cura di/edited by M. Franciolli, cat. (Lugano, Museo Cantonale d'Arte), Federico Motta, Milano, 2001.
A. Münscher, *Alles schwankt mit dem Wasser, Eine Begegnungmit dem Bildhauer Emilio Vedova in Venedig*, in «Süddeutsche Zeitung», n. 253, München, 3-4 novembre/November 2001.
Terrae Motus. La Collezione di Amelio alla Reggia di Caserta, a cura di/edited by E. Coen, L. Velani, cat. (Caserta, Reggia di Caserta), Skira, Milano, 2001.
J. Hernando, *Emilio Vedova*, Nerea, Hondarribia (Guipúzcoa), 2001.
K. Richter, *Art. From Impressionism to the Internet*, Prestel Verlag, München, 2001.

2002
Emilio Vedova. Absurdes Berliner Tagebuch '64, a cura di/edited by J. Merkert e U. Prinz, cat. (Berlin, Berlinische Galerie im Lapidarium), Berlin, 2002.
Pinakothek der Moderne. Malerei, Skulptur, Neue Medien, presentazione di/introduction by C. Schulz-Hoffmann, DuMont, Köln, 2002.

2004
Arti & Architettura 1900/2000, a cura di/edited by G. Celant, cat. (Genova, Palazzo Ducale), Milano, 2004.
J. Merkert, *Kunst die in Berlin entstand. Meisterwerke der Berlinischen Galerie*, Prestel Verlag, München, 2004.
J. Poetter, *Kunst im 20. Jahrhundert*, DuMont, Köln, 2004.

2005
Emilio Vedova, testo di/text by C. Bertelli, cat. (Milano, Galleria Salvatore + Caroline Ala), Charta, Milano, 2005.
Informale. Jean Dubuffet e l'arte europea 1945-1970, a cura di/edited by L.M. Barbero, cat. (Modena, Foro Boario), Skira, Milano, 2005.

2006
Venezia '90. Da Boccioni a Vedova, a cura di/edited by G. Pavanello, N. Stringa, cat. (Treviso, Casa dei Carraresi), Marsilio, Venezia, 2006.

2007
Artempo. Where times becomes art, a cura di/edited by A. Vervoordt, M. Visser, cat. (Venezia, Palazzo Fortuny), König Verlag, Antwerpen, 2007.
Vedova. Monotypes, a cura di/edited by L.M. Barbero, cat. (Venezia, Fondazione Peggy Guggenheim), T.F. Artes Graficas, Venezia, 2007.
Emilio Vedova 1919-2006, a cura di/edited by A. Rorro, A. Barbuto, cat. (Roma, Galleria Nazionale d'Arte Moderna; itinerante/itinerant), Electa, Milano, 2007.
Think with the Senses/Feel with the Mind. Art in the present tense, a cura di/edited by R. Storr, cat. (Venezia, Biennale - Giardini di Castello e Arsenale), Marsilio, Venezia, 2007.
Omaggio a Vedova. Dialogo con Baselitz, a cura di/edited by L. M. Barbero, C. Bertola e A. Vettese, cat. (Venezia, Biennale - Giardini di Castello), Marsilio, Venezia, 2007.

2008
Emilio Vedova/Renzo Piano, a cura di/edited by G. Celant, cat. (Venezia, Fondazione Emilio e Annabianca Vedova, Magazzino del Sale), Fondazione Emilio e Annabianca Vedova, Venezia, 2008.

2010
Emilio Vedova Scultore, a cura di/edited by G. Celant, cat. (Venezia, Fondazione Emilio e Annabianca Vedova, Spazio Vedova), Skira, Milano, 2010.

2011
Emilio Vedova ...in continuum, a cura di/edited by G. Celant, cat. (Venezia, Fondazione Emilio e Annabianca Vedova, Spazio Vedova), Skira, Milano, 2011.

2013
Emilio Vedova 2013, a cura di/edited by G. Celant, cat. (Venezia, Ca' Rezzonico, Museo Correr, Ca' Pesaro, Fondazione Emilio e Annabianca Vedova - Spazio Vedova), Skira, Milano, 2013.
Vedova Tintoretto, a cura di/edited G. Celant con/with Stefano Cecchetto, cat. (Venezia, Scuola Grande di San Rocco), Marsilio, Venezia, 2013.

2015
Frammenti Expo '67: Emilio Vedova, a cura di/edited by G. Celant con/with F. Gazzarri, cat. (Venezia, Fondazione Emilio e Annabianca Vedova, Magazzino del Sale), Skira, Milano, 2015.

2016
Emilio Vedova Disegni, a cura di/edited by G. Celant con/with F. Gazzarri, cat. (Venezia, Fondazione Emilio e Annabianca Vedova, Magazzino del Sale), Skira, Milano, 2016.
Baselitz - Vedova, a cura di/edited by F. Gazzarri e/and W. Smerling, cat. (Duisburg, MKM Museum Küppersmüle für Moderne Kunst), Wienand Verlag, Köln, 2016.
Postwar. Art between the Pacific and the Atlantic 1945-1965, a cura di/edited by O. Enwezor, K. Siegel e U. Wilmes, cat. (München, Haus Der Kunst), Prestel, München, 2016.

2019
G. Celant, *Vedova De America*, curatore associato e ricerca scientifica/associated curator and scientific research L. Lorenzoni, Skira, Milano, 2019.
Emilio Vedova, a cura di/edited by G. Celant, cat. (Milano, Palazzo Reale), Marsilio, Venezia, 2019.
Emilio Vedova, a cura di/edited by G. Celant, cat. (Milano, Palazzo Reale), Marsilio, Venezia, 2019.

2020
G. Celant, *Vedova De America*, edizione inglese/English edition, curatore associato e ricerca scientifica/associated curator and scientific research L. Lorenzoni, Skira, Milano, 2020.

2022
Rainer - Vedova: Ora, a cura di/edited by F. Gazzarri, H. Friedel, cat. (Venezia, Fondazione Emilio e Annabianca Vedova), Marsilio, Venezia, 2022.

ELENCO DELLE ESPOSIZIONI

LIST OF EXHIBITIONS

Vengono riportate le mostre dove siano state esposte le opere presenti nell'esposizione attuale.

Previous exhibition venues of works in the current show are listed.

1946

Torino, Galleria Libreria del Bosco, "Emilio Vedova", 1946.
Venezia, Piccola Galleria, "Emilio Vedova", 8-16 nov./Nov. 1946.

1964

Kassel, Museum Fridericianum, "documenta III", 27 giu./June - 5 ott./Oct. 1964.
München, Galerie Günther Franke all'Arco Palais, "Emilio Vedova Plurimi", set./Sep. - ott./Oct. 1964.
Baden-Baden, Staatliche Kunstalle, "Vedova", 19 dic./Dec. 1964 - 17 gen./Jan. 1965.

1968

Ferrara, Palazzo dei Diamanti Galleria Civica d'Arte Moderna, "Vedova. Presenze 1935-1968", 22 set./Sep. - 15 dic./Dec. 1968.

1981

San Marino, Palazzo dei Congressi, "Vedova. Compresenze 1946-1981", set./Sep. - ott./Oct. 1981.

1982

Eindhoven, Stedelijk van Abbemuseum, "Vedova", 19 feb./Feb. - 21 mar./Mar. 1982.
Bologna, Galleria Comunale d'Arte Moderna, "Emilio Vedova. Esercizi di lettura 6", 22 mag./May - 30 giu./June 1982.

1983

Bologna, Galleria Comunale d'Arte Moderna, R. Barilli e F. Solmi (a cura di/edited by), "L'informale in Italia", giu./June - set./Sep. 1983.
Milano, Studio Marconi, "Vedova. Opere dal 1981 al 1983", 7 ott./Oct. - 25 nov./Nov. 1983.

1984

Venezia, Museo Correr, Ala Napoleonica e Magazzini del Sale, G. Celant (a cura di/edited by), "Emilio Vedova 1935-1984", 12 mag./May - 30 dic./Dec. 1984.

1986

München, Bayerische Staatsgemäldesammlungen Staatsgalerie moderner Kunst, C. Schultz Hoffmann (a cura di/edited by), "Emilio Vedova", 28 feb./Feb. - 17 apr./Apr.; Leverkusen, Städtisches Museum Schloss Morsbroich, 26 apr./Apr. - 8 giu./June; Darmstadt, Kunsthalle, Kunstverein, 29 giu./June - 3 ago./Aug. 1986.
Köln, Museum Ludwig, "Europa/Amerika. Die Geschichte der künstlerischen Faszination seit 1940", 6 set./Sep. - 30 nov./Nov. 1986.
Wien, Wiener Secession, E. Köb (a cura di/edited by), "Emilio Vedova. Malerei", 11 dic./Dec. 1986 - 11 gen./Jan. 1987.

1987

Nîmes, Musée d'Art Contemporain, J. Gachang (a cura di/edited by), K. Mc Shine (a cura di/edited by), "Italie hors d'Italie", 10 lug./July - 30 set./Sep. 1987.
New York, Museum of Modern Art, "Berlinart 1961-1987", 4 giu./June - 8 set./Sep. 1987; San Francisco, Museum of Modern Art, 22 ott./Oct. - 3 gen./Jan. 1988.
Berlin, Akademie der Künste, "Balkon mit Fächer. 25 Jahre Berlinoer Kunstlerprogramm des DAAD", 18 dic./Dec. 1988 - 5 feb./Feb. 1989; Köln, Dumont Kunsthalle, mag./May - lug./July 1989; Den Haag, Gemente Museum, autunno/autumn 1989.

1988

Santomato di Pistoia, Centro d'arte Villa Celle, installazione del ciclo/installation of the cycle *Non dove 1985-1988*.

1989

Frankfurt, Galerie Neuendorf AG, "Emilio Vedova", 13 apr./Apr. - 10 mag./May 1989.
New York, Salvatore Ala Gallery, "Emilio Vedova", 28 gen./Jan. - 4 mar./Mar. 1989

1990

Venezia, Padiglione Italia (Giardini), "Ambiente Berlin", "XLIV Esposizione Biennale Internazionale d'Arte", 27 mag./May - 30 set./Sep. 1990; (alcune opere/some works) Budapest, Museum Mücsanok, 19 dic./Dec. - 27 gen./Jan. 1991.
Madrid, Centro de Arte Reina Sofia, G. Celant e I. Gianelli (a cura di/edited by), "Memoria del Futuro. Arte Italiano desde las primeras vanguardias a la posguerra", 13 ott./Oct. 1990 - 13 gen./Jan. 1991.

1991

Milano, Padiglione d'Arte Contemporanea, M. Garberi (a cura di/edited by), "Vedova ...continuum...", 9 mag./May - 30 giu./June 1991.

1993

Lugano, Villa Malpensata, Museo d'arte moderna, R. Chiappini (a cura di/edited by), "Emilio Vedova", 12 set./Sep. - 7 nov./Nov. 1993.

1994

Venezia, Museo Correr, "Preferirei di no. Cinque stanze tra arte e depressione", 29 apr./Apr. - 3 lug./July 1994.
New York, Solomon R. Guggenheim Museum, G. Celant (a cura di/edited by), "The Italian Metamorphosis 1943-1968", 7 ott./Oct. 1994 - 29 gen./Jan. 1995.
Wolfsburg, "Italienische Metamorphose 1943-1968", Kunstmuseum, 22 apr./Apr. - 13 ago./Aug. 1995.

1995

Amsterdam, Stedeljk Museum, R. Fuchs (a cura di/edited by), "Dasdende masjes couplet 5", 28 apr./Apr. - 2 lug./July 1995.
Bonn, Galerie Brigitte Wagner, "Emilio Vedova", mag./May - ago./Aug. 1995.
Pesaro, ex chiesa della Maddalena, "Opera", 3 giu./June - 2 lug./July 1995.

1996

Trento, Galleria Civica d'Arte Contemporanea, D. Eccher (a cura di/edited by), "Emilio Vedova", 9 mar./Mar. - 5 mag./May 1996.
Passau, "Meditationen in seiben stationen", 14 giu./June - 1 lug./July 1996.

1997
Milano, Galleria Gió Marconi, "Vedova: arbitrii luce", 25 feb./Feb. - 30 apr./Apr. 1997.

1998
Rivoli, Castello di Rivoli, Museo d'Arte Contemporanea, I. Gianelli (a cura di/edited by), "Emilio Vedova", 17 ott./Oct. 1998 - 17 gen./Jan. 1999.

2002
Berlin, Berlinische Galerie im Lapidarium, "Emilio Vedova. Absurdes Berliner Tagebuch '64", 26 set./Sep. - 28 nov./Nov. 2002.

2007
Venezia, Sant'Erasmo - Torre Massimiliana, F. Gazzarri (a cura di/curated by), "Emilio Vedova", 10 giu./June - 30 set./Sep. 2007.
Roma, Galleria Nazionale d'Arte Moderna, A. Rorro e A. Barbuto (a cura di/curated by), "Emilio Vedova 1919-2006", 7 ott./Oct. 2007 - 6 gen./Jan. 2008.

2008
Berlin, Berlinesche Galerie Landesmuseum für Moderne Kunst, Fotografie und Architektur, G. Fassbender (a cura di/curated by), 25 gen./Jan. - 20 apr./Apr. 2008.

2009
Venezia, Fondazione Emilio e Annabianca Vedova, Magazzino del Sale, Germano Celant (a cura di/curated by), "Emilio Vedova/Renzo Piano", 4 giu./June 2009 - 7 apr./Apr. 2010.

2010
Venezia, Fondazione Emilio e Annabianca Vedova, Spazio Vedova, G. Celant (a cura di/ curated by), "Emilio Vedova scultore", 5 giu./June - 26set./Sep. 2010.

2011
Venezia, Fondazione Emilio e Annabianca Vedova, Spazio Vedova, G. Celant (a cura di/curated by), "Emilio Vedova ...in continuum", 1 giu./June - 30 nov./Nov. 2011; 16 feb./Feb. - 25 apr./Apr. 2012.

2014
Venezia, Fondazione Emilio e Annabianca Vedova, Magazzino del Sale, G. Celant, Fabrizio Gazzarri (a cura di/curated by), "Vedova in Tondo", 16 mag./May - 2 nov./ Nov. 2014.

2015
Basel, Galleria dello Scudo e Fondazione Emilio e Annabianca Vedova (presentata da/ presented by), Unlimited, "Emilio Vedova ...in continuum", 18-21 giu./June 2015.

2017
Verona, Galleria d'arte moderna Achille Forti - Palazzo della Ragione, L.M. Barbero (a cura di/curated by), "Dagli ideali risorgimentali di Hayez alla forza liberatrice di Vedova", 29 ott./Oct. 2016 - 16 set./Sep. 2017.

2020
Milano, Palazzo Reale, G. Celant (a cura di/ curated by), "Emilio Vedova", 5 dic./Dec. 2019 - 9 feb./Feb. 2020.

2021
Baden, Arnulf Rainer Museum, F. Gazzarri e/ and H. Friedel (a cura di/curated by), "Emilio Vedova - Arnulf Rainer 'Tizian Schaut'", 6 set./Sep. 2020 - 5 apr./Apr. 2021.

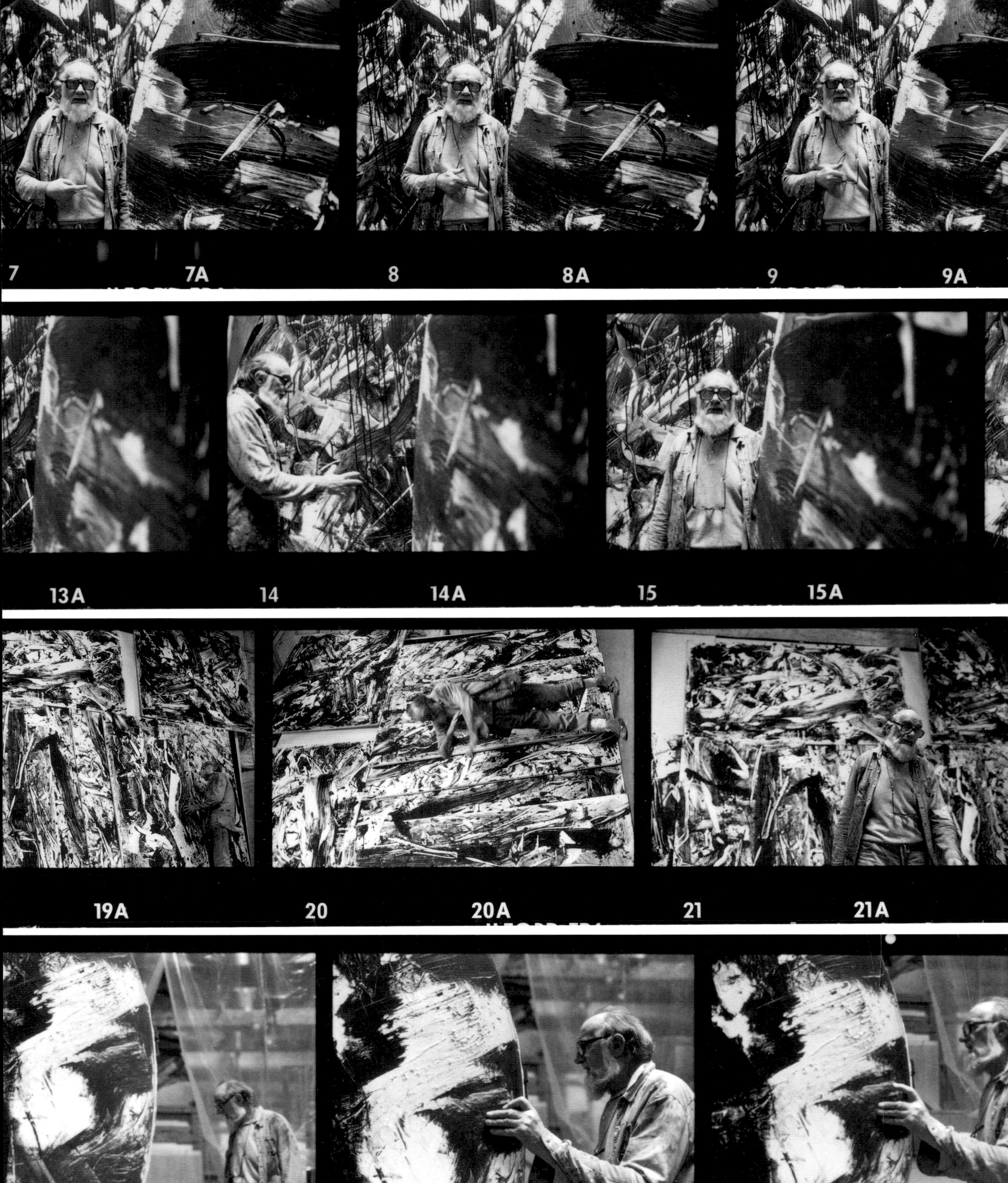
7
7A
8
8A
9
9A
13A
14
14A
15
15A
19A
20
20A
21
21A

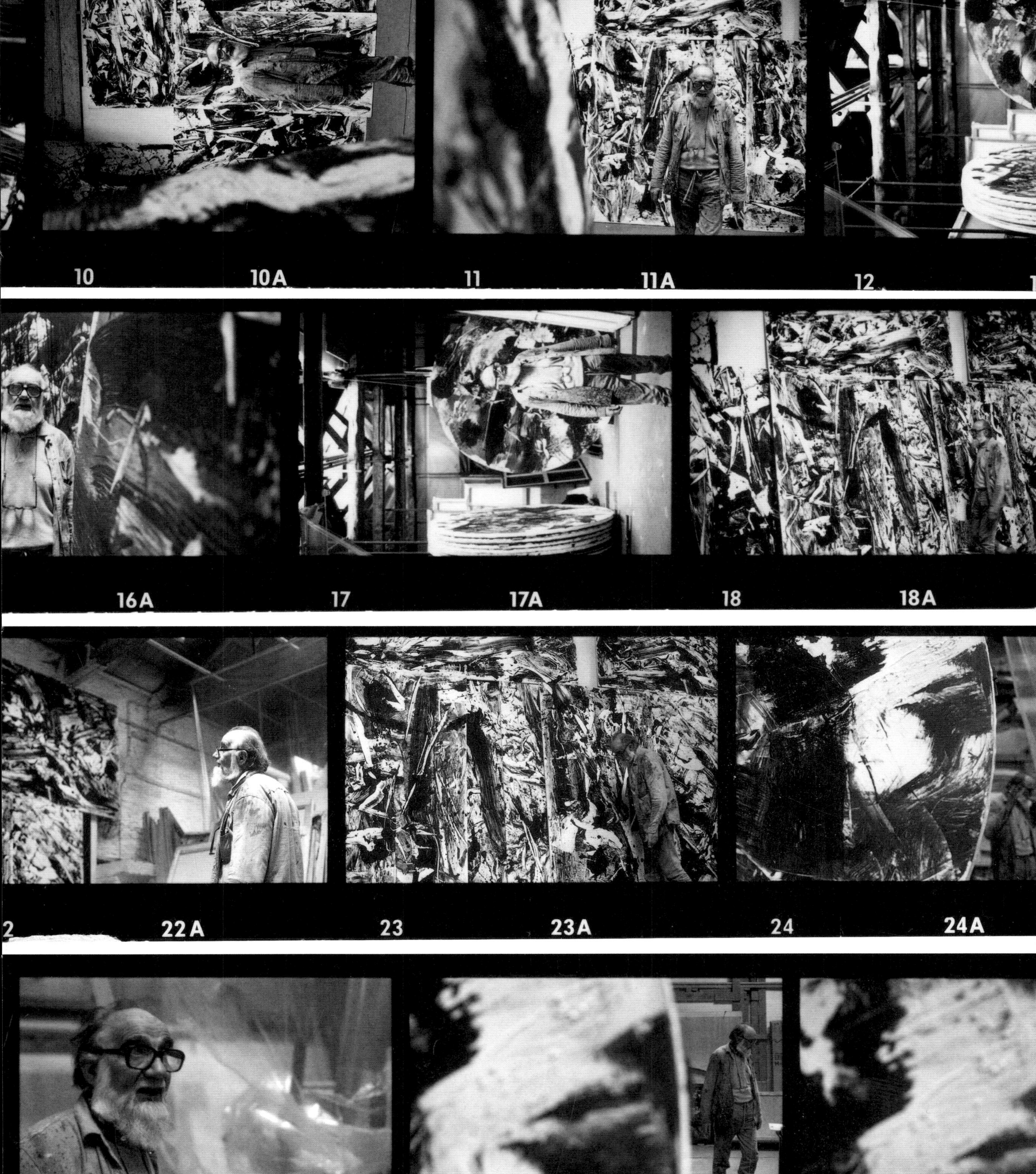
10
10A
11
11A
12
16A
17
17A
18
18A
22A
23
23A
24
24A

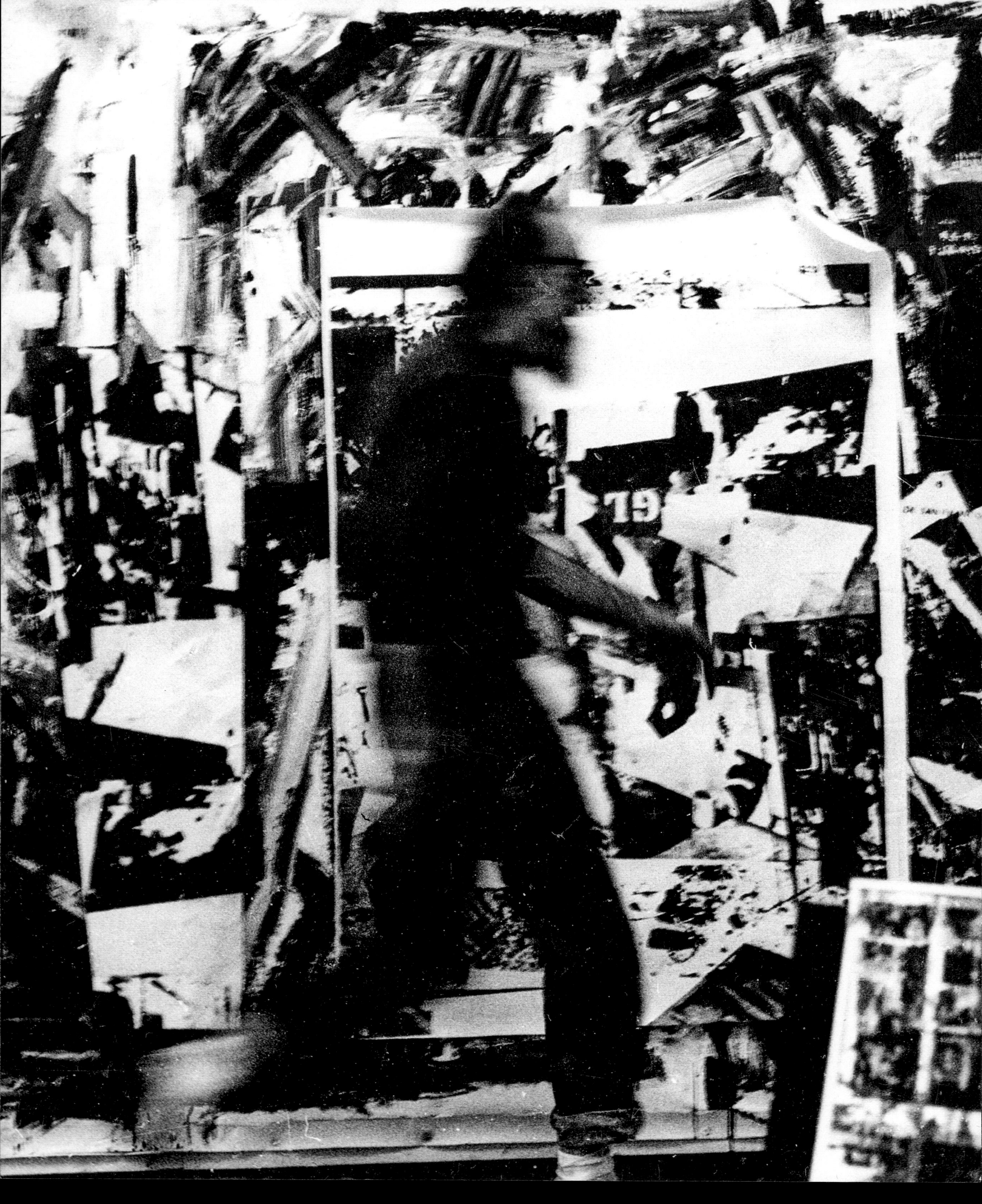